Die Autoren

Ulrike Poller studierte in ihrer Heimatstadt Würzburg Mineralogie und promovierte in der Schweiz über das Silvretta Massiv. 1995 kam sie als Wissenschaftlerin ans Max-Planck-Institut für Chemie in Mainz, wo sie zusammen mit Wolfgang Todt Altersbestimmungen durchführte.

Wolfgang Todt, aufgewachsen in Heidelberg, studierte Physik und Geologie. Von 1980 bis 2005 leitete er am Max-Planck-Institut für Chemie in Mainz die Arbeitsgruppe für Geochronologie.

Wolfgang Todt und Ulrike Poller sind verheiratet. Gemeinsam bemühen sie sich heute, die Qualität von Wanderwegen zu verbessern.
Infos unter: www.schoeneres-wandern.de

Zeichen im Buch

Wanderweg

Verbindungswege

Einfach

Mittel

Anspruchsvoll

Sehr anspruchsvoll

Parkplatz

(1) Besonderer Streckenpunkt

QR-Code
(▶ Anleitung auf Seite 174)

Telefonnummer

Internet-Adresse

Öffnungszeiten/Termine*

Start/Ziel

Streckenpunkt

Tourist-Info

Einkehren

Übernachten

Bahn

Bus

Taxi

Entdecken

Kindertipp

Burg

- **Höhenangaben:** Bezogen auf NN
- **Entfernungsangaben:** Beschriebene Hauptstrecke inkl. empfohlener Abstecher (ca.)
- **GPS-Daten:** Kürzeste Strecke
- **Zeitangaben:** Mittleres Wandertempo (reine Gehzeit, ohne Pausen)
- **Koordinatenangaben der POIs:** Wir geben UTM-Koordinaten der Zone 32 U WGS 84 an. Dieses System nutzen u.a. alle offiziellen Karten der Landesvermessungsämter. Für die Pkw-Navigationsgeräte geben wir für die Park-/Startplätze die geografischen Koordinaten in Breite/Länge (hddd°mm'ss.s) an. Diese können von den meisten gängigen AutoNavis verwendet werden. In den Outdoor GPS-Geräten sowie auf PCs und mobilen Geräten können die Koordinatensysteme entsprechend eingestellt werden.
- **Kalorienberechnung:** Für jede Etappe wird der Kalorienverbrauch angegeben. Dieser wird unter Berücksichtigung von Entfernung, Aufstieg, Zeit, Geschlecht, Alter, Gewicht und Körpergröße für zwei Beispielpersonen berechnet (Mann: 50 Jahre, 175 cm, 75 kg; Frau: 50 Jahre, 165 cm, 60 kg). Ihre persönliche Berechnung können Sie unter www.schoeneres-wandern.de durchführen. Die Kalorienberechnung ist für Mittelgebirgstouren optimiert.

* *Öffnungszeiten sind saisonabhängig. Bitte telefonisch erfragen.*

SCHÖNERES WANDERN

WANDERHÖHEPUNKTE links und rechts des ROTHAARSTEIGS

16 ausgewählte Themen-Rundwanderwege

Ulrike Poller und Wolfgang Todt

Sie nennen sich „WanderHöhepunkte" und der Name verspricht nicht zu viel: 12 Rundwanderwege, von denen drei auch in zwei Etappen bewältigt werden können, führen den Wanderer mitten hinein in eines der reizvollsten deutschen Mittelgebirge. Links und rechts des Rothaarkamms präsentieren die abwechslungsreichen Rundtouren, oft sehr nah am Premiumfernweg Rothaarsteig, nicht nur Naturidylle mit grandiosen Ausblicken und verträumten Talpassagen, sondern auch Montangeschichte und Fachwerkromantik. Ergänzt wird dieses Spektrum durch den Kyrillpfad, auf dem die Kraft der Natur hautnah erlebbar ist.

Wer Ruhe und Erholung oder auch eine Herausforderung sucht, ist im südwestfälischen Siegerland-Wittgenstein genau richtig und kann zwischen Bad Berleburg, Siegen und Burbach nicht nur unberührte Naturlandschaften entdecken, sondern auch fabelhaften Wesen oder gar einem Wisent begegnen.

ideemedia

Inhalt

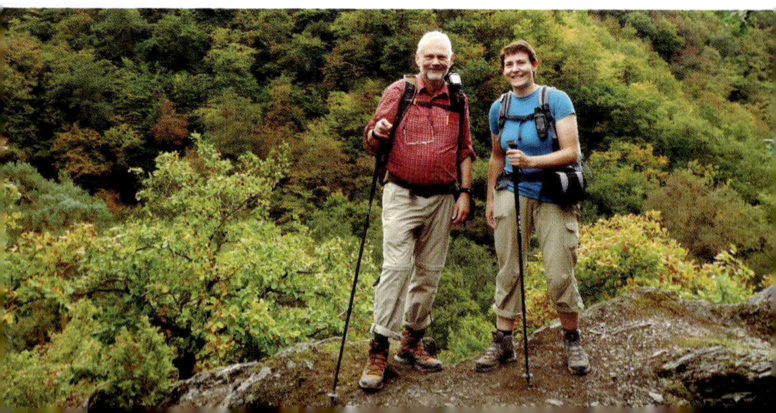

1 Wittgensteiner Schieferpfad

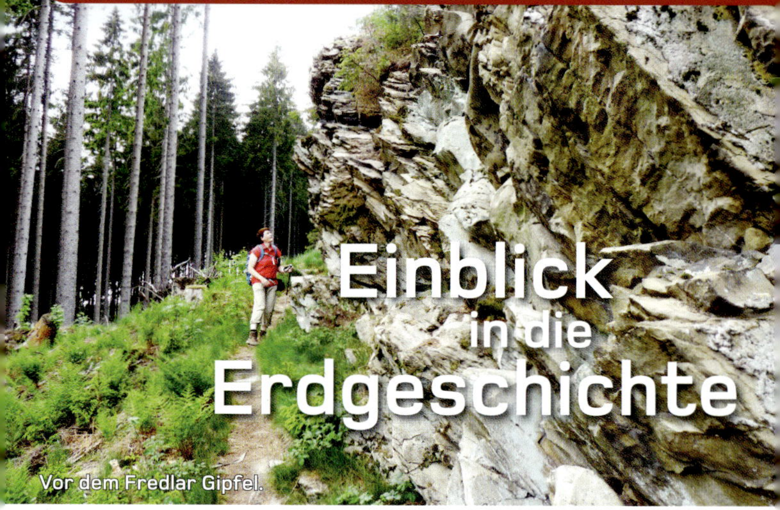

Einblick in die Erdgeschichte

Vor dem Fredlar Gipfel.

- **Start/Ziel:** Parkplatz Raumland
- **Gesamtlänge:** 13.6 km
- **Gesamtzeit:** 4 Std. 15 Min.
- **Anspruch:**
- **Kalorien:** ♀ 1001 ♂ 1175
- **Tour Download**: WHX1R16

- **Anfahrt:** A 45 bis Abfahrt Siegen. Dann B 62 und B 480 nach Bad Berleburg. Nach Querung der Eder L 553 nach Raumland. Am Ortsende Abzweig Parkplatz Raumland.

Wegformat:

Verbunddecke:	14.5 %
Befestigt:	39.8 %
Naturwege:	45.7 %

scan to go

QR-Code mit dem internetfähigen Smartphone einscannen und Startpunkt direkt anzeigen lassen.

Parken:
- Parkplatz Raumland
  N51° 01' 31.3'' • E8° 23' 12.6''
- Wanderparkplatz an der L 718
  N51° 01' 31.1'' • E8° 24' 55.7''
- Wanderparkplatz „An der Lenne"
  N51° 02' 32.0'' • E8° 24' 14.1''

Wegpunkte:

P1: Parkplatz Raumland
32 U 456998 5652823

P2: Schutzhütte im Edertal
32 U 457839 5652773

P3: Querung L 718 an Parkplatz
32 U 459006 5652801

P4: Bank Ehrfurcht
32 U 459567 5652647

P5: Fredlar 32 U 459019 5654413

P6: Parkplatz „Auf der Lenne"
32 U 458212 5654690

P7: Aussicht Bad Berleburg
32 U 457905 5654650

P8: Tagesbruch Hörre
32 U 457162 5653228

■ Höchster Punkt: 581 m ■ Steigung/Gefälle: 423 m

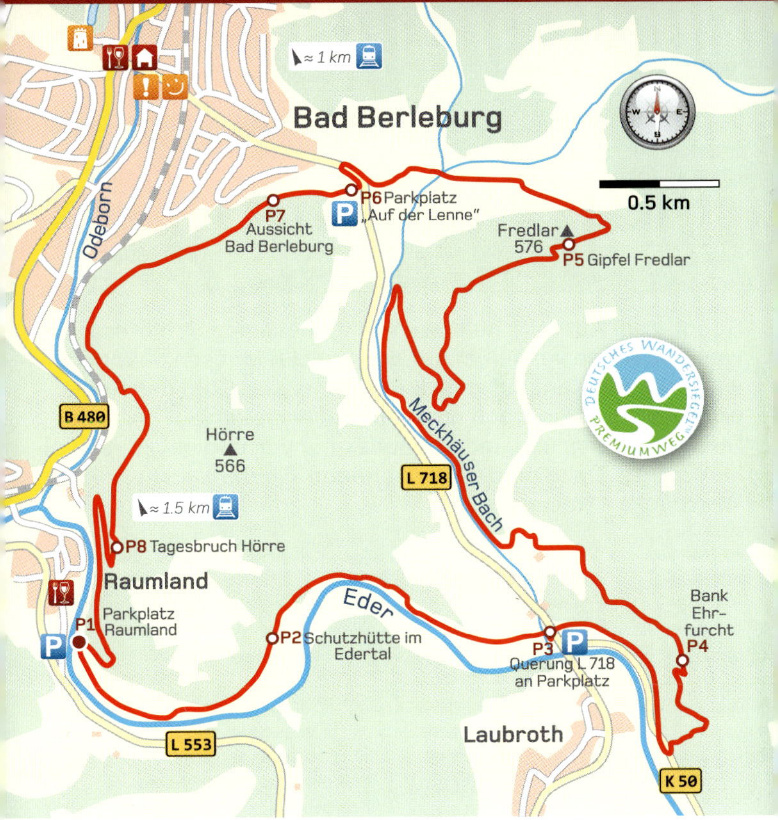

Bad Berleburg

≈ 1 km

Odeborn

B 480

P7 Aussicht Bad Berleburg

P6 Parkplatz „Auf der Lenne“

Fredlar 576

P5 Gipfel Fredlar

0.5 km

Hörre 566

L 718

Meckhäuser Bach

≈ 1.5 km

P8 Tagesbruch Hörre

Raumland

P1 Parkplatz Raumland

Eder

P2 Schutzhütte im Edertal

P3 Querung L 718 an Parkplatz

Bank Ehrfurcht P4

Laubroth

L 553

K 50

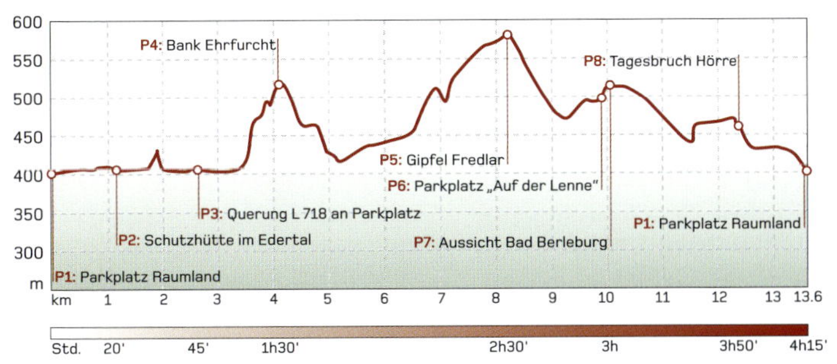

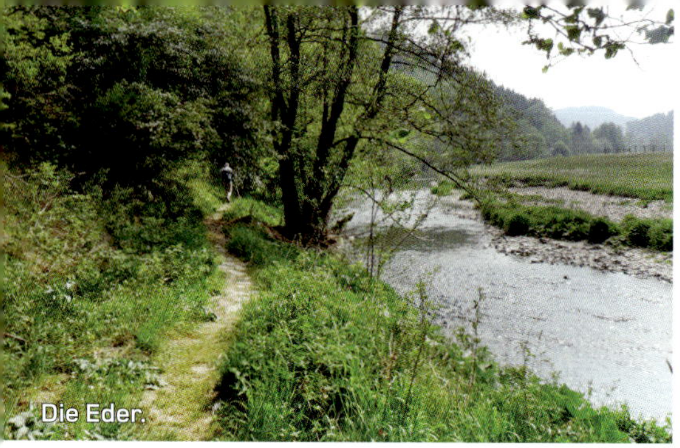
Die Eder.

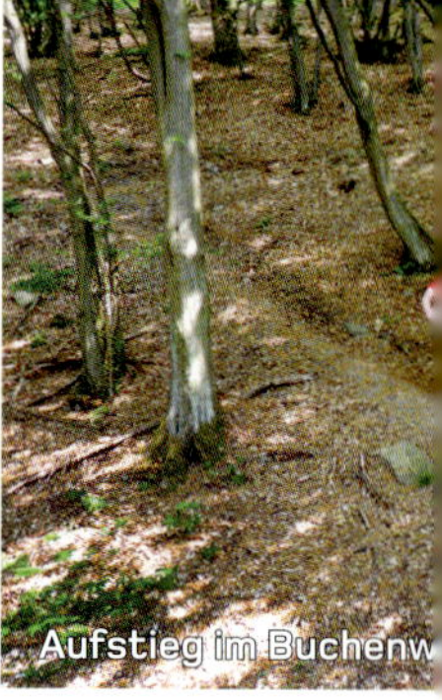
Aufstieg im Buchenw

Schon zum Auftakt hält der Wittgensteiner Schieferpfad, was der Name verheißt: Auf den ersten Metern bekommen wir direkten Kontakt mit dem blaugrauen Gold der Region, dem Schiefer. Doch auch im weiteren Verlauf tritt der felsige Untergrund immer wieder hervor und setzt reizvolle Akzente. Dazu gibt es rauschende Wälder und herrliche Weitblicke – Natur pur.

Am großen Parkplatz im Edertal in Raumland **(1)** beginnen wir die Tour auf dem Wittgensteiner Schieferpfad. Der Schieferpfad verläuft streckenweise steil und pfadig durch felsiges Terrain und verlangt unbedingte Trittsicherheit. Knöchelhohe Wanderstiefel sind daher ein Muss, Wanderstöcke in jedem Fall hilfreich.

Wir wollen den Weg gegen den Uhrzeigersinn erkunden und starten daher mit dem Aufstieg auf den alten Bahndamm nach rechts. Oben finden wir einen engen Pfad vor, dessen Schotterbelag streckenweise noch deutlich zu Tage tritt. Herrliche Ausblicke ins Edertal und die üppige und sehr vielfältige Flora sorgen für die ersten Höhepunkte der Tour. Nach nur **400 m** weisen die Fledermaus-Logos nach rechts abwärts: Hier ist ein Abstecher an die Eder möglich. Nur 200 m später trifft man dann wieder auf den Bahndammpfad.

Kurz darauf endet der Pfad und wir laufen auf einem breiten Wirtschaftsweg durchs Tal. Doch lange bleiben wir nicht auf der breiten Spur, denn die Fledermaus schickt uns auf engem Pfad durchs Unterholz, bis wir nach **1.2 km** an einer Schutzhütte **(2)** mit Rastplatz und schönem Ederblick eintreffen. Mit neuen Kräften setzen wir die Wanderung fort. Der Wittgensteiner Schieferpfad verläuft jetzt gemeinsam mit einem Radweg auf befestigtem Weg, doch bald steht der nächste Abstecher an: Zunächst biegt ein Pfad nach links vom Radweg

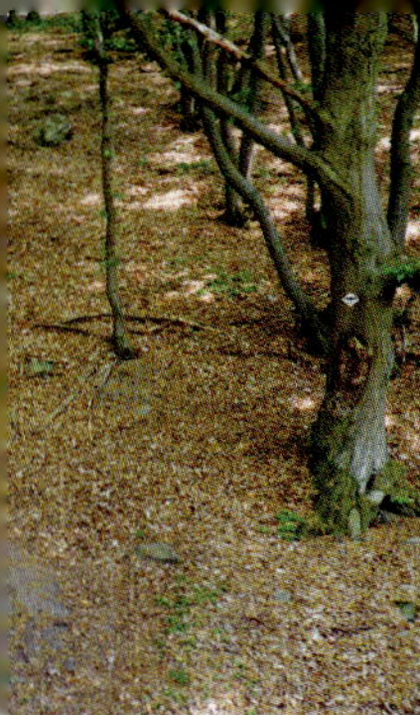

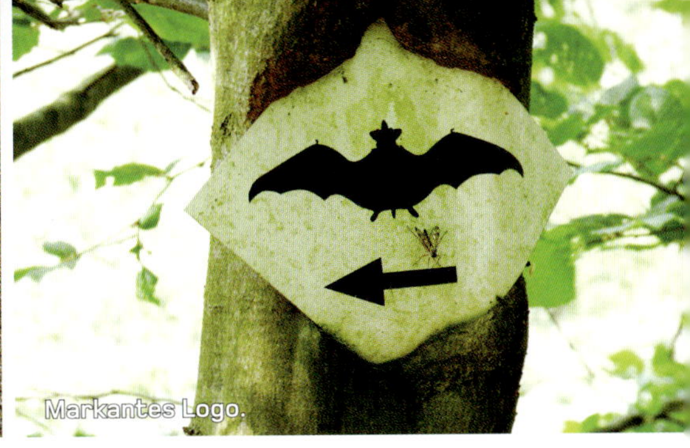

Markantes Logo.

ab, dann schickt uns die Fledermaus in gebückter Haltung durch einen dunklen Tunnel unter dem Bahndamm hindurch zur Eder. Dort empfängt uns das murmelnde Wasser, und wir genießen den direkten Kontakt zum gurgelnden Nass.

Kaum sind wir zurück auf dem Radweg, wird nach **1.7 km** erstmals unsere Kondition herausgefordert. Links führt ein Pfad steil den Hang hinauf. Schroffe Felsklippen sind das Ziel dieses Abstechers, der uns nach diesem Intermezzo im Bogen wieder hinunter zum bequemen Weg führt. Dort locken entlang der Strecke einige Bänke zur Rast mit Ederblick. Nach **2.6 km** erblicken wir voraus bereits den Parkplatz an der L 718. Doch erneut schlägt der Schieferpfad einen Haken: Wir werden von den Logos unmittelbar vor dem Parkplatz rechts hinunter über den Bach geschickt, und erst 30 m später erklimmen wir die Böschung und stehen am Parkplatz **(3)**. Wir laufen über die L 718 und dürfen auf der anderen Seite den Radweg verlassen. Links biegt ein enger Felsenpfad steil bergan, der uns eine Etage höher bringt und, gesäumt von Ginster und Felsen, eine herrliche Passage einläutet. Als Zugabe gibt es noch schöne Ausblicke auf das Edertal und in die Umgebung.

Allmählich schließt sich die Blätterkulisse enger um uns und hüllt uns bald ganz ein. Vielstufiger Mischwald begleitet uns langsam abwärts. Als wir nach **3.5 km** fast wieder im Tal angekommen sind, gesellt sich die Via Adrina (siehe S. 18) zu uns.

Gemeinsam stellen wir uns der nächsten Herausforderung: Der steile Hang hinauf zum Honert muss erobert werden. In Serpentinen erklimmen wir Schritt für Schritt unter dem schattigen Schutz der hohen Fichten den Berg. Wir sind dankbar, als wir gut 60 Höhenmeter weiter oben am Wegweiser Abschied von der Via Adrina nehmen und links abbiegen dürfen. Ein weicher Naturweg führt uns, deutlich flacher ansteigend, durch einen artenreichen Waldabschnitt. Doch kaum sind wir zu Atem gekommen, geht der Gipfelsturm weiter! Rechts biegt ein schmaler Pfad bergan und führt uns mit zahlreichen Schlenkern steil aufwärts. Eine Tafel macht darauf aufmerksam, dass wir uns nun im Felsenlabyrinth „Braut & Bräutigam“ befinden und der Weg daher einige merkwürdig erscheinende Schleifen aufweist. Das gesamte Areal ist Naturschutzgebiet, und so versuchen wir aufmerksam den Logos und den zusätzlichen roten Punkten zu folgen und stets auf den vorgesehenen Wegen zu bleiben.

Mitten in dieser Idylle aus hohen Nadelbäumen, uralten Buchen und schroffen Felsen lädt uns nach **4.1 km** die Bank „Ehrfurcht“ **(4)** zur Rast ein.

Nun liegen die spektakulären Felspassagen fürs Erste hinter uns und wir folgen dem Pfad leicht abwärts durch den lichten Wald. An 2 Bänken öffnet sich eine Aussicht. Anschließend geht es über einen bewaldeten Grat tiefer in den Buchenhallenwald. Unser Pfad mündet auf einen Wirtschaftsweg, und bald finden wir uns am Waldrand wieder. Nach **4.8 km** lädt eine geschwungene Bank zum Verweilen ein. Nur 30 m später biegen wir scharf links auf einen Wiesenpfad ab, der uns zwischen den Weidezäunen hinunter nach Meckhausen bringt. Auf Höhe eines Hotels biegen wir rechts auf eine asphaltierte Straße, die wir aber in der folgenden Kurve verlassen dürfen. Wir queren mitten in den saftigen Weiden einen Bach und treffen schließlich auf einen Schotterweg. Der bringt uns links zum Forsthaus Meckhausen, wo wir geradeaus auf einem Waldweg weiterwandern dürfen.

Leider übertönen die Geräusche der nahen Straße das Rauschen des Baches neben uns, doch bald lenkt uns eine riesige Schieferhalde ab. Rechts bietet sich ein kurzer Abstecher zu dem im dichten Grün verborgen Wächterstein an, und wenig später kann ebenfalls rechts des Weges ein alter Tagebruch in Augenschein genommen werden.

Anschließend dringt der Schieferpfad tiefer in den meist von hohen Fichten dominierten Wald ein. Nach **6.5 km** dürfen wir den scharfen Knick nach rechts nicht verpassen. Stramm führt der Weg bergan, und bald übernehmen schlanke Buchenveteranen die Regie im Wald. Wir treffen auf einen Querweg und folgen diesem nach rechts.

Als wir wieder zu Atem gekommen sind, wartet der Schieferpfad mit der nächsten Attraktion auf: Wir halten uns rechts auf einem absteigenden Pfad und erreichen wenig später eine markante Felsklippe und ein kleines Steinlabyrinth. Vorbei an einem kleinen Aussichtsplateau gelangen wir wieder auf den breiten Weg. Nach kurzem Anstieg nach links,wechseln wir unterhalb einer mächtigen Felsklippe auf einen Pfad und erobern die Felsen. Natürlich lassen wir uns die Einladung einer Bank nach **7.2 km** nicht entgehen und legen eine wohlverdiente Rast mit Felsblick ein. Wenige Meter oberhalb endet der Pfad, und wir wandern links auf einem breiten Weg bergan.

Als die dichten Nadelbäume zumindest teilweise den Buchen Platz machen, biegen wir links auf einen Pfad

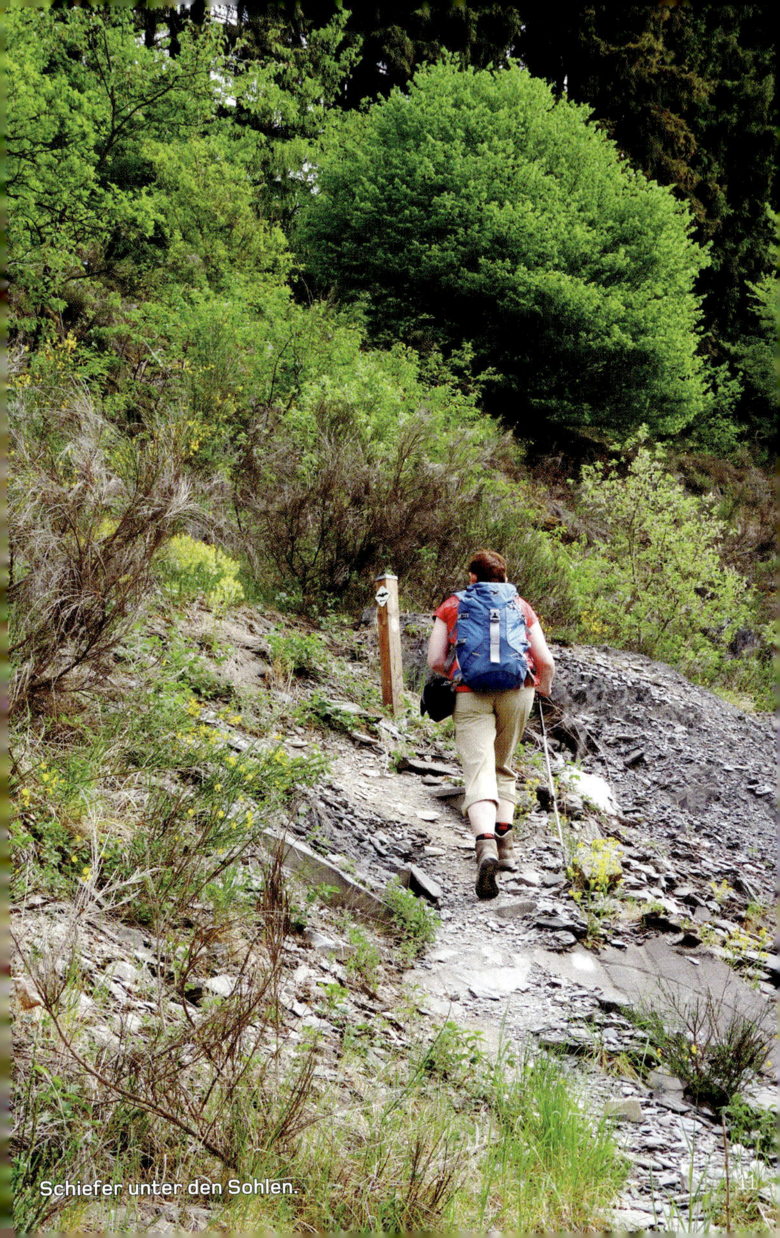

Schiefer unter den Sohlen.

ab und beginnen den Endanstieg zum Fredlar. Nach einer großartigen Hallenwaldpassage breitet sich vor uns ein Windbruchfeld aus. Wir genießen die Offenheit und lassen den Blick umherschweifen, danach folgt ein kurzer Abschnitt durch intakten Nadelwald, und dann ist es geschafft: Wir haben den Gipfelbereich des Fredlar erreicht. Trutzige Felsen begeistern uns, und wir bekommen Einblick in uralte Erdgeschichte.

Beeindruckt von den wie Buchseiten angeordneten Steinschichten, treffen wir nach **8.2 km** auf dem höchsten Punkt der heutigen Tour ein. Vom Fredlar **(5)** aus können wir weit Ausschau halten, und sogar Bad Berleburg ist auszumachen.

Kaum haben wir uns mit dem Schieferpfad durch das noch immer arg zerzauste Windbruchfeld geschlängelt, steht eine traumhafte Passage durch jung aufstrebendes Grün an. Doch auch historisch hat dieser Abschnitt etwas zu bieten: Wir befinden uns hier auf der „Vergessenen Straße" von Bad Berleburg nach Marburg. Unzählige Wagenräder haben ihre Spuren hinterlassen, wie wir an den tiefen Rillen im harten Fels deutlich erkennen können.

Unser Pfad nähert sich langsam dem parallelen Asphaltweg, verlässt den Wald, führt aber noch ein gutes Stück auf weichem Wiesengrund neben dem Sträßchen her. Erst inmitten der üppigen Weiden treffen wir schließlich auf den Asphaltweg und folgen diesem über den Bach hinweg zu den nahen Häusern. Nun geht es mal wieder bergan. Wir treffen an der L 718 ein und wenden uns auf dem Gehweg nach rechts. Auf Höhe des Ortsschildes queren wir die Straße und wandern zum nahen Parkplatz „Auf der Lenne" **(6)**.

Wir streben weiter bergan zum Waldrand, wo wir rechts auf einen Naturweg wechseln dürfen. Vom Waldrand und besonders von der Bank **(7)** nach **10 km** genießen wir eine sagenhafte Aussicht Richtung Bad Berleburg.

Bald tauschen wir Weitsicht wieder gegen Waldkulisse und wandern sachte abwärts. Abwechslung wird großgeschrieben und so präsentieren sich Hochwald und Jungwald, Nadelbäume und Laubbäume in munterem Wechsel. Streckenweise gibt es auch noch eine gute Aussicht ins geschäftige Tal. Dann wird es noch einmal anstrengend: Unmittelbar vor einer Schieferhalde schickt uns die Fledermaus kurz, aber steil eine Etage höher.

Nach **12.3 km** steht noch ein letztes Intermezzo an: Vom breiten Forstweg biegen wir links auf einen Pfad ab, der uns einige Meter bergan führt. 200 m später können gut trainierte und absolut trittsichere Wanderer dann einen kurzen Abstecher zum Drachenstein unternehmen. Alle anderen folgen dem Schieferpfad auf einer sehr schwierigen, aber zum Glück kurzen Pfadpassage hinunter zum bereits bekannten Wirtschaftsweg. Bei nasser Witterung ist dieser Abstieg sehr rutschig, dann sollte man lieber auf diesen Exkurs verzichten.

Weitaus ungefährlicher ist nach **12.4 km** der Blick in den linker Hand befindlichen alten Tagesbruch Hörre **(8)**. Nach diesem Blick in den steinigen Untergrund biegt der Schieferpfad scharf rechts auf einen Waldweg ab.

200 m später steht die nächste Spitzkehre an, diesmal nach links, an. Ein zunächst asphaltierter, bald aber wieder geschotterter Weg bringt uns bei gutem Ausblick aufs Edertal und Raumland voran. Noch

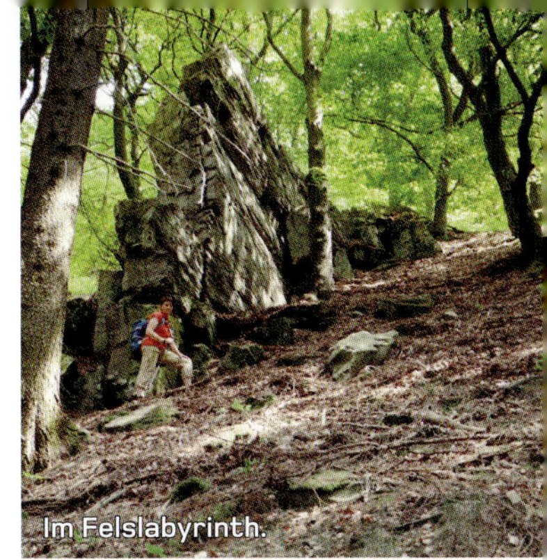

Im Felslabyrinth.

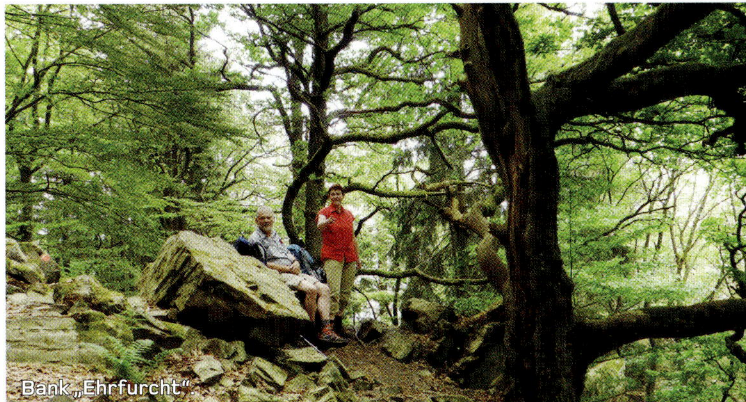

Bank „Ehrfurcht“.

einmal schwelgen wir in der vielfältigen Pflanzenwelt, durchqueren ein Wäldchen und treffen schließlich auf eine Straße. Der folgen wir rechts hinunter zum Parkplatz Raumland **(1)**, wo unsere Abenteuertour auf dem Schieferpfad nach anstrengenden, aber ereignisreichen **13.6 km** zu Ende geht.

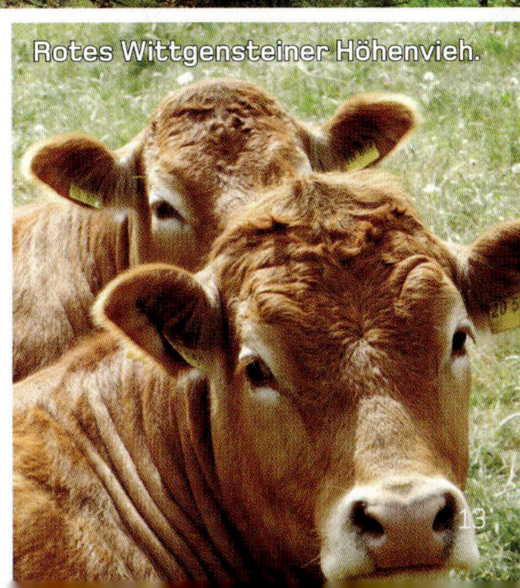

Rotes Wittgensteiner Höhenvieh.

Touristikverband Siegerland Wittgenstein e.V., Koblenzer Straße 73, 57072 Siegen ✆ 0271/3331020 ⓘ www.siegerland-wittgenstein-tourismus.de ■ *Touristikverein Bad Berleburg Markt & Tourismus e.V., Poststr. 42, 57319 Bad Berleburg ✆ 02751/93633 ⓘ www.wunderwelt-am-rothaarsteig.de*

Café-Pension Landhaus Wittgenstein, Lösserweg 24, 57319 Bad Berleburg ✆ 02751/6459 ⓘ www.landhaus-wittgenstein.de ⏲ Café: tgl. 14–18 Uhr, Di. Ruhetag ■ *Restaurant Ruggero's, Alter Bahnhof, Bahnhofstr. 1, 57319 Bad Berleburg ✆ 02751/445317 ⓘ www.ruggeros.de ⏲ tgl. 11.30–23 Uhr* ■ *Schloss-Schänke Schloss Berleburg, Goetheplatz 8, 57319 Bad Berleburg ✆ 02751/920020 ⏲ Mo. Ruhetag ⓘ www.schloss-schaenke-berleburg.de*

Hotel Raumland, Hinterstöppel 7, 57319 Bad Berleburg-Raumland ✆ 02751/5667 ⓘ www.hotel-raumland.de ■ *Hotel-Restaurant „Alte Schule", Goetheplatz 1, 57319 Bad Berleburg ✆ 02751/9204780 ⓘ www.hotel-alteschule.de*

Von Siegen kann man mit der RB 93 direkt nach Bad Berleburg anreisen. Der Bahnhof Raumland ist dabei ein Bedarfshalt.

Von Bad Berleburg kann man mit der Buslinie R33 (Bad Berleburg–Hatzfeld) zum Steinbruch in Raumland fahren. Infos ⓘ www.zws-online.de

Taxi Spies ✆ 02751/7666 ■ *Taxi Pöppel ✆ 02755/767*

E-Bike-Verleih
Bei der Tourist-Information Bad Berleburg kann man gegen Gebühr E-Bikes ausleihen und so ganz entspannt die Region erkunden. Die Akkus der E-Bikes reichen für etwa 4 Stunden aus. Das Angebot soll in Zukunft noch erweitert werden. Mindestalter: 16 Jahre. Weitere Informationen: Tourist-Information Bad Berleburg ✆ 02751/93633

Wasserspaß im Rothaarbad
Genug gewandert? Dann bietet das Rothaarbad in Bad Berleburg nicht nur herrliches Nass zum Abkühlen, sondern auch noch Entspannung im angeschlossenen Sauna- und Dampfbadbereich. Für Kinder gibt es im Kinderbecken einen Schiffchenkanal und jede Menge Wasserspielzeug. Im Sommer steht zudem noch ein Wellen-Freibad zur Verfügung. Weitere Informationen: Rothaarbad, Am Sportfeld 3, 57319 Bad Berleburg ✆ 02751/7630 ⓘ www.rothaarbad.de ⏲ Montags geschlossen

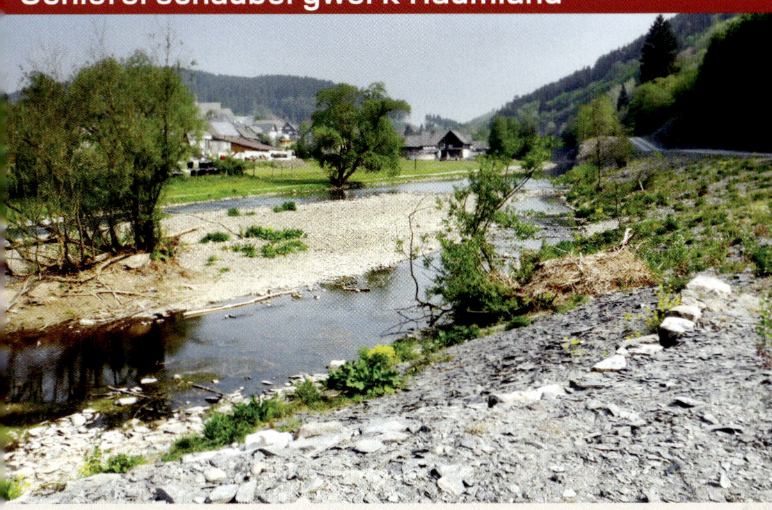

Dunkles Gold

Er grüßt von Dächern und Fassaden des Siegerlandes: der dunkel schimmernde Schiefer aus Raumland und der Region. Wer dem wertvollen Rohstoff, der über mehrere Jahrhunderte unter Tage abgebaut wurde, auf die Spur kommen möchte, der ist im Schieferschaubergwerk Raumland goldrichtig.

Von 1860 bis 1923 wurde in der Grube „Delle" Dachschiefer gewonnen. Zur Hoch-Zeit des Schieferabbaus waren in der Region insgesamt 12 Gruben in Betrieb, die über 400 Arbeitern Lohn und Brot gaben.

Beim Besuch des Schaubergwerks erhält man nicht nur einen Einblick in die geologischen Grundlagen der Schiefervorkommen, sondern erfährt auch einiges zum Abbau und darüber, wie Dach- und Wandschiefer in präziser Handarbeit verarbeitet wurden.

Heute kommt besonders hochwertiger Schiefer aus den Schieferbergwerken im Westen des Rheinischen Schiefergebirges. Bei Rathscheck Schiefer in Mayen helfen modernste Maschinen bei der Gewinnung des historischen Baustoffs. Wer mehr über Schiefer erfahren will, kann neben dem Schaubergwerk Raumland das Deutsche Schiefermuseum in Mayen besuchen (▶ Buchtipp: Traumpfade Kompakt).

Weitere Informationen: www.schieferschaubergwerk.de 0160/3510221
1. April bis 31. Okt., Führungen: Mi. 15 & 16 Uhr, Sa. 14 & 15 Uhr,
für Gruppen auch nach Vereinbarung 02751/5047

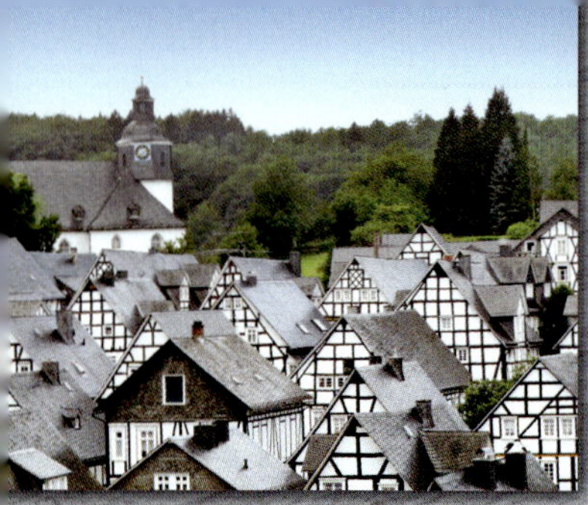

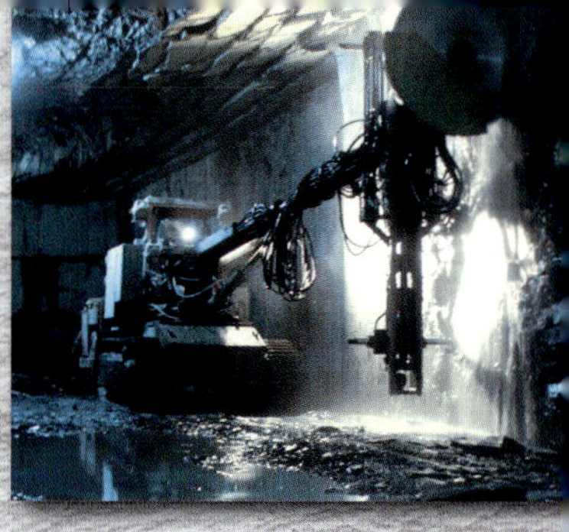

Schieferglanz auf

Ob seidig schimmernd auf den malerischen Fachwerkhäusern des „Alten Flecken" im weltweit einzigartigen historischen Stadtkern von Freudenberg oder in Form von bizarr aufragenden Felsen: Auf Schritt und Tritt begegnen Wanderer im Siegerland dem Urgestein Schiefer. Denn auch der nordöstliche Zipfel des Rheinischen Schiefergebirges ist traditionelles Schieferland.

Entstanden durch die Erdfaltung vor Millionen von Jahren werden die leicht spaltbaren Steine aus dem Rheinischen Schiefergebirge bis heute vor allem für die dauerhafte Bekleidung von Dächern und Fassaden eingesetzt. Jeder zweite Deckstein, der in Deutschland verarbeitet wird, kommt dabei aus dem Eifeldreieck zwischen Mosel und Rheintal von Rathscheck Schiefer.

Wurde Schiefer im Mittelalter und noch bis zum Ende des 19. Jahrhunderts traditionell dort gewonnen, wo er später auch verarbeitet und verlegt werden konnte, erschlossen die neuen Verkehrsmöglichkeiten auf dem Wasser, auf der Straße und auf der Schiene Vertriebswege für eine der langlebigsten Dacheindeckungen der Welt rund um den Erdball. Und so ist kaum verwunderlich, dass heute auch auf vielen Dächern in der Region Siegerland-Wittgenstein Steine aus der Eifel eingedeckt werden. Denn Schiefer ist nicht gleich Schiefer. Premium-Qualitäten wie der „Moselschiefer" sind möglichst frei von Kalk- oder Erzeinschlüssen, aber auch häufig nur sehr tief in der Erde zu finden. Moselschiefer wird beispielsweise in der Nähe von Mayen aus mehr als 300 Metern Tiefe mit Hightech-Sägen abgebaut und ans Tageslicht gefördert.

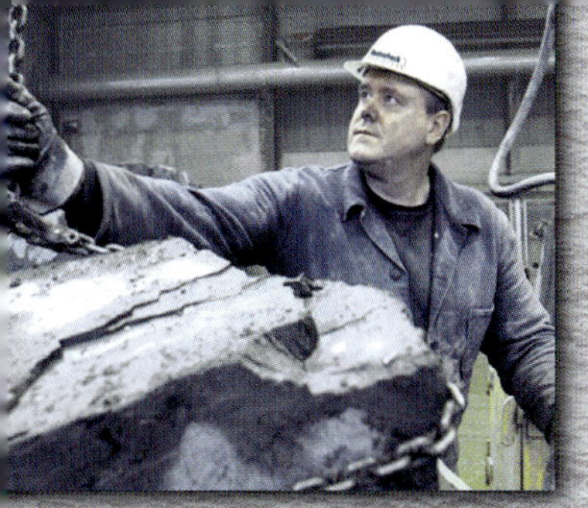
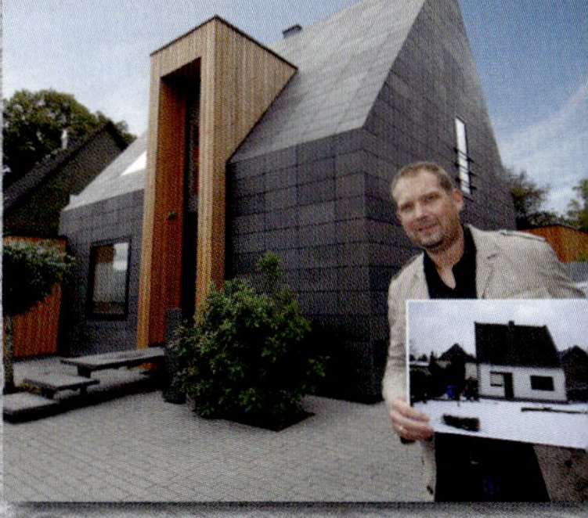

Schritt und Tritt

Mit der Rückbesinnung vieler Bauherren auf natürliche Materialien erlebte der Schiefer als zeitloses, robustes und ewig schimmernd-schickes Design-Objekt auch außerhalb der traditionellen Schieferregionen eine Renaissance: Die Kombination aus Natürlichkeit, Langlebigkeit und Eleganz hält verstärkt Einzug bei Neubau wie Sanierung. Vielfältig zu verlegende Formate und moderne Gestaltungs- und Befestigungsmöglichkeiten in Verbindung mit abgestimmten Dämmelementen sorgen für einen neuen Schieferboom.

Wie aus einem ehemaligen Sanierungsfall ein schickes wie Energieeffizientes Schiefer-Designobjekt werden kann, zeigt eindrucksvoll das Beispiel von Familie Boecker: Über die vorhandene Bausubstanz des Häuschens aus einer ehemaligen Arbeitersiedlung wurde eine schicke Schieferhaube aus rechteckigen Steinen aus der Rathscheck-Kollektion gestülpt, dahinter entstand moderner Wohntraum.

Infos und Bauherreninformation
Rathscheck Schiefer
St.-Barbara-Str. 3
56727 Mayen-Katzenberg
Telefon: 02651/9550

www.schiefer.de

Mit dem Smartphone scannen und Videos sehen

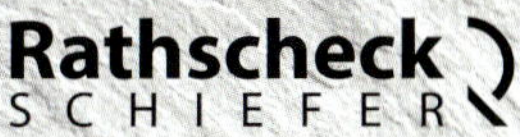

2 Via Adrina

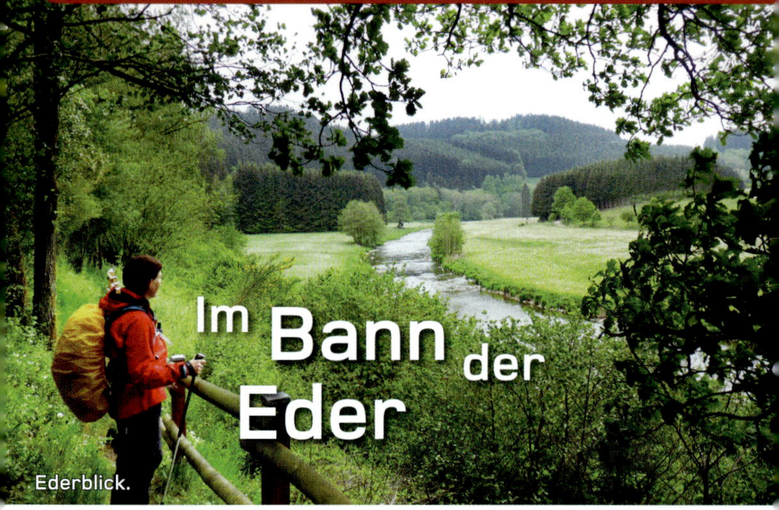

Im Bann der Eder

Ederblick.

- **Start/Ziel:** Arfeld, Parkplatz an der Eder (Gaststätte Zum Bahnhof)
- **Gesamtlänge:** 20.5 km
- **Gesamtzeit:** 6 Std. 45 Min.
- **Anspruch:**
- **Kalorien:** ♀ 1501 ♂ 1763
- **Tour Download**: WHX2R15

- **Anfahrt:** A 45 Abfahrt Siegen. B 62 und B 480 nach Bad Berleburg. Über die Eder L 553 nach Dotzlar. Weiter nach Arfeld.

- **Wegformat:**
- Verbunddecke: 11.0 %
- Befestigt: 40.6 %
- Naturwege: 48.4 %

scan to go

QR-Code mit dem internetfähigen Smartphone einscannen und Startpunkt direkt anzeigen lassen.

- **Parken:**
- Arfeld N51° 00' 51.6'' • E8° 25' 40.7''
- Schwarzenau N51° 01' 20.1'' • E8° 27' 59.9''

- **Wegpunkte:**

P1: Arfeld 32 U 459878 5651545
P2: Podest 32 U 459331 5651058
P3: Bank 32 U 459932 5650462
P4: Aussicht Mühlental 32 U 459546 5649516
P5: Abzweig 32 U 461100 5650917
P6: Abzweig 32 U 461195 5651777
P7: Ederblick 32 U 462221 5651939
P8: Schwarzenauer Mühle 32 U 462934 5652358
P9: Ausblick 32 U 462705 5653294
P10: Podest 32 U 461710 5653701
P11: Treffen auf Verbindungsweg 32 U 460463 5651834
P12: Alte Schmiede Arfeld 32 U 460241 5651696
P13: Treffen auf Schieferpfad 32 U 459655 5652429

■ Höchster Punkt: 540 m ■ Steigung/Gefälle: 598 m

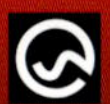

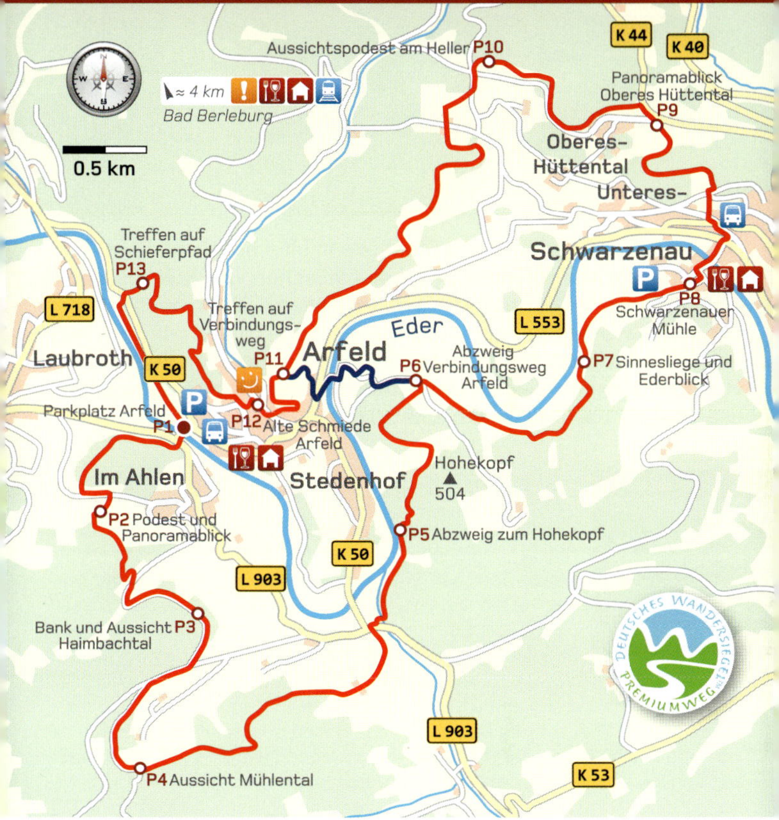

Aussichtspodest am Heller P10
K 44
K 40
Panoramablick Oberes Hüttental P9
≈ 4 km
Bad Berleburg
0.5 km
Oberes-Hüttental
Unteres-
Schwarzenau
Treffen auf Schieferpfad P13
L 718
Treffen auf Verbindungsweg
P11
Arfeld
Eder
L 553
P8 Schwarzenauer Mühle
Laubroth
K 50
Abzweig Verbindungsweg Arfeld P6
P7 Sinnesliege und Ederblick
Parkplatz Arfeld P1
P12 Alte Schmiede Arfeld
Hohekopf 504
Im Ahlen
Stedenhof
P2 Podest und Panoramablick
P5 Abzweig zum Hohekopf
K 50
L 903
Bank und Aussicht Haimbachtal P3
Deutsches Wandersiegel Premiumweg
L 903
K 53
P4 Aussicht Mühlental

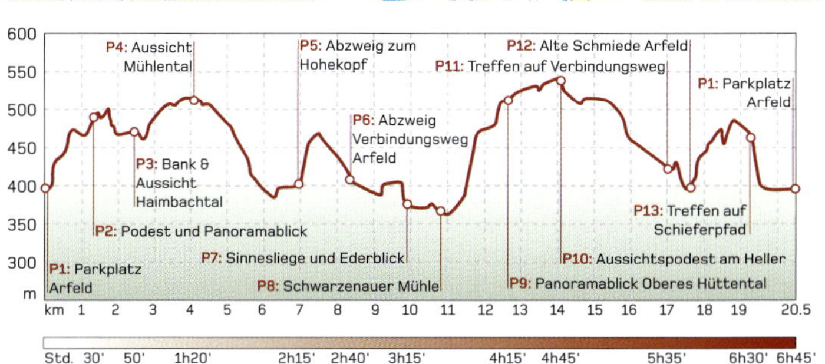

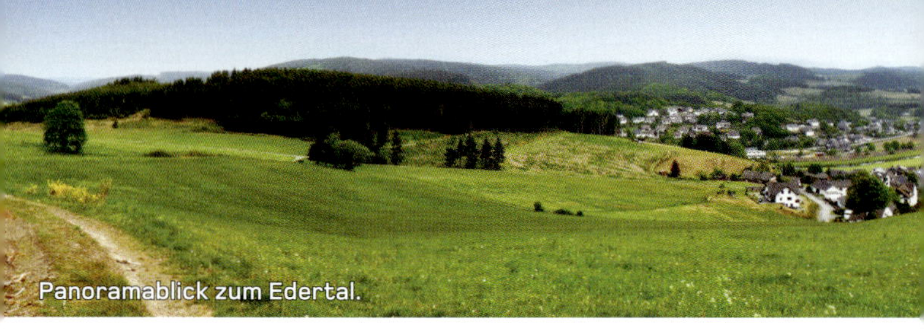

Panoramablick zum Edertal.

Die Via Adrina gewährt uns Einblicke in eine herrliche Landschaft. Geprägt von der mal majestätischen, mal quirligen Eder, wartet sie mit einer ungeheuren Vielfalt auf. Eben noch wandern wir in den weiten Talauen des Flusses, dann folgen wir gewundenen Pfaden durch zauberhaften Wald zu schroffen Felsen und verschwiegenen Wiesen. Und immer wieder gibt es Gelegenheit, grandiose Aus- und Überblicke zu genießen.

> **!** Tipp: Wer möchte, kann die Via Adrina auch in zwei Halbtagestouren absolvieren.

Am Parkplatz beim Gasthof Zum Bahnhof in Arfeld **(1)** beginnen wir die Tour auf der Via Adrina. Wir queren die Eder und anschließend auch die L 903, bevor das Abenteuer auf dem WanderHöhepunkt mit einem ersten Steilanstieg beginnt. Ein Pfad bringt uns in Serpentinen den von Windbruch arg gebeutelten Hang empor.

Am ersten querenden Forstweg halten wir uns rechts und kommen rasch wieder zu Atem. Noch einmal erhaschen wir einen Ausblick zur Eder, bevor uns das markante Logo links bergan schickt. Der Waldweg gewinnt stramm an Höhe und führt uns durch einen dichten Nadelwald. Bald ist dieser Anstieg gemeistert, und wir biegen rechts auf einen breiten Forstweg ab. Der bringt uns nach **1 km** zum Wegweiser „Meisbach" und zu einem querenden Asphaltweg. Wir halten uns rechts und freuen uns, als wir nach einer Weide mitten in wogenden Wiesen rechts auf einen Grasweg wechseln dürfen. Wieder geht es aufwärts, doch voraus erblicken wir bereits ein Aussichtspodest nebst Bank und sind gespannt, was wir von dort zu sehen bekommen. Solchermaßen angespornt, kommen wir flugs voran und erobern die Plattform **(2)**. Was für eine Aussicht: Weit können wir den Blick über die sanft gewellte Landschaft schweifen lassen. Die gelungene Mischung aus Wäldern und Wiesen rund um die Eder, die sich in weiten Schleifen gemächlich durchs Grün windet, wirkt zauberhaft und besänftigend zugleich.

Beschwingt und bereits ein klein wenig entspannter setzen wir die

Tour fort und sind neugierig, was die Via Adrina noch alles zu bieten hat. Zunächst ist das ein weiterer Aufstieg, den wir entlang eines Nadelwäldchens bewältigen. Dann biegt der Weg am Rand der Wiese nach links und führt uns, stets mit tollem Blick aufs Edertal, gemächlich weiter aufwärts.

Nach **1.7 km** treffen wir am Waldrand ein und nehmen vorerst Abschied von der Weite. Wir zweigen rechts auf einen Waldweg ab und dürfen nur 50 m später den Einstieg nach links auf einen engen Pfad nicht übersehen. Der Pfad bringt uns mitten durch eine Rodung wieder eine Etage tiefer, wo wir auf einen breiten Weg nach links abbiegen. Der nächste Richtungswechsel folgt sogleich: Am Wegweiser „Haimbach" weisen die Logos nach rechts. Nun wandern wir auf breitem Wirtschaftsweg ins Haimbachtal. Wir passieren den Hof Haimbach und genießen mit jedem Schritt, den wir weiter ins Tal vordringen, die Ruhe der Natur um uns herum. Nach einer markanten Kurve endet der Asphalt, und wir laufen nun auf befestigtem Weg fast eben am Waldrand entlang. Eine Bank steht bereit, um den schönen Ausblick bis ins Edertal **(3)** auszukosten, eine Einladung, der wir nach **2.5 km** nicht widerstehen können.

Wir setzen die Tour fort und halten uns dabei stets am Waldrand. Erst als wir an einem Schuppen vorbeilaufen, geht es pfadig kurz durch den lockeren Mischwald bergan. Schließlich stehen wir am Zaun einer weitläufigen Weide und nutzen einen engen Pfad, um am Zaun entlang zum nächsthöheren Wirtschaftsweg aufzusteigen. Dort wenden wir uns nach links und wandern zielstrebig weiter Richtung Mühlental. Die nächsten Weggabelungen sind stets bestens markiert und so können wir uns völlig dem Genuss der Landschaft mit ihren häufigen Wechseln aus Waldpassagen und Wiesenblicken hingeben. In einem Mischwaldabschnitt passieren wir einen links unterhalb gelegenen Hof und erreichen wenig später wieder einen Waldrandweg. Der führt uns nun an ausgedehnten Weiden entlang. Auf denen grast friedlich eine Herde der fast ausgestorbenen Rasse des „Wittgensteiner Höhenviehs". Diese rotbraunen Rinder sind ans Klima der Region bestens angepasst und haben hier im Mühlental ein ideales Refugium.

Nach **4.1 km** laufen wir an einer Weggabelung weiter außen am Wald entlang und genießen den herrlichen Talblick **(4)** in vollen Zügen.

Zu sehr dürfen wir aber nicht ins Träumen kommen, denn sonst verpassen wir den Abzweig nach rechts auf einen federnden Waldpfad. Der führt uns parallel zum Forstweg durch den hochgewachsenen Nadelwald zur Station Nummer 10, einer unscheinbaren Grube mitten im Wald. Wenige Meter später mündet der Pfad wieder auf den Waldrandweg, dem wir weiter nach rechts folgen. Allmählich rückt der hohe Nadelwald wieder enger an den Weg. Allerdings ist unverkennbar, welche Breschen Kyrill 2007 auch hier hinterlassen hat. Dank der Lichtflut erobern Himbeeren den Waldboden und bieten zumindest im Sommer vitaminreiche Wegzehrung zum Nulltarif.

Nach **5 km** sorgt wieder ein Wechsel rechts auf einen parallel verlaufenden Pfad für Kurzweil. Der Pfad bringt uns an Station 11 vorbei und mündet an einer großen Kreuzung wieder auf den bekannten Wirtschaftsweg. Wir wandern geradeaus zum nahen Waldrand und sind sofort wieder vom tollen Ausblick fasziniert. Gemütlich laufen wir auf dem Schotterweg abwärts und treffen an einem Hof auf eine Asphaltstraße. Doch die Via Adrina führt geradewegs darüber hinweg und windet sich als enger Naturpfad mit einigen Schlenkern ins idyllische Tal. Wir befinden uns im geschützten Biotop „Heide", und tatsächlich begeistert die artenreiche Flora fast zu jeder Jahreszeit.

Viel zu rasch endet dieser herrliche Abschnitt, und wir wenden uns auf einem befestigten Weg zur nahen L 903. Dort angelangt, queren wir die Straße und laufen 50 m nach rechts. Dann dürfen wir dem Verkehr den Rücken kehren und wieder in die Natur abtauchen. Wir queren einen Bach, und dann führt uns die Via Adrina auf einem engen, steilen Pfad rechts den Hang empor. Nun haben wir Gelegenheit, unmittelbaren Kontakt mit dem Fels aufzunehmen, bevor es unter dem Eichen-Blätterdach durch die Hangflanke geht. Nach dieser aufregenden Passage mündet der Pfad auf einen alten Waldweg, der uns links zurück auf den Hauptweg im Edertal bringt.

Dort treffen wir an einer großen Kreuzung mit Bank nach **6.8 km** ein. Die Via Adrina ist ein echter Premiumweg, daher verläuft sie nun nicht auf dem breiten Splittweg, sondern schlängelt sich zwischen Eder und Radweg auf engem Pfad durch das Unterholz der steilen Uferböschung. Erst am Wegweiser „Unterm Hohekopf" **(5)** berühren wir den breiten Weg wieder. Doch auch diesmal bleibt es bei der Querung, denn der WanderHöhepunkt führt uns nun hinauf auf den Hohekopf. Auf weichem Naturpfad erklimmen wir in Serpentinen den steilen Hang. Dabei begeistert uns v.a. die Flora, die von mittelhoch gewachsenen, aber dennoch alten Eichen dominiert wird. Nach gut 55 Höhenmeter Aufstieg endet dieser traumhafte

Pfad an einem Forstweg. Wir biegen links ab und kommen im Schatten des Nadelhochwalds rasch wieder zu Atem.

Wir überschreiten eine Kuppe und folgen der Via Adrina anschließend mit einigen Schlenkern wieder talwärts. Dabei wechseln Nadelwald, Wiesen und Mischwald in munterem Reigen ab. Auch ein Ausblick ins Tal sorgt für Abwechslung. Schließlich verlassen wir nach **8.4 km** den Wald an einem Gehöft und wandern auf asphaltiertem Grund nach links. Nur 100 m später ist am Abzweig neben einer Bank nach rechts **(6)** eine Entscheidung fällig: *Wer die Via Adrina in 2 Teilstücken (Arfeld- bzw. Schwarzenaurunde) absolvieren möchte, der kann sich ab hier für 1.2 km dem weißen Dreieck anvertrauen. Diese Markierung trifft oberhalb von Arfeld bei einem Stall* **(11)** *wieder auf die Via Adrina. Wer sich die gesamte Strecke in einem Stück zutraut, der biegt an der Bank rechts auf einen Schotterweg ab.*

Wir bleiben auf dem WanderHöhepunkt und wandern auf dem Schotterweg gemütlich abwärts. Nachdem wir rechts eine Weide passiert haben, schicken uns die Logos rechts auf einen ansteigenden Pfad. Am oberen Ende der Weide biegen wir links in den lichten Nadelhochwald ab und frönen nun dem federnden Waldpfad. Der führt uns zu einem plätschernden Bächlein, das wir problemlos überwinden. Anschließend flankieren Felsen den Pfad, der uns schließlich in ein Windbruchfeld führt. Mitten in diesem Areal beginnen wir den steilen

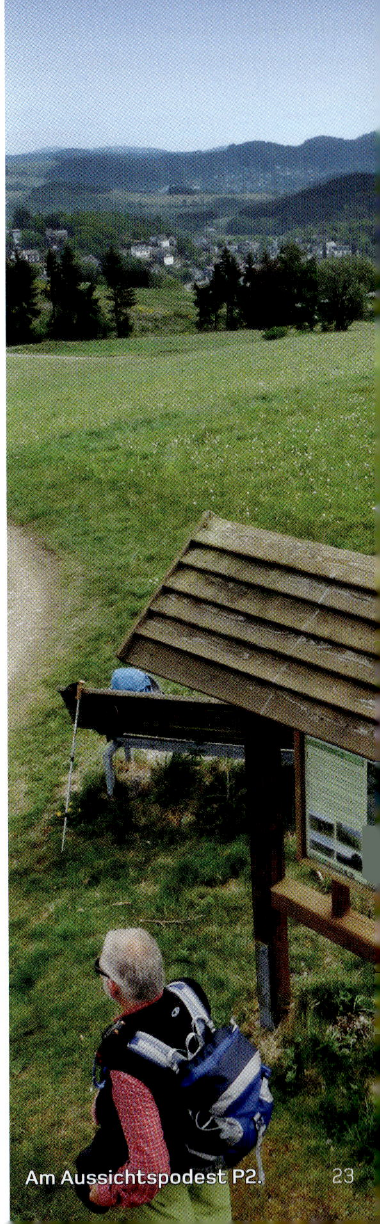

Am Aussichtspodest P2.

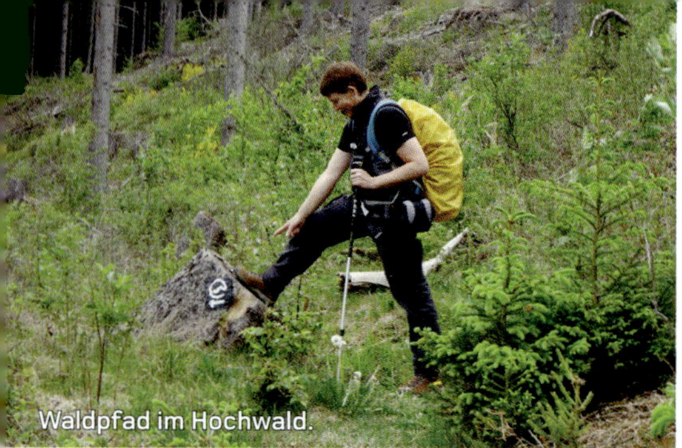
Waldpfad im Hochwald.

Abstieg zurück ins Edertal. Dort queren wir einen Forstweg und den Ederradweg und wandern unmittelbar entlang der Uferböschung auf engstem Pfad nach rechts. Ein Geländer schützt vor dem Absturz, und nach **9.9 km** lädt ein „Waldsofa" **(7)** zum Genießen des herrlichen Ederblicks ein.

Wenig später steigen wir durch Gebüsch vollends zur Eder ab und wandern nun meist auf weichem Grasweg durch das weite Tal. Kurz vor Schwarzenau erklimmen wir wieder den ehemaligen Bahndamm und erreichen die Schwarzenauer Mühle **(8)** und nach **10.7 km** den Ort. Das Logo führt uns zuverlässig durch die Straßen zur Ederbrücke. Gleich nach Queren des Flusses lohnt rechter Hand ein Blick in den Garten des Schlosses. Danach laufen wir zur L 553, queren sie und beginnen den nächsten Aufstieg über einen Fußweg.

Mit einigen Richtungswechseln gelangen wir zum Friedhof des Ortes und steigen von dort auf einem engen Graspfad steil bergan.

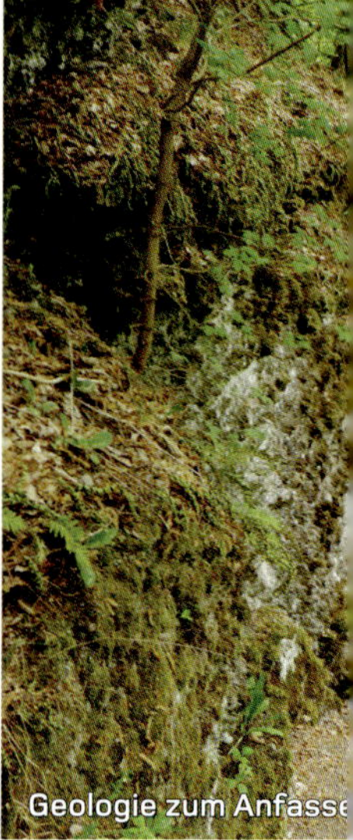
Geologie zum Anfasse

Noch einmal berühren wir an der Tannenstraße Asphalt, doch nach wenigen Metern dürfen wir mit der Via Adrina auf einen schmalen Naturpfad nach links abbiegen. So treffen wir nach **12.3 km** auf einen Querweg, dem wir nach links folgen. Auf dem fast ebenen Wegstück durch Mischwald kommen wir zu Atem und sammeln unsere Kräfte für den Endanstieg zum Oberen Hüttental. Der beginnt am Waldrand mit einem Schwenk nach rechts. Entlang eines Weidezauns erobern wir die letzten Höhenmeter zum Sattel. Oben nutzen wir einen Schotterweg nach links und stehen etwas erschöpft am Wegweiser Hüttental. Aber die Anstrengung wird reichlich belohnt, denn der Panoramablick Richtung Edertal **(9)** ist einfach grandios.

Begeistert absolvieren wir die kurze Straßenpassage zum nahen Waldrand und biegen dort neben einem

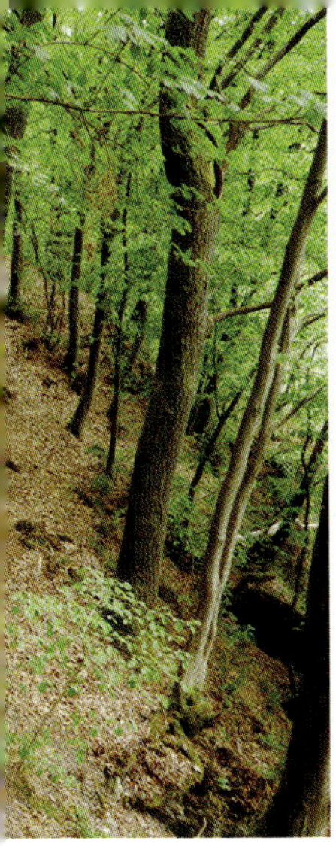

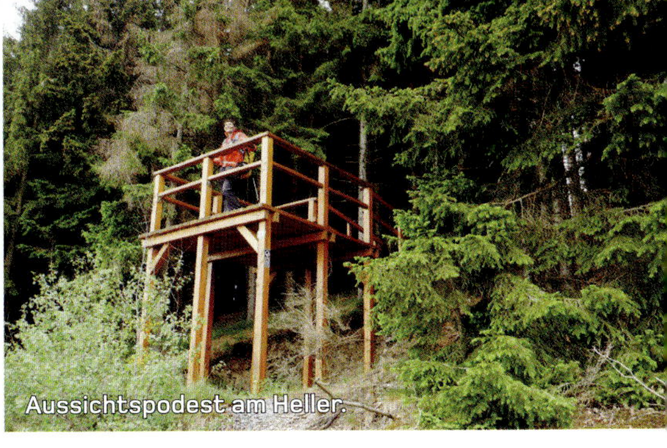

Aussichtspodest am Heller.

Ameisenhügel auf einen geschwungenen Waldpfad. Zwischen den mächtigen Stämmen der Nadelbäume erhaschen wir immer wieder Blicke zum Edertal. Schließlich führt der Pfad bei **Kilometer 13.5** hinaus auf ein Asphaltsträßchen: Dort lockt eine Schutzhütte nebst Bank und tollem Ausblick! Gleich neben der Hütte kehren wir für etwa 200 m in den Wald zurück. Dann tauschen wir den Waldpfad gegen einen weichen Grasweg und wandern bei bester Aussicht durch die Gemarkung Heller. Besonderer Höhepunkt dieses Abschnitts ist ein Aussichtspodest **(10)**, von dem unser Blick zum Edertal und weit über das Siegerland schweift.

Die Via Adrina folgt noch ein Stück dem Waldrand, biegt dann aber in die Wiesen ab und führt uns zur Kreuzung am Wegweiser „Auf dem Heller“. Nach einer weiteren Passage zwischen Weiden und Wald treffen wir an einem Haus ein und wandern geradeaus zum oberhalb gelegenen Wald. Dort verlassen wir den breiten Forstweg und folgen links einem Pfad. Der bringt uns fast immer am Waldrand entlang um das Wäldchen herum und offenbart dabei nicht nur grandiose Ausblicke, sondern wartet streckenweise auch mit mediterranem Flair auf: Ginster und würziger Nadelduft lassen uns vom Mittelmeer träumen …

Viel zu früh trifft der Pfad wieder auf einen breiten Forstweg, der uns abwärts zu einem Sendemast bringt. Dort erstrecken sich weitläufige Weiden, die eine gute Sicht auf die Umgebung erlauben. Wir dürfen uns davon aber nicht zu sehr ablenken lassen, denn sonst übersehen wir den Markierungspfosten, der auf den Wiesenabstieg zwischen den Weidezäunen hinweist. Eine Etage tiefer wandern wir rechts auf einem Waldweg weiter. Gemütlich verlieren wir an Höhe, und nach einer Waldpassage öffnen sich vor uns wieder schier endlose

Wiesen. Nach **17 km** treffen wir unweit eines Kuhstalls **(11)** auf einen Asphaltweg und die Markierung mit dem weißen Dreieck. Hier trifft die Verbindungsstrecke der Arfeld-Runde vom Punkt **(6)** also wieder auf die Via Adrina.

Wir halten uns rechts und passieren den Hof und die Weide. Unmittelbar vor dem Wald biegt die Via Adrina links auf einen steil ansteigenden Graspfad ab. Zügig erklimmen wir die Anhöhe und schwelgen in üppig grüner Natur. Wir kommen an einer Bank vorbei und laufen nun hinab Richtung Arfeld. Mit einer spitzen Kehre nach rechts erreichen wir einen nur noch wenig absteigenden Wiesenweg und treffen schließlich in Arfeld ein. Nur 50 m nach rechts und wir stehen vor dem historischen Kleinod des Ortes: der alten Schmiede **(12)**.

Von hier aus nutzen wir die linke der drei Straßen und wandern stramm bergan. Nach **17.7 km** wenden wir uns links in den Rosenweg, um nur 50 m später rechts auf einen Pfad abzubiegen. So queren wir eine Wiese und ein Wäldchen. Am Wegweiser „Am Loh" verläuft die Via Adrina gemeinsam mit dem X-Wanderweg rechts auf einem Waldweg durch lockeren Mischwald. Der Wegverlauf der Via Adrina bleibt kurzweilig, denn schon bald schicken uns die Logos links bergan zum nächsten Waldrand. Dort erwarten uns ein schöner Ausblick und ein Wirtschaftsweg, dem wir nach rechts folgen.

Nach **18.1 km** treten wir in den Wald ein und dürfen dort links auf einen gewundenen Pfad abbiegen. 100 m später endet der Pfad wieder am vorherigen breiten Weg. Wir

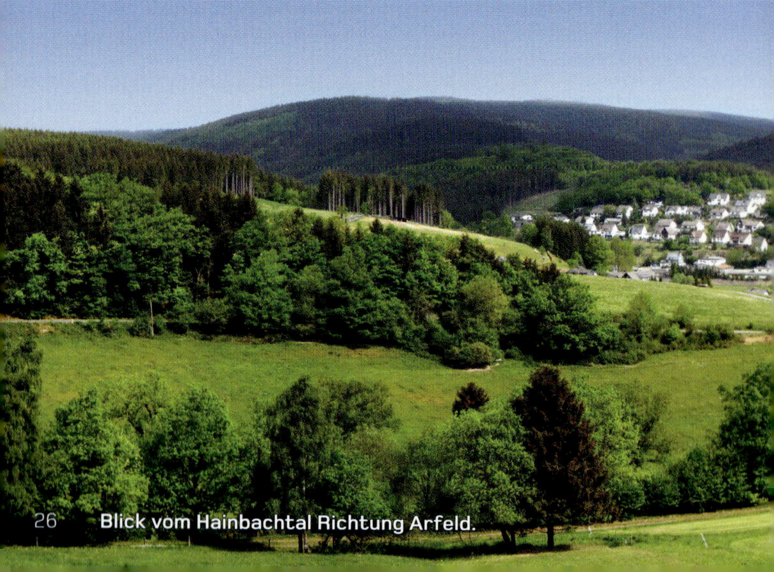

Blick vom Hainbachtal Richtung Arfeld.

wandern weiter und gelangen an ein Wasserwerk. Entlang des Zauns lassen wir das Gebäude hinter uns und folgen dem engen Pfad stetig aufwärts durch den vielfältigen Mischwald. Kaum haben wir im Wald eine Anhöhe erobert, senkt sich die Via Adrina rechts hinab ins Tal. Doch der Abstieg endet bereits am nächsten Forstweg, dem wir wieder leicht aufwärts nach links folgen. Wir passieren ein Windbruchfeld und halten uns an einer Weggabelung rechts. Durch einen dichten Nadelwaldbereich kommen wir zum Wegweiser „Schußdell". Hier biegen wir scharf links auf einen weichen Waldweg ab, der uns nach einem heftigen Abstieg zum Treffpunkt mit dem Wittgensteiner Schieferpfad **(13)** bringt. Gemeinsam mit dem Fledermaus-Logo windet sich die Via Adrina in Serpentinen den steilen Hang hinunter.

Nach **19.5 km** haben wir fast den Fuß des Berges erreicht und trennen uns wieder vom Schieferpfad. Wir biegen nach links und verlassen endgültig den Wald. Nach Querung der K 50 laufen wir über eine Wiese zum nahen ehemaligen Bahndamm und dem dort verlaufenden Radweg. Imposante Schieferhalden markieren unseren Einstieg auf den Radweg. Wir wandern nun mit bestem Blick auf die Eder nach links und dürfen auf Höhe einer Bank sogar rechts auf einen parallelen Grasweg wechseln. Der bringt uns durch die Ederauen zurück zur Ederbrücke und zum Parkplatz **(1)**, wo diese sehr aussichtsreiche und enorm abwechslungsreiche Wanderung nach **20.5 km** zu Ende geht.

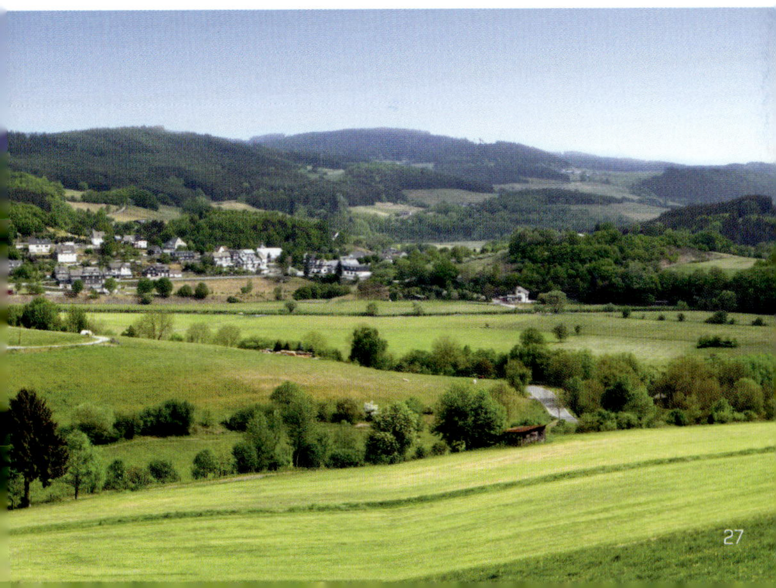

Touristikverband Siegerland Wittgenstein e.V., Koblenzer Straße 73, 57072 Siegen ✆ 0271/3331020 ⓘ www.siegerland-wittgenstein-tourismus.de ▪ Touristikverein Bad Berleburg Markt & Tourismus e.V., Poststr. 42, 57319 Bad Berleburg ✆ 02751/93633 ⓘ www.wunderwelt-am-rothaarsteig.de

Gasthaus „Zum Bahnhof", 57319 Bad Berleburg-Arfeld ✆ 02755/203 ⏲ Do. Ruhetag ▪ Gasthaus Kassel, Alexander-Mack-Str. 7, 57319 Bad Berleburg-Schwarzenau ✆ 02755/211 ⏲ Mo. Ruhetag

Gästehaus Schwarzenauer Mühle, Gasse 8, 57319 Bad Berleburg-Schwarzenau ✆ 02755/224147 ⓘ www.schwarzenauer-muehle.com

Von Siegen gelangt man mit der RB 94 nach Bad Berleburg.

Von Bad Berleburg kann man mit der Buslinie R33 (Bad Berleburg – Hatzfeld) nach Arfeld und auch nach Schwarzenau fahren. Infos: ⓘ www.zws-online.de

Taxi Spies ✆ 02751/7666 ▪ Taxi Pöppel ✆ 02755/767

Schloss Berleburg

Beim Besuch von Bad Berleburg sollte man das Schloss keinesfalls links liegen lassen, in dem noch heute die Fürstenfamilie residiert. Der prachtvolle Barockbau ist seit über 750 Jahren Stammsitz der Fürsten zu Sayn-Wittgenstein-Berleburg. Im Rahmen einer Führung können einige der fürstlichen Privaträume besichtigt werden. Weitere Infos: Schloss der Fürstlichen Familie zu Sayn-Wittgenstein-Berleburg, Goetheplatz, 57319 Bad Berleburg ✆ 02751/936010 ⓘ www.wittgenstein-berleburg.net

Schmiedemuseum Arfeld

Beim Rundgang durch das kleine, aber sehenswerte Schmiedemuseum Arfeld werden Kinderaugen groß! Denn wo sonst kann man gegen einen kleinen Obulus hautnah das Schmiedehandwerk nachvollziehen? In der Schmiede aus dem 19. Jahrhundert gibt es auch allerhand Gerätschaften zu bestaunen. Weitere Infos: Schmiedemuseum Arfeld, Arfetalstraße 13a, 57319 Bad Berleburg-Arfeld ✆ 02755/218 ⏲ Führungen 1.4. bis 31.10 am 1. & 3. Sa. des Monats 10–12 Uhr und nach Vereinbarung.

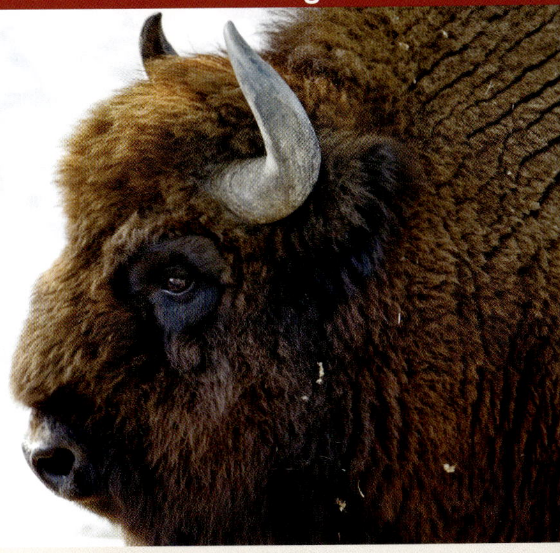

Rückkehr der Wisente

Der Wisent ist ein majestätisches Geschöpf, das einst in unseren Wäldern heimisch war. Nun bekommt es in Siegerland-Wittgenstein eine neue Chance: Im Rahmen des Artenschutzprojekts zur Wiederansiedlung der Wisente wird eine Herde des größten Landsäugetiers Europas auf die Auswilderung im Rothaargebirge vorbereitet. Dort soll die Herde auf mehreren tausend Hektar Waldgebiet ihre neue Heimat finden. Die Initiative ging von Richard Prinz zu Sayn-Wittgenstein-Berleburg aus. Der eigentliche Startschuss fiel dann 2010 mit der Ankunft von Bulle Egnar. Mittlerweile grast eine acht Tiere starke Herde im sogenannten „Eingewöhnungsareal". Doch auch dieses ist mit 88 Hektar ordentlich groß.

Damit Besucher überhaupt eine Chance haben, die überaus scheuen Tiere zu beobachten, gibt es als „Guckloch" in das Artenschutzprojekt seit September 2012 eine zweite Herde auf einem 20 Hektar großen Areal in der „Wisent-Wildnis am Rothaarsteig". Dieses Projekt geht auf eine Privatinitiative zurück. Aussichtsplätze, ein Menschentunnel und ein drei Kilometer langer Rundwanderweg sollen den Besuchern Gelegenheit geben, die derzeit zwei Kälbchen, drei Wisentkühe und einen Wisentbullen in ihrer natürlichen Umgebung zu beobachten.

Weitere Informationen: Wisent-Welt Wittgenstein e. V.
Poststraße 40, 57319 Bad Berleburg ✆ 02751/92055-35 ⓘ www.wisent-welt.de

3 Mythen- und Sagenweg

Märchenhafter Waldgenuss

An der Teufelskanzel.

- **Start/Ziel:** Parkplatz Gartenstraße, Bad Laasphe
- **Gesamtlänge:** 11.2 km
- **Gesamtzeit:** 3 Std. 30 Min.
- **Anspruch:**
- **Kalorien:** ♀ 815 ♂ 956
- **Tour Download**: WHX3R14

- **Anfahrt:** A 45 Abfahrt Dillenburg verlassen und der B 253 Richtung Biedenkopf folgen. B 62 bis Bad Laasphe.

- **Wegformat:**
  - Verbundecke: 16.1 %
  - Befestigt: 79.0 %
  - Naturwege: 4.9 %

scan to go

QR-Code mit dem internetfähigen Smartphone einscannen und Startpunkt direkt anzeigen lassen.

- **Parken:**
  - Gartenstraße N50° 55' 34.5'' • E8° 24' 38.5''
  - Bergelchen N50° 55' 45.6'' • E8° 24' 25.6''

- **Wegpunkte:**

P1: Parkplatz Gartenstr. Bad Laasphe 32 U 458584 5641790
P2: 1. Tafel in Königstraße 32 U 458332 5641962
P3: Schlossblick 32 U 458335 5642357
P4: Beginn/Ende Rundweg 32 U 458210 5642572
P5: Ausblick ins Laasphetal 32 U 458365 5644255
P6: Rastplatz 32 U 459761 5644933
P7: Teufelskanzel 32 U 458194 5642885

K 53
P6 Rastplatz
0.5 km
Ausblick in Laasphetal P5
Laasphe
L 718
Bad Laasphe
P7 Teufelskanzel
Beginn/Ende Rundweg P4
Schlossblick P3
Schloss Wittgenstein
B 62
1. Tafel in Königstraße P2
Lahn
B 62
P1 Parkplatz Gartenstraße Bad Laasphe

650
600
550
500
450
400
350
300
m
P2: 1. Tafel in Königstraße
P5: Ausblick Laasphetal
P7: Teufelskanzel
P3: Schlossblick
P6: Rastplatz
P4: Beginn/Ende Rundweg
P4: Beginn/Ende Rundweg
P3: Schlossblick
P2: 1. Tafel in Königstraße
P1: Parkplatz Gartenstraße Bad Laasphe
P1: Parkplatz Gartenstraße Bad Laasphe
km 1 2 3 4 5 6 7 8 9 10 11.2
Std. 20' 1h15' 1h45' 2h55' 3h15' 3h30'

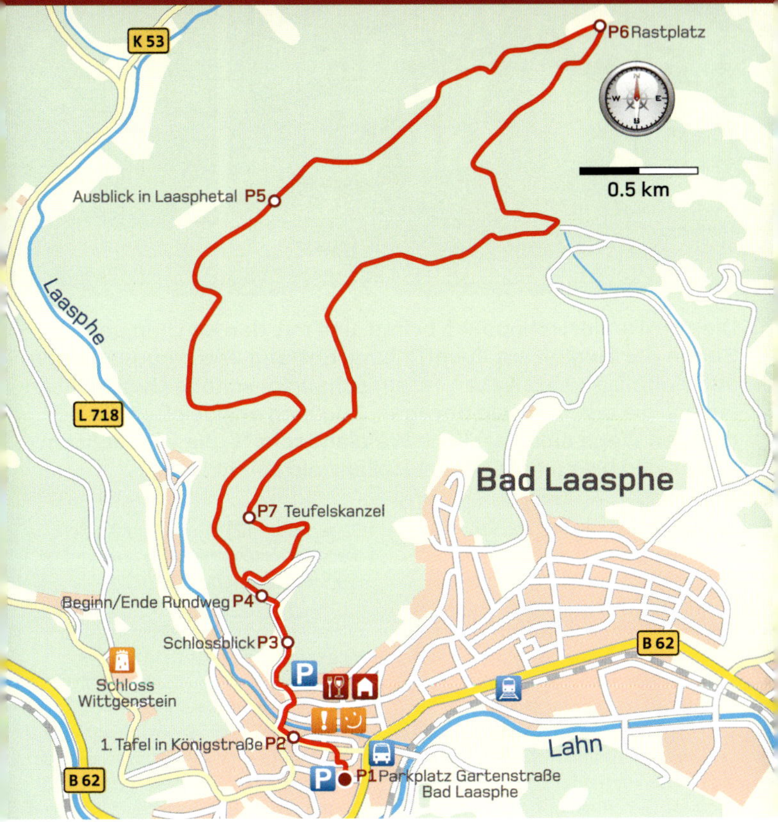

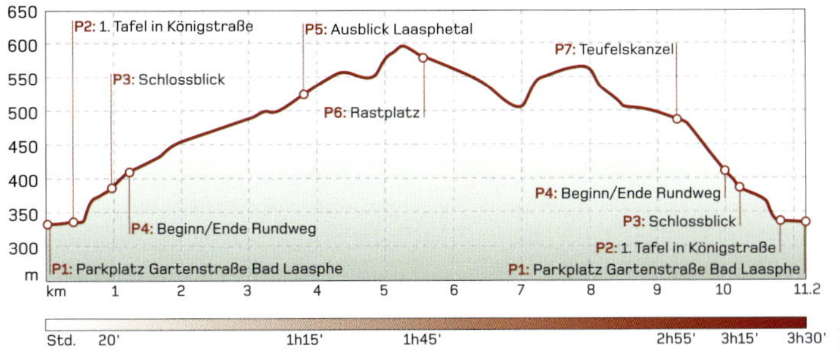

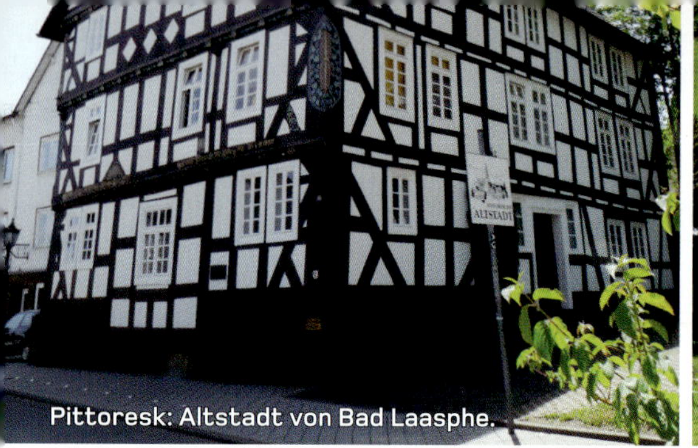
Pittoresk: Altstadt von Bad Laasphe.

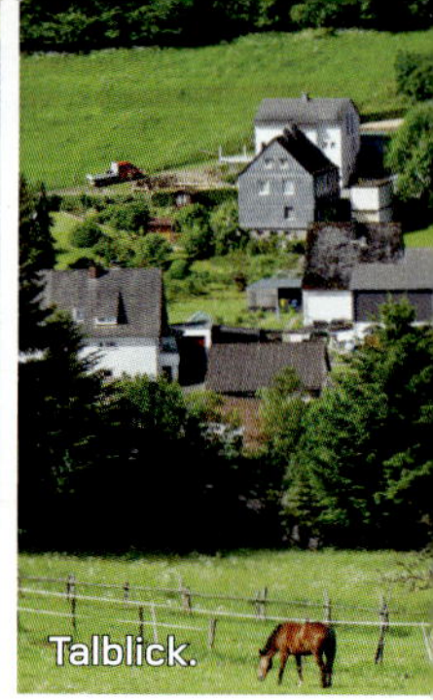
Talblick.

Dieser WanderHöhepunkt bringt uns mit den Mythen und Sagen der Region auf Tuchfühlung. Entlang des Weges werden auf vielfältig gestalteten Tafeln schaurig-schöne Geschichten erzähl, die die Fantasie anregen. Zugleich erschließen die bequemen Wege eine herrliche Waldlandschaft, die von dichtem Nadelwald bis zu erhabenem Hallenwald reicht.

Am kostenfreien (und zeitlich unbegrenzten) Parkplatz in der Gartenstraße in Bad Laasphe **(1)** beginnen wir die Rundtour auf dem WanderHöhepunkt „Mythen- und Sagenweg". Die ersten Meter legen wir ohne die gewohnte Markierung zurück: Vom Parkplatz laufen wir über den Fußweg zur Wallstraße, biegen links ab und nutzen wenig später das schmale Bonemilchgässchen als Durchschlupf nach rechts zur evangelischen Kirche. Sie ist das älteste Bauwerk in Bad Laasphe und wurde bereits 1230 urkundlich erwähnt. Beeindruckend sind auch die uralten, reich verzierten Fachwerkhäuser, die wir hier antreffen. Wir schwenken links auf die Königstraße und stehen nach diesem überaus kurzweiligen Streifzug durch die historische Altstadt nach **0.4 km** an der ersten Tafel des Mythen- und Sagenwegs **(2)**. Nun beginnt auch die Markierung mit dem gewohnten WanderHöhepunkt-Logo.

Wir queren die Schloßstraße und biegen danach rechts in die Bergstraße ab. Eine Brücke führt über die murmelnde Laasphe und weiter über die Bergstraße, bis rechts ein Fußweg abbiegt. Den nutzen wir zum ersten Höhengewinn. An einer Bank biegen wir dann aber scharf links auf einen sehr engen, mit Treppenstufen ergänzten Pfad ab, der uns steil hinauf zur Sebastian-Kneipp-Straße bringt. Hier halten wir uns links und passieren einen großen Parkplatz, der ebenfalls unbegrenzt und kostenfrei genutzt werden kann.
Noch immer auf asphaltiertem Grund, treten wir in den Wald ein. Wir passieren die „Berghütte zur Teufelskanzel", ein uriges Restaurant

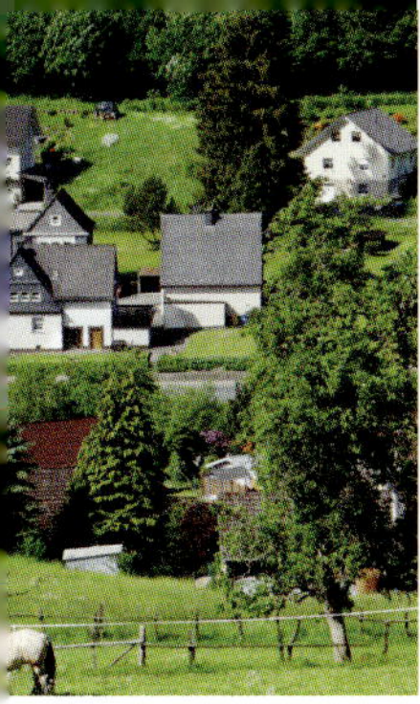

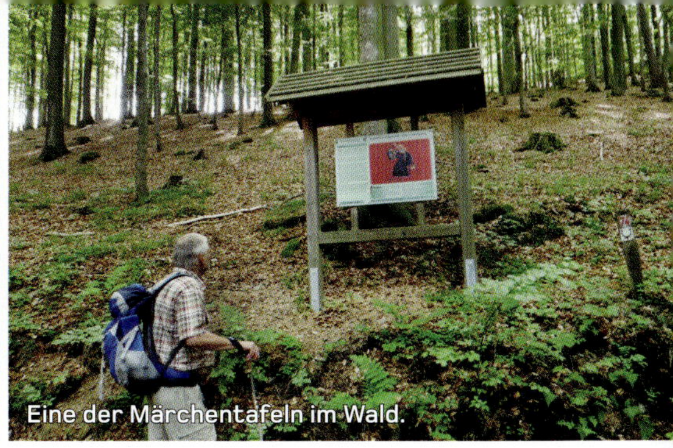

Eine der Märchentafeln im Wald.

mit Biergarten und Minigolfanlage, das aber nur an Wochenenden geöffnet hat. An der folgenden Weggabelung tauschen wir den Asphalt gegen feinen Schotter und halten uns links.

Nach **1 km** begeistert uns der tolle Ausblick **(3)** zum hochherrschaftlich über dem Tal thronenden Schloss. Zugleich stehen wir hier auch an der 2. Tafel, die über den „Laaspher Sagenborn" berichtet. Wir gewinnen weiter an Höhe und lassen eine Weide mit grasenden Pferden links liegen. Auch einen Rastplatz lassen wir noch unbeachtet, denn unsere Kräfte sind noch lange nicht erschöpft. Bei **Kilometer 1.2** stehen wir am Wegweiser „Weibersberg" **(4)**, an dem der eigentliche Rundweg beginnt. Hier werden wir nach weiteren neun Kilometern wieder eintreffen.

Da wir uns die Teufelskanzel für den Abschluss aufheben wollen, wenden wir uns zunächst nach links und wandern meist durch hochgewachsenen Nadelwald stetig bergan. Allerdings sorgt eine kurze Passage durch herrlichen Buchenwald für willkommene Abwechslung. Ebenso verhält es sich mit der 3. Tafel, die nach **1.9 km** vom „Wilden Jäger im Butzebach" berichtet.

Im munteren Wechsel erfreuen uns mal Buchen, mal Nadelbäume mit kühlem Schatten und erleichtern uns dadurch den noch moderaten Anstieg. Kurz nach Tafel 4, die sich mit „Todesahnungen" beschäftigt, sind es schroffe Felsen, die unsere Aufmerksamkeit beanspruchen.

Nur wenig später öffnet sich nach **3.8 km** die Waldkulisse und entlässt uns in ein großes, von Kyrill verursachtes Windbruchareal, das mittlerweile von Jungbäumen besiedelt wird. Auch Ginster behauptet sich beim Kampf um die Sonne und setzt im Frühsommer leuchtend gelbe Akzente. Einfach grandios ist aber die herrliche Fernsicht **(5)**, die besonders bei klarem Wetter ihresgleichen sucht. An den Windbruch schließt sich ein intakter Nadelwald an und nach kurzem An- und Abstieg treffen wir nach **4.8 km** am Wegweiser „Neesbachtal" ein. Eine Bank steht zur Pause bereit, und

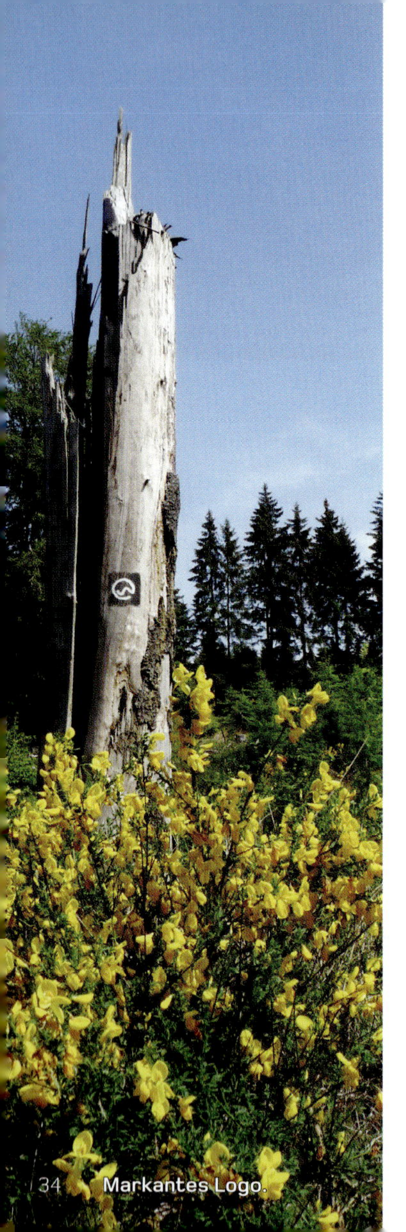

Markantes Logo.

die 5. Tafel berichtet über „Der Zug der Wildtiere zum heiligen Wasser". Für uns wird es jetzt richtig anstrengend, denn der WanderHöhepunkt biegt rechts ab, erklimmt steil die Flanke des Neuntel und bringt uns weiter Richtung Hainrot. Wir treffen auf einen Querweg und biegen links ab, nun verläuft der Weg deutlich flacher, und wir kommen rasch wieder zu Atem.

Nur 100 m später schicken uns die Logos rechts auf einen Naturweg, der uns federnd über eine Kuppe (höchster Punkt der Tour) und weiter zu einer weiten Wiese führt. Wir fühlen uns wie im Allgäu, denn die sattgrüne Wiese und die umgebenden Jungfichten erinnern an eine Alm. Eine herrlich entspannende Atmosphäre finden wir dann am Ende der Wiese am Wegweiser „Dreisbachseiten" vor: Hier lädt ein lauschiger Rastplatz **(6)** nach **5.6 km** zum Verweilen unter Kastanienbäumen ein. Das lassen wir uns nicht zweimal sagen.

Erholt setzen wir die Tour rechts auf einem Schotterweg fort. Gemütlich senkt sich der Weg ab und bald stehen wir an Tafel 6, die sich damit beschäftigt, ob Bonifatius einst tatsächlich in Puderbach geweilt hat oder nicht. Doch dann ist es wieder die Natur, die unsere volle Aufmerksamkeit und Bewunderung auf sich zieht: Wir wandern durch einen grandiosen Buchenhallenwald, dessen Äste sich fast wie die Bögen einer Kathedrale über unseren Köpfen wölben. Viel zu rasch übernimmt nach diesem Abschnitt wieder der übliche Nadelwald die Regie.

Nach **7 km** treffen wir am Wegweiser „Litzelbach" ein und merken sofort: Jetzt ist wieder Kondition gefragt. Denn der Mythen- und Sagenweg biegt hier rechts ab und führt stramm bergauf zum Berg Neuntel. Zuvor studieren wir in Ruhe die Tafel 7 zum Thema „Galgenspuk". Doch dann stellen wir uns der Herausforderung und wandern auf dem steilen Forstweg aufwärts. Am nächsten Wegweiser „Neuntel Ost" machen wir einen Versatz nach rechts, um dann links auf einen deutlich flacher verlaufenden Forstweg zu wechseln.

Bei **Kilometer 7.9** erreichen wir den Wegweiser „Butzeberg", an dem dieser Aufstieg endet und wir links abbiegen. Bald öffnet sich vor uns ein weites Windbruchareal und ermöglicht weite Blicke in die Umgebung. An einer Kurve kürzen wir auf einem Naturweg ab und laufen etwa 50 m tiefer wieder auf dem Schotterweg weiter. Am Waldrand unterhalb des „Krautkopfs" trennen sich die bisher begleitenden Wanderwege vom WanderHöhepunkt, der rechts abbiegt und weiter auf bequemem Forstweg verläuft.

Bald schließt sich der von Fichten dominierte Wald wieder, und stetig verlieren wir an Höhe. Dann ist es so weit: In einer Kurve steht nach **9.3 km** die 8. Tafel des Weges und berichtet über „Teufelslücken". Viel interessanter sind aber die Felsen der Teufelskanzel **(7)**, die sich etwas unterhalb schroff, mitten im Wald erheben. Froh, keine teuflischen Gesellen getroffen zu haben, folgen wir dem breiten Weg weiter bergab und biegen am nächsten Wegweiser scharf rechts ab. Nun begleiten uns auch die anderen Wanderwege wieder. Nach strammem Abstieg stehen in einer Kurve einige Bänke zur Pause bereit. Nur 50 m später treffen wir bei **Kilometer 10** wieder am Wegweiser „Weibersprung" **(4)** ein, wo sich die Runde schließt.

Nun nehmen wir die bereits vom Beginn der Tour bekannte Route zurück nach Bad Laasphe. Wir passieren wieder die Weide und genießen noch einmal den Blick hinauf zum Schloss **(3)**. Dann biegen wir am Rand des Parkplatzes in der Sebastian-Kneipp-Straße rechts auf den engen Pfad und treffen an der Bergstraße ein. Wir queren die Laasphe und wenden uns links in die Königstraße. Dort beginnt an der 1. Tafel des Weges **(2)** die historische Altstadt, die uns noch einmal zum Bummel durch die uralten Gassen einlädt. Schließlich beenden wir nach **11.2 km** am Parkplatz **(1)** in der Gartenstraße diese mystische Tour.

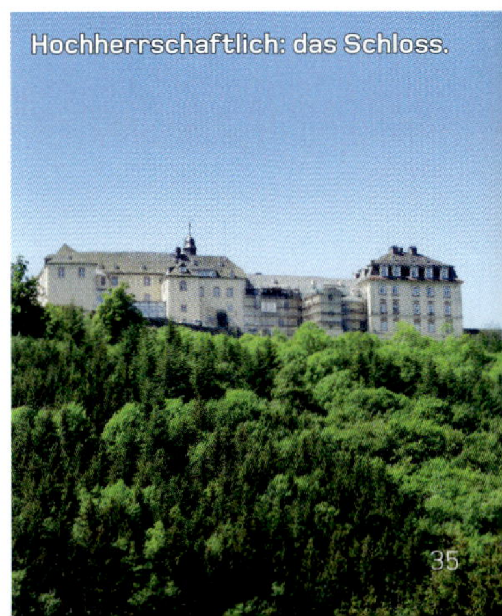
Hochherrschaftlich: das Schloss.

Touristikverband Siegerland Wittgenstein e.V., Koblenzer Straße 73, 57072 Siegen ✆ 0271/3331020 ⓘ www.siegerland-wittgenstein-tourismus.de ▪ Tourist Information Bad Laasphe, Haus des Gastes, Wilhelmsplatz 3, 57334 Bad Laasphe ✆ 02752/898 ⓘ www.tourismus-badlaasphe.de

Restaurant Lahnstuben, Wilhelmsplatz 3, 57334 Bad Laasphe ✆ 02752/508951 ⏲ Di. Ruhetag ▪ Restaurant & Café „Zum Hirsch", Königstr. 54, 57334 Bad Laasphe ✆ 02752/5208 ⏲ Mo. Ruhetag ▪ Berghütte zur Teufelskanzel, direkt am Wanderweg ✆ 02752/4796845 ⏲ Fr.–So. geöffnet

Hotel Restaurant Lahnblick, Höhenweg 10, 57334 Bad Laasphe ✆ 02752/5090 ⓘ www.hotel-lahnblick.de ▪ Hotel im Auerbachtal, Wiesenweg 5, 57334 Bad Laasphe-Feudingen ✆ 02754/375880 ⓘ www.auerbachtal.de

Bad Laasphe ist ab Siegen direkt mit der Bahn (RB 93) zu erreichen. Weitere Infos: ⓘ www.zws-online.de

Taxi Grebe ✆ 02752/873 ▪ Taxi Roth ✆ 02752/2299

Radiomuseum

Der ideale Ort für einen Regentag: Im Radiomuseum warten über 1000 Exponate aufs „Bestauntwerden". Vom uralten Grammofon über die ersten Röhrenradios bis zu modernen Geräten in extravagantem Design reicht die Palette. Im „Wohnzimmer der 1950er" Jahre kann man in längst vergangenen Zeiten schwelgen und so manche Hörprobe in Ruhe genießen. Weitere Informationen: Internationales Radiomuseum Hans Necker Bad Laasphe, Bahnhofstr. 33, 57334 Bad Laasphe ✆ 02752/9798 ⏲ Sa. & So. 14.30-17 Uhr, März bis Okt. auch Di. & Do.

Pilzkundliches Museum

Nicht nur Kinder können im anschaulich gestalteten Pilzmuseum Bad Laasphe alles rund um die leckeren Waldfrüchte lernen. Über 800 Pilzarten gibt es zu bestaunen, und beim Rundgang kann man wichtiges Grundwissen rund ums Pilzesammeln erwerben. Übrigens gibt es zur Pilzsaison auch geführte Wanderungen! Weitere Infos: Pilzkundliches Museum Bad Laasphe, Haus des Gastes, Wilhelmsplatz 3, 57334 Bad Laasphe ✆ 02752/898 ⓘ www.pilzmuseum.de ⏲ Mo. & Di. geschlossen.

Märchenwanderweg Kleiner Rothaar

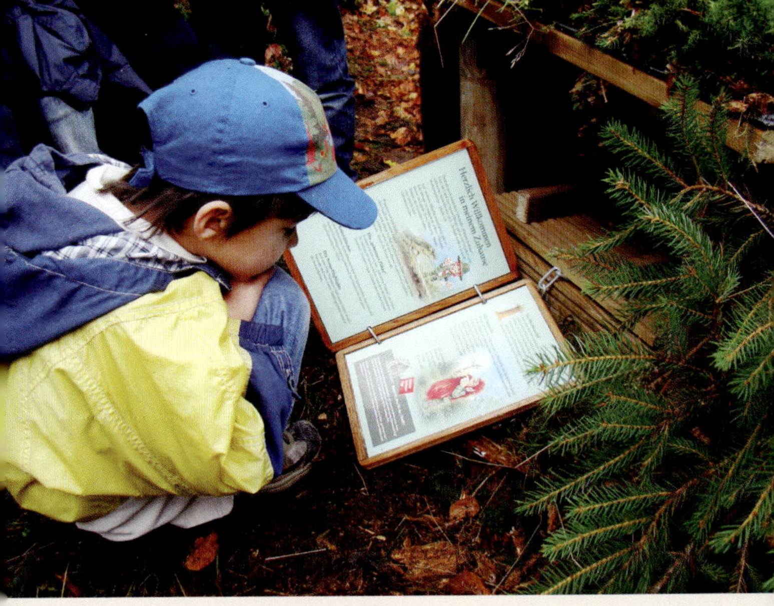

Kinder bei den Kobolden

Mitten in den ausgedehnten Wäldern des Rothaargebirges wohnt ein ganz besonderes Wesen: der Kobold „Kleiner Rothaar"! Nur wenige Kilometer von Bad Laasphe-Feudingen, auf dem Kamm des Rothaargebirges bei Heiligenborn, kann man ihm im wahrsten Sinn des Wortes auf die Schliche kommen. Denn hier lädt der zwei Kilometer lange Märchenwanderweg „Kleiner Rothaar" besonders die Nachwuchswanderer zu einer unterhaltsamen Runde ein. Auf schmalen Pfaden geht es zur Ilsequelle, wo sich im Mittelalter eine Pilgerstätte befand.

Unterwegs lädt der pfiffige, rothaarige Kobold immer wieder zu kleinen Entdeckungen ein. So kann man sich auf Schatzsuche begeben oder den verscheidenen, geheimnisvollen Stimmen des Waldes lauschen. Aufmerksame Wanderer erfahren, was hinter dem Quellenzauberer steckt, und auch am geheimen Platz im Hirschwald wartet ein Schatz darauf, gehoben zu werden. Die Tour beschließt man am besten mit einem zünftigen Waldpicknick an der Zauberquelle.

Kurzweilig und spielerisch entdecken die Besucher den Wald, und am Ende ist allen klar, woher das Rothaargebirge seinen Namen hat.
Weitere Informationen: ⓘ www.kleiner-rothaar.de

4 Mäanderweg Nordschleife

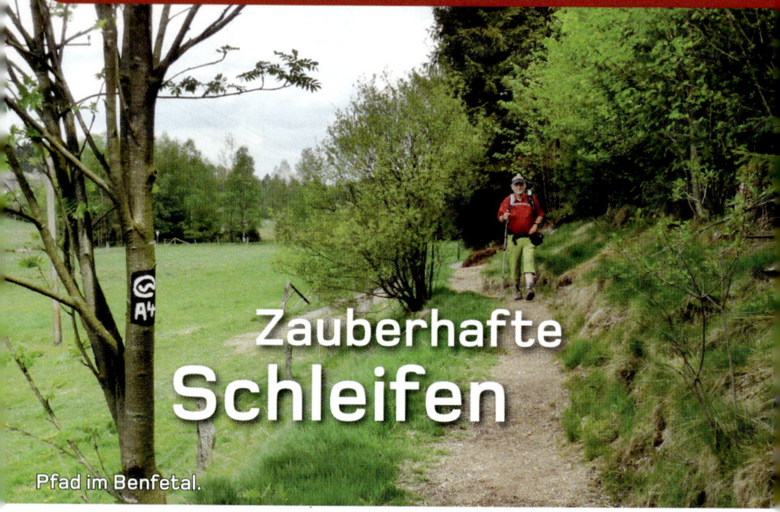

Zauberhafte Schleifen

Pfad im Benfetal.

- **Start/Ziel:** Parkplatz Skihütte Rückershausen
- **Gesamtlänge:** 11.5 km/9.4 km
- **Gesamtzeit:** 3 Std. 30 Min.
- **Anspruch:**
- **Kalorien:** ♀ 813 ♂ 954
- **Tour Download**: WHX4R13

- **Anfahrt:** Bis Erndtebrück auf der B 62. Weiter über die K 33 nach Rüppershausen, über die K 34 zum Skilift Rückershausen.

Wegformat:

Verbunddecke:	23.0 %
Befestigt:	67.9 %
Naturwege:	9.1 %

scan to go

QR-Code mit dem internetfähigen Smartphone einscannen und Startpunkt direkt anzeigen lassen.

Parken:

- Rückershausen
  N50° 57' 09.1'' • E8° 16' 38.2''
- Am Dill
  N50° 58' 29.8'' • E8° 16' 47.4''

Wegpunkte:

P1: Skihütte und Parkplatz
32 U 449235 5644793

P2: Aussicht Lahntal
32 U 450470 5646293

P3: Parkplatz Am Dill
32 U 449439 5647287

P4: Treffen auf Zuweg Erndtebrück
32 U 448025 5647701

P5: Podest mit Mäanderblick
32 U 447821 5646389

P6: Trennung vom Mäanderweg
32 U 448336 5645553

P7: Kreuzung Steinsprung
32 U 448603 5645679

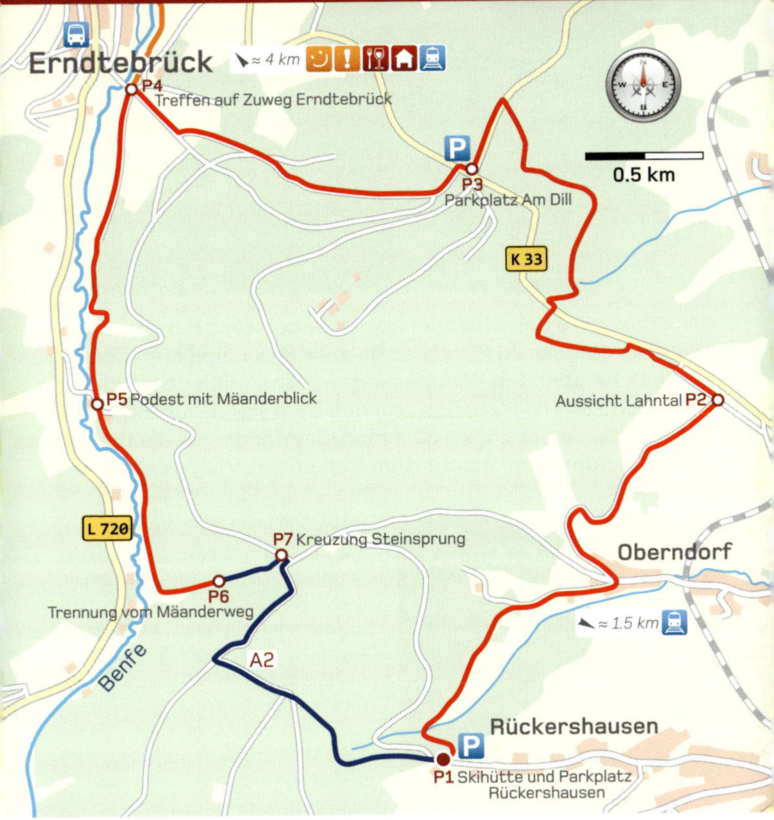

■ Höchster Punkt: 624 m ■ Steigung/Gefälle: 308 m

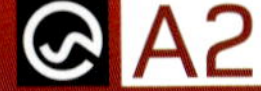

Erndtebrück
≈ 4 km
P4 Treffen auf Zuweg Erndtebrück
P3 Parkplatz Am Dill
0.5 km
K 33
P5 Podest mit Mäanderblick
Aussicht Lahntal P2
L 720
P7 Kreuzung Steinsprung
Oberndorf
P6 Trennung vom Mäanderweg
≈ 1.5 km
A2
Benfe
Rückershausen
P1 Skihütte und Parkplatz Rückershausen

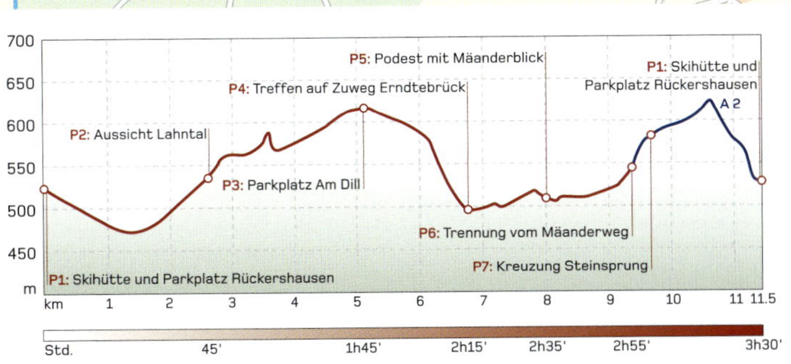

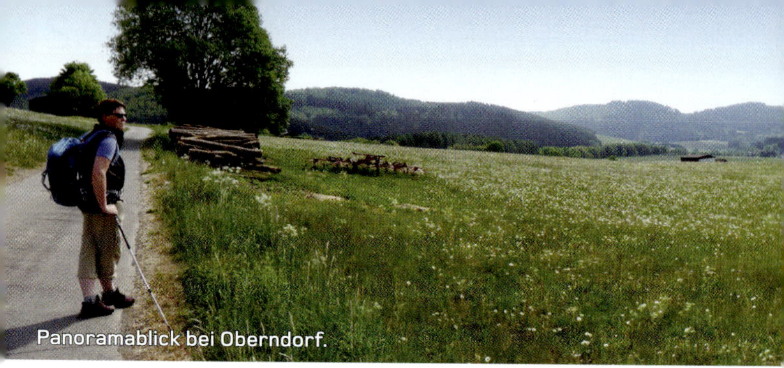
Panoramablick bei Oberndorf.

Die Nordschleife des Mäanderweges begeistert durch sensationelle Fernblicke. Zu Beginn liegt noch das Lahntal im Fokus. Doch nach belebenden Waldpassagen öffnet sich der Blick dann gen Norden auf Erndtebrück und das Benfetal. Kaum haben wir Erndtebrück rechts liegen gelassen, empfängt uns die Benfe mit ersten Mäandern und macht dem Namen des Weges alle Ehre.

! **Vorbemerkung:** Da der Mäanderweg mit über 25 km für eine Tagestour doch recht lang ist, unterteilen wir ihn in 2 Tagestouren, die aber nach Belieben auch als eine Runde gelaufen werden können. Als Verbindungsweg nutzen wir den durchgehend markierten Lokalwanderweg A2. Aufgrund der Parksituation in Erndtebrück und des recht langen, auf Asphalt und neben Straßen verlaufenden Zuwegs vom Bahnhof beginnen wir die Touren nicht in Erndtebrück, sondern an geeigneten Wanderparkplätzen.

Am Wanderparkplatz bei der Skihütte Rückershausen **(1)** beginnen wir die Tour auf der Nordschleife des Mäanderwegs. Nachdem wir die Aussicht zu den Skischanzen bewundert haben, folgen wir dem Mäanderweg, nun begleitet vom Lahnhöhenweg (weißes L im Kreis) und 2 Lokalwegen (F6, A1), am Wegweiser links abwärts in den Wald Richtung Oberndorf. Stets nahe am Waldrand laufen wir gemütlich abwärts durch die abwechslungsreiche Landschaft. An einer Weggabelung bleiben wir rechts außen und verlieren weiter an Höhe. Bald darauf beginnt eine fast **2 km** andauernde Asphaltstrecke und vor uns sehen wir bereits die ersten Häuser von Oberndorf. Wir erreichen den Ort und biegen an der Oberndorfer Straße scharf nach links bergan. Nun steht die Trennung vom Lahnhöhenweg an, der links bergan strebt. Wir folgen dem Mäanderweg rechts auf asphaltierter Straße, die offiziell für den Durchgangsverkehr gesperrt ist.

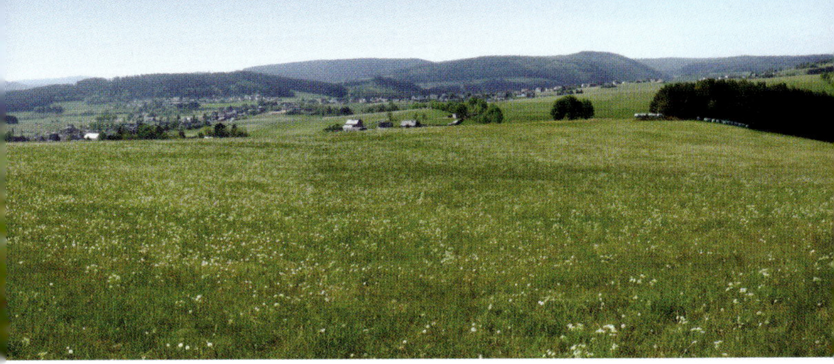

Der Weg führt uns mitten durch wogende Wiesen, und bald queren wir den leise plätschernden Oberndorfer Bach. Eine Tafel macht auf das Naturschutzgebiet aufmerksam. Wir wandern am Waldrand bergan und erreichen wenig später wieder freie Wiesen. Der Weg erfordert durch den glatten Asphalt wenig Aufmerksamkeit, und so können wir uns ganz dem „Fernsehen" hingeben, denn das Panorama über das Lahntal und die bewaldeten Kuppen ist sehr beeindruckend. Besonders schön ist der Blick **(2)** nach **2.6 km**, als wir links bergan auf einen weiteren Asphaltweg abbiegen. Erst am Waldrand endet der harte Untergrund, und wir wechseln geradeaus auf einen Pfad in den Nadelwald. Der präsentiert sich auf den ersten Metern recht ansehnlich, wandelt sich aber rasch zur düster-dürren Umgebung. Leider ist auch die nahe und parallel verlaufende K 33 nicht zu überhören …

So sind wir fast erleichtert, als der Pfad endet und wir links auf einen breiten befestigten Forstweg abzweigen und der Straße zumindest vorübergehend den Rücken kehren. An der folgenden Wegkreuzung halten wir uns rechts und wandern leicht aufwärts durch den Nadelhochwald. Schon an der nächsten Kreuzung biegen wir aber wieder rechts ab und nähern uns nun der K 33. Als wir dort nach **3.6 km** eintreffen, geht es etwa 20 m links bergan, bevor wir die viel befahrene Straße queren und geradeaus auf einem Forstweg abwärts in den Nadelwald abtauchen.

So bekommen wir Abstand von der Straße, und als wir an der nächsten Wegkreuzung links abbiegen, sind die Verkehrsgeräusche nur noch leise zu vernehmen. Der befestigte Forstweg ist gut zu begehen, und im schönen Fichtenwald gewinnen wir deutlich an Höhe. Ein markanter Ahornbaum bleibt nach **4.5 km** an einer Weggabelung rechts liegen. Noch immer führt der Mäanderweg aufwärts. Schließlich haben wir den Aufstieg fürs Erste hinter uns und stehen an einer breiten Straße. Die ist allerdings für Militärfahrzeuge reserviert, und so können wir ziemlich unbeschwert links auf der Straße zum nahen Wanderparkplatz „Am Dill" wandern. Auf Höhe des Parkplatzes **(3)** queren wir mit leichtem Versatz nach rechts zum zweiten Mal die K 33 und wandern dann links auf einem Forstweg abwärts. Nach Passieren einer Schranke öffnet sich vor uns ein riesiges Windbruchfeld. Zunächst wandern wir geradeaus, biegen aber dann links auf einen Forstweg ab. Vor uns breitet sich ein herrliches Panorama aus, und so ist beim Abstieg für ausreichend Unterhaltung gesorgt.

Nach **6.1 km** quert ein anderer Weg, wir laufen aber unbeirrt geradeaus. Unsere Strecke wird nun von aufstrebendem Grün gesäumt, eine willkommene Abwechslung nach dem Chaos des Sturmfelds. Schließlich endet unser Waldweg an einem querenden Asphaltweg. Wir wenden uns rechts abwärts und treffen nach **6.8 km** im Tal auf den von rechts kommenden Zuweg **(4)** aus Erndtebrück (Dieser beginnt am Bahnhof, ist 1.7 km lang und ebenfalls mit dem Logo der WanderHöhepunkte markiert).

Wir biegen links auf einen Schotterweg ins Benfetal ab und können erste Blicke über den Talgrund schweifen lassen. Kaum haben wir den Waldrand erreicht, lädt eine Bank zum Verweilen ein. Daneben informiert eine Tafel über das Kernstück des Mäanderwegs im Benfetal. Wir wandern weiter und sind hocherfreut, als wir nach **7.5 km** links auf einen schmalen Naturpfad wechseln dürfen. Herrlich federn die Schritte auf dem weichen Grund, und nach rechts erhaschen wir immer wieder tolle Blicke auf die Mäander der Benfe. Leider endet dieses Wandervergnügen schon nach knapp 400 m, denn dann trifft der Pfad an einer Wiese auf einen breiten Wirtschaftsweg. Ursprünglich setzte sich der Mäanderweg fast bis Benfe als Naturpfad fort, doch Bauarbeiten haben diesen wohl für lange Zeit zerstört. So müssen wir uns heute mit einer breiten, befestigten Schneise abfinden. Leider ist auch die Harmonie von ehemals engem Pfad und schmaler Benfe dahin …

Als kleine Entschädigung ermöglicht uns aber nach **8.1 km** das neu errichtete Aussichtspodest **(5)** einen guten Blick auf einige besonders schöne Mäander. Wir ignorieren einen Stichweg zur Straße auf der anderen Talseite, und auch den Abzweig zum linker Hand verborgenen alten Steinbruch lassen wir unbeachtet. Der breite Weg gibt uns wenig später unverstellte Einblicke ins Benfetal, und regelmäßig stehen Bänke zur Pause bereit.
Ein plätschernder Brunnen bietet dann auch noch kühlendes Nass zur Erfrischung.

Schließlich biegt der Mäanderweg in ein Seitental der Benfe ab und gewinnt am Rand einer Wiese an Höhe. Nach **9.4 km** ist es dann so weit: Wir treffen auf die Südschleife **(6)** und nehmen Abschied vom Mäanderweg. Nun vertrauen wir uns der Markierung A2 an und biegen links auf einen steil ansteigenden Naturweg ab. Der führt uns, flankiert von jungen Fichten, stramm aufwärts. Etwas außer Puste treffen wir nach nur 200 m auf einen querenden Forstweg und biegen links ab. Noch immer geht es aufwärts, allerdings erheblich flacher. So erreichen wir die große Kreuzung am „Steinsprung" **(7)**. Hier biegen wir rechts auf einen breiten Forstweg ab und folgen für den Rest der Tour der Markierung „A1+A2".

Bei **Kilometer 9.9** folgen wir den Markierungen an einer Weggabelung rechts auf einen relativ gemächlich ansteigenden Waldweg und genießen den schönen, aufstrebenden Nadelwald, der im Sommer würzig duftet. Kurz nachdem wir in den Hochwald gewechselt sind, biegen wir an einer Kreuzung scharf links ab und erobern nun vollends den Berg. Oben angelangt, wandern wir geradeaus über die große Kreuzung (die Markierung ist etwas versteckt, taucht aber nach ca. 70 m links am Baum auf). Jetzt beginnt der Endabstieg zum Parkplatz Rückershausen. Der Weg führt recht steil abwärts und eröffnet schöne Ausblicke nach Südosten. Als wir nach **10.9 km** rechts auf einen Querweg wechseln, wird das Gefälle geringer. Wenig später ignorieren wir einen Weg nach rechts und wandern geradeaus weiter. Dann öffnet sich die Waldkulisse, und wir erkennen bereits die Umgebung der Skihütte. Am Skilift verlassen wir den Wald und wenden uns links zum nahen Parkplatz **(1)**, wo die Wanderung auf der Nordschleife des Mäanderwegs nach **11.5 km** zu Ende geht.

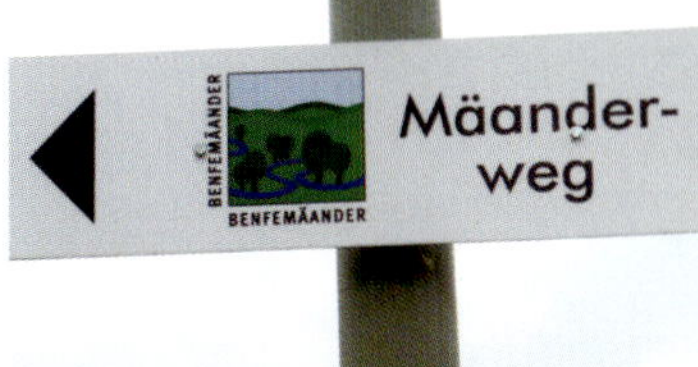

Gut ausgeschildert.

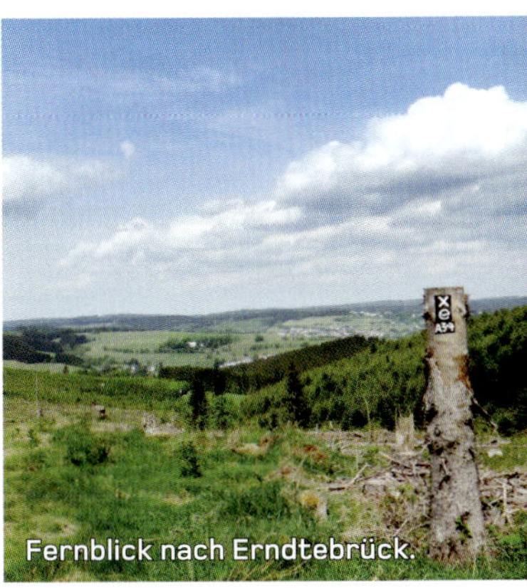
Fernblick nach Erndtebrück.

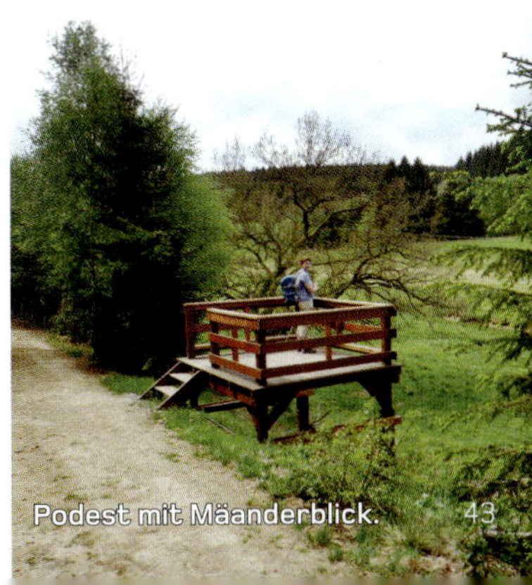
Podest mit Mäanderblick.

Touristikverband Siegerland Wittgenstein e.V., Koblenzer Straße 73, 57072 Siegen 0271/3331020 www.siegerland-wittgenstein-tourismus.de ■ Tourist-Information, Rathaus, Talstr. 27, 57339 Erndetbrück 02753/605111 www.erndtebrueck.de

Eiscafé Dolomiti, Marburger Str. 3, 57339 Erndtebrück 02753/2700 ■ Pizzeria-Ristorante Bella Italia, Bergstr. 9, 57339 Erndtebrück 02753/2253 www.bellaitalia-erndtebrueck.de Mi. Ruhetag

Hotel Restaurant Edermühle, Mühlenweg 6–8, 57339 Erndtebrück 02753/598370 www.hotel-edermuehle.de Mo. kein Restaurantbetrieb ■ Pension „Landhaus zum Rothaarsteig", Im Zaun 2, 57339 Erndtebrück-Zinse 02753/3354 www.landhaus-zum-rothaarsteig.de

Erndtebrück ist von Marburg (RB 94) oder Siegen (RB 93) direkt per Bahn erreichbar. Auch Rückershausen (Haltestelle Oberndorf Kreis Wittgenstein) ist mit der RB 94 täglich zu erreichen. Infos: www.zws-online.de

Taxi Dellori-Nölle 02753/2047 ■ Taxi Wiedemann 02753/3565

Heimatmuseum Erndtebrück
Ein echtes Kleinod ist in den Räumen des alten Rathauses in Erndtebrück untergebracht: das Heimatmuseum. Die liebevoll gestaltete Ausstellung entführt in längst vergangene Zeiten. Neben „Omas Küche" sind besonders auch die Puppen- und Bärenausstellung sowie die Modellbahn Erndtebrück sehenswert. Weitere Infos & Öffnungszeiten: Heimatmuseum Erndtebrück, Siegener Str. 6–8, 57339 Erndtebrück www.heimatverein-erndtebrueck.de 02753/2500

Kyrillpfad
Ein Abenteuer nicht nur für Kinder ist der Rundgang auf dem Kyrillpfad an der Eisenstraße(▶ S. 148). Im Anschluss bietet sich noch ein Besuch im nahen Forsthaus Hohenroth an (▶ S. 55).

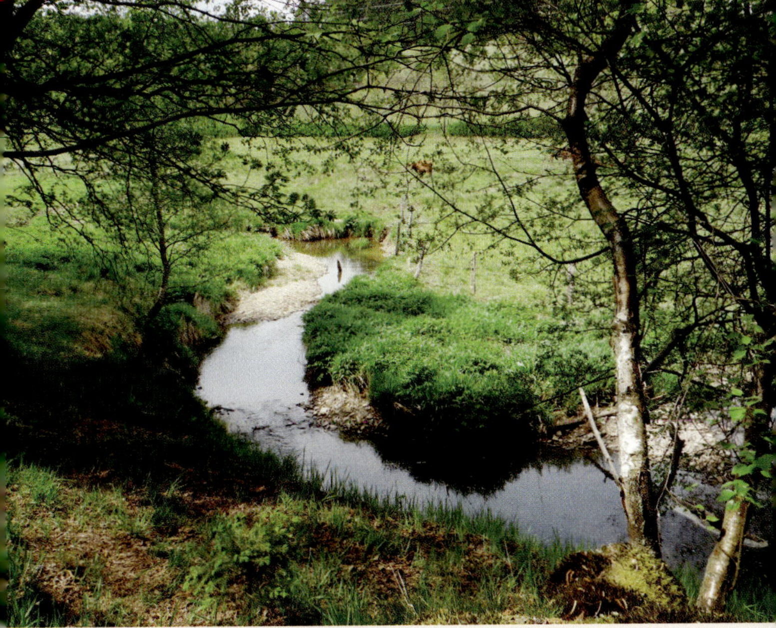

Flüsse im freien Lauf

Heutzutage trifft man nur noch selten auf Bäche und Flüsse, denen freier Lauf gelassen wird. Ein solches Gewässer ist die Benfe, die zwischen Benfe und Erndtebrück ohne Einschränkung ihren natürlichen Lauf nehmen darf. Besonderheit dieser Naturbelassenheit ist das Mäandrieren.

Das Wort „Mäander" stammt aus dem Griechischen. Mäander sind Fluss- oder Bachschleifen mit geringem Gefälle. Mäandrierende Gewässer beschreiben eine Abfolge teilweise sehr enger Kurven, die von Zeit zu Zeit durchbrochen werden. Zurück bleiben dann verlandete Schleifen, die auch unter der Vegetation meist noch gut erkennbar sind. Mäandrierende Wasserläufe bieten oft natürliche und steile Uferböschungen, die vielen Tieren Schutz und Lebensraum geben.

Generell unterscheidet man Talmäander, die durch den Verlauf des Wassers ein Tal und dessen Begrenzungen prägen, und sogenannte Auenmäander. Zu dieser zweiten Gruppe gehört die Benfe. Auenmäander formen das Tal selbst nicht, sondern fließen durch die weite Talaue hin und her.

5 Mäanderweg Südschleife

Weiden, Wasser, Wälder

Waldrast am Benfer Rücken.

- **Start/Ziel:** Parkplatz Steinbruch Benfe
- **Gesamtlänge:** 15.7 km/13.6 km
- **Gesamtzeit:** 4 Std. 45 Min.
- **Anspruch:**
- **Kalorien:** ♀ 1070 ♂ 1256
- **Tour Download**: WHX5R12

- **Anfahrt:** Auf der B 62 nach Erndtebrück. Dort auf die L 720 Richtung Benfe. Vor Benfe Abzweig zum Wanderparkplatz am Steinbruch Benfe nehmen.

- **Wegformat:**

Verbunddecke:	8.0 %
Befestigt:	76.3 %
Naturwege:	15.7 %

scan to go

QR-Code mit dem internetfähigen Smartphone einscannen und Startpunkt direkt anzeigen lassen.

- **Parken:**
- Wanderparkplatz Steinbruch Benfe
N50° 56' 35.1'' • E08° 14' 56.2''
- Skihütte Rückershausen
N50° 57' 09.1'' • E08° 16' 38.2''

- **Wegpunkte:**

P1: Parkplatz Steinbruch Benfe
32 U 447234 5643763
P2: Benfer Rücken
32 U 446671 5642102
P3: Augustenhof
32 U 449058 5642899
P4: Aussicht 32 U 449267 5643724
P5: Panoramablick „Vorm Eichenwald"
32 U 449530 5644237
P6: Skihütte/Parkplatz Rückershausen
32 U 449223 5644802
P7: Wegweiser Steinsprung
32 U 448610 5645681
P8: Treffen auf Mäanderweg
32 U 448329 5645570

■ Höchster Punkt: 624 m ■ Steigung/Gefälle: 354 m

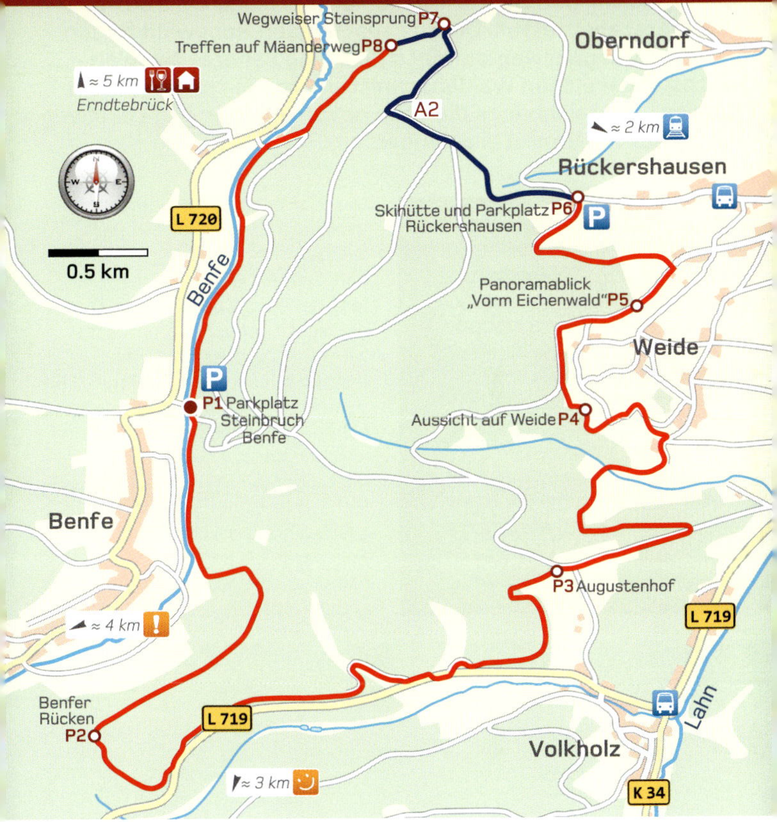

A2

Wegweiser Steinsprung P7
Treffen auf Mäanderweg P8
≈ 5 km
Erndtebrück
Oberndorf
A2
≈ 2 km
Rückershausen
L 720
Skihütte und Parkplatz P6
Rückershausen
0.5 km
Benfe
Panoramablick
„Vorm Eichenwald" P5
Weide
P1 Parkplatz
Steinbruch
Benfe
Aussicht auf Weide P4
Benfe
P3 Augustenhof
≈ 4 km
L 719
Benfer
Rücken
P2
L 719
Lahn
Volkholz
≈ 3 km
K 34

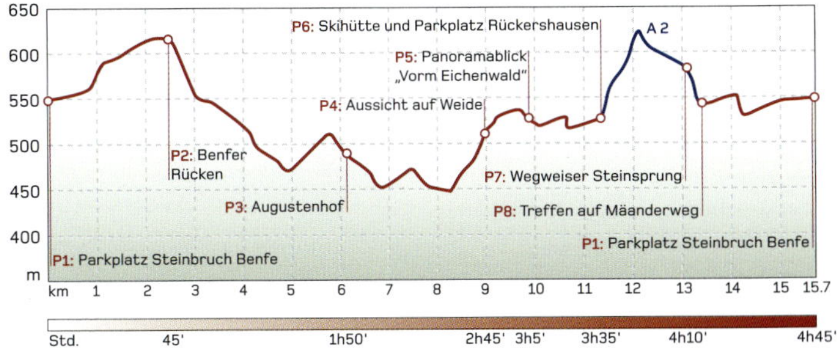

650
600
550
500
450
400
m
P6: Skihütte und Parkplatz Rückershausen
A 2
P5: Panoramablick
„Vorm Eichenwald"
P4: Aussicht auf Weide
P2: Benfer
Rücken
P7: Wegweiser Steinsprung
P3: Augustenhof
P8: Treffen auf Mäanderweg
P1: Parkplatz Steinbruch Benfe
P1: Parkplatz Steinbruch Benfe
km 1 2 3 4 5 6 7 8 9 10 11 12 13 14 15 15.7
Std. 45' 1h50' 2h45' 3h5' 3h35' 4h10' 4h45'

Zu Beginn folgen wir den schönen Schleifen der Benfe südwärts, bis wir den Benfer Rücken erobern und kurz auf den Rothaarsteig treffen. Durch rauschenden Hochwald folgen wir dem Mäanderweg abwärts Richtung Lahntal. Nach abwechslungsreichen Waldabschnitten krönen tolle Ausblicke bei der Lahntalschanze die Tour, bevor wir über den Lokalweg A2 zurück ins Benfetal gelangen.

! **Vorbemerkung:** Da der Mäanderweg mit über 25 km für eine Tagestour doch recht lang ist, unterteilen wir ihn in 2 Tagestouren, die aber nach Belieben auch als eine Runde gelaufen werden können. Als Verbindungsweg nutzen wir den durchgehend markierten Lokalwanderweg A2. Aufgrund der Parksituation in Erndtebrück und des recht langen, auf Asphalt und neben Straßen verlaufenden Zuwegs vom Bahnhof beginnen wir die Touren nicht in Erndtebrück, sondern an geeigneten Wanderparkplätzen.

Die Tour beginnen wir am Wanderparkplatz Steinbruch Benfe **(1)**. Wir wenden uns nach links und folgen dem breiten Wirtschaftsweg entlang der Benfe nach Süden. Durch die dichte Vegetation erhaschen wir nur ab und zu einen Blick auf die mäandrierende Benfe. Nach **0.9 km** nehmen wir Abschied vom idyllischen Tal und biegen links auf einen weichen Waldweg ab. Unter den schwingenden Wedeln mächtiger Fichten gewinnen wir an Höhe und treffen schließlich auf einen breiten Forstweg. Die Logos schicken uns nach rechts und, flankiert von sattgrünen Jungfichten und Lärchen,

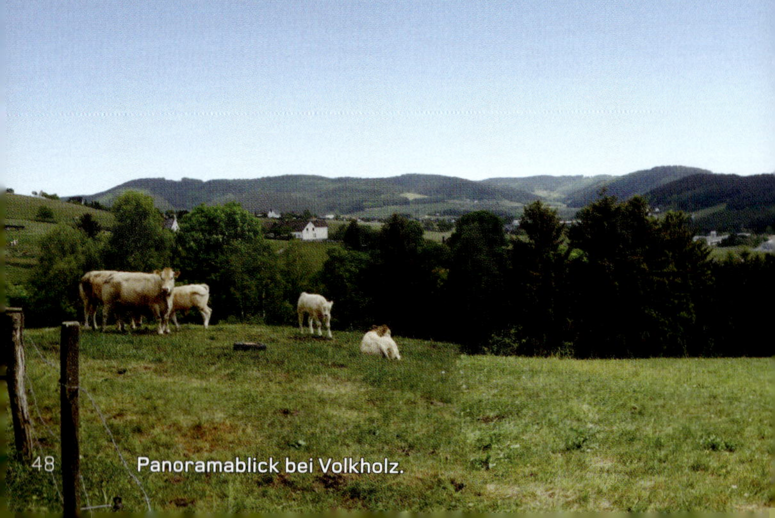

Panoramablick bei Volkholz.

erklimmen wir sanft den Benfer Rücken. Dabei können wir links immer wieder tolle Fernblicke auf die Höhen des Siegerlands genießen.

Nach **2.5 km** treffen wir an der Kreuzung am Wegweiser „Benfer Rücken" **(2)** kurz auf den Rothaarsteig. Der schlägt allerdings eine andere Richtung ein. So verweilen wir kurz an Hütte und Bank, bevor wir uns links auf einen absteigenden Waldweg wenden. Kontinuierlich wandern wir abwärts und treffen schließlich im Ahbachtal ein. Der Weg führt hier durch ein Windbruchfeld und ist daher etwas in Mitleidenschaft gezogen.

Als wir an der L 719 ankommen, dürfen wir sogleich geradeaus auf einem Forstweg weiterlaufen. Der verläuft, getrennt durch einige Bäume, parallel zur Straße. An einer Weggabelung halten wir uns rechts und wandern gemächlich aufwärts. Die Markierung ist hier etwas sporadisch. Nach **3.6 km** wird der Wald harmonischer, denn das Windbruchfeld liegt hinter uns, und wir können nun eine intakte Natur genießen. In einer engen Kurve treffen wir auf einen grob geschotterten Weg, dem wir geradeaus steil abwärts folgen. Im Tal angelangt, wandelt sich der Weg zur asphaltierten Trasse, der wir um ein Seitental des Ahbachs herum folgen. Schließlich erreichen wir wieder die L 719. Diesmal wird es ernst, denn nun müssen wir auf der Straße nach links laufen, bis wir 170 m später erleichtert links auf die Buswendespur abbiegen dürfen. Am Ende der Busspur schicken uns die Logos wieder links auf einen ansteigenden Waldweg. Eingehüllt vom üppigen Grün der Bäume, erobern wird die Flanke des Rimbergs. Am Waldrand erwartet uns eine Bank zum Verschnaufen, was wir uns angesichts des schönen Ausblicks auf Volkholz nicht zweimal sagen lassen.

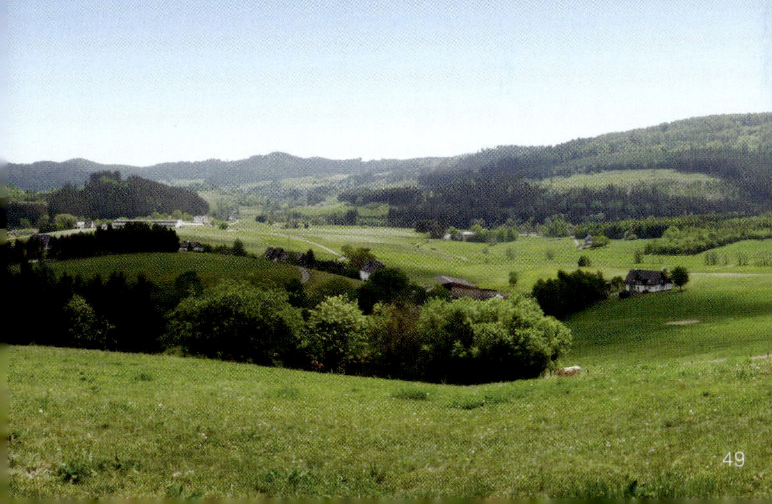

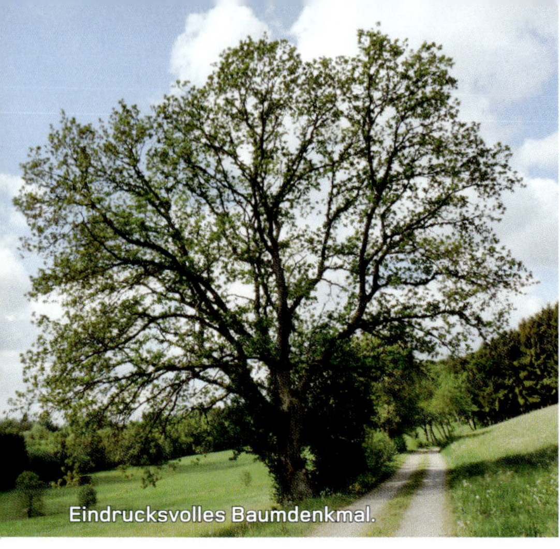
Eindrucksvolles Baumdenkmal.

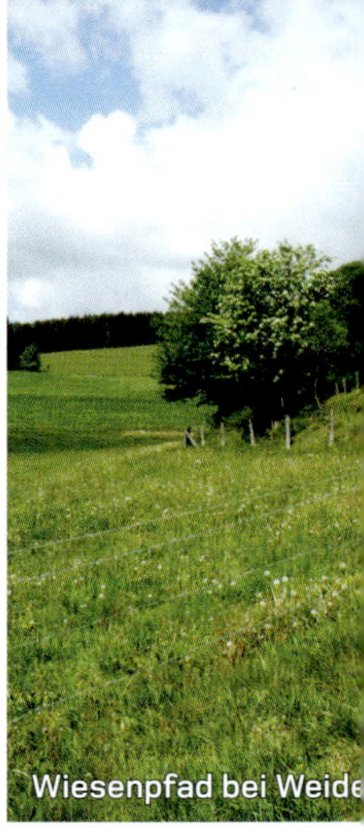
Wiesenpfad bei Weide

5.4 km liegen nun hinter uns, und wir wandern auf herrlich weichem Naturweg mit gutem Blick auf die rechts gelegenen Wiesen aufwärts. Als der Weg abflacht, übernimmt Nadelwald die Regie, und der Untergrund wird härter. An der nächsten Kreuzung biegen wir rechts ab und erreichen nach **6.1 km** den Augustenhof **(3)**. Der Mäanderweg führt uns mitten durch die weitläufigen Weiden der schottischen Hochlandrinder, die uns neugierig und träge beäugen.

Am Ende der Weiden rahmt dichter Jungmischwald den Weg ein, der nun etwas abwärts verläuft. Dank Vorankündigung verpassen wir den scharfen Knick nach links nicht und wandern nun im spitzen Winkel ins Breitenbachtal. Bald wird der etwas monotone Jungwald von vielfältigem Laubmischwald abgelöst. An einer Weggabelung halten wir uns rechts und werden ins freie Umfeld wogender Wiesen und Weiden entlassen. Bei guter Sicht auf die Umgebung wandern wir vollends zum Breitenbach hinab, den wir nahe einigen Fischteichen queren. Nun befinden wir uns am Waldrand und folgen dem breiten Wirtschaftsweg nach rechts. Nach kurzer Waldpassage sind es wieder herrliche, schier endlose Wiesen, die für Abwechslung sorgen. Blickfang ist aber zunächst eine riesige Solitäreiche am Wegesrand.

Nach **8.1 km** passieren wir eine Bank und eine Tafel zum Naturschutzgebiet Jägerswiesen. Auf asphaltiertem Grund geht es ab hier weiter ins nahe Weide, einen Ortsteil von Rückershausen. Kaum haben wir die ersten Häuser erreicht, schicken uns die Logos links auf einen Grasweg. Die Passage ist zwar nicht lang, dafür aber recht kurzweilig.

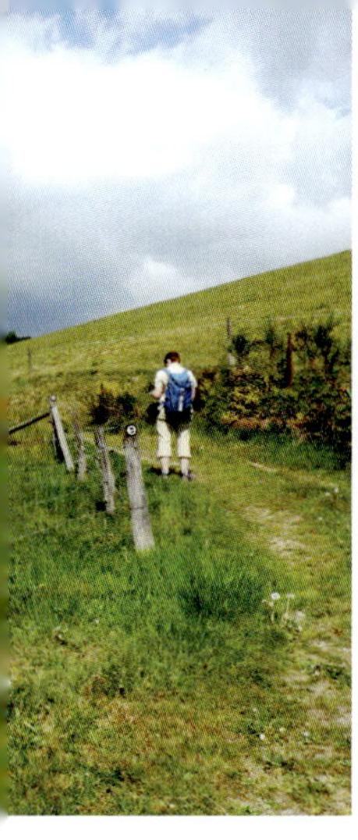

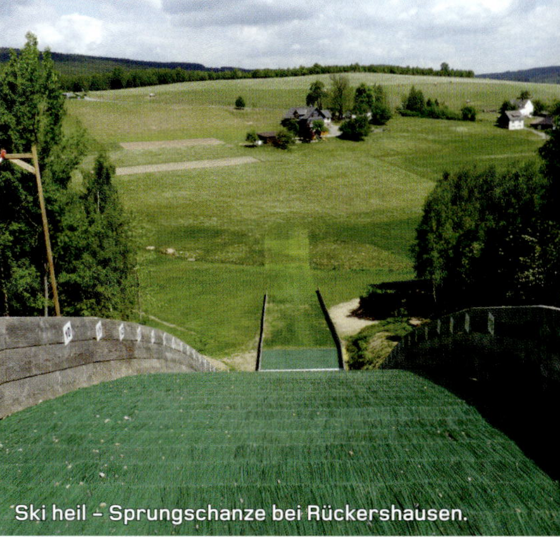

Ski heil – Sprungschanze bei Rückershausen.

Bei **Kilometer 8.5** biegen wir links auf einen weiteren Asphaltweg ab, der stramm aufwärtsführt. Bänke am Wegesrand stehen zur Verschnaufpause bereit, und an Ausblicken mangelt es auch nicht. Als wir am Waldrand eintreffen, wechselt der Belag von Asphalt zu Feinschotter, doch die Steigung bleibt bestehen. Wir umrunden eine Weide, und erst an einer weiteren Bank **(4)** können wir nach **8.9 km** tatsächlich durchatmen, denn jetzt wird es flacher. Wir genießen den sagenhaften Ausblick auf das weite, noch junge Lahntal und reißen uns schließlich mühsam los, denn noch liegen einige Kilometer vor uns. Der Mäanderweg biegt scharf links auf einen Waldrandweg ab und gewinnt nur noch gemächlich an Höhe. Im munteren Wechsel erleben wir Waldpassagen und Wiesenblicke, bis wir nach einigen Weggabelungen und dem Passieren einer Schranke den Wald vorerst hinter uns lassen und bei bester Sicht auf die Siedlung „Vorm Eichwald" **(5)** zusteuern.

Auch hier ist die Asphaltstrecke kurz bemessen, denn kaum haben wir das erste Haus erreicht, geht es mit scharfem Knick nach links auf einen Schotterweg. Der bringt uns nach **10.6 km** zur neuen Mattensprungschanze und wenige Meter später auch zur großen Lahntalsprungschanze.

Wir bleiben lieber Schusters Rappen treu und wandern talwärts, wo uns eine Tafel Wissenswertes zum Naturschutzgebiet „Im Grund" erklärt. Kaum spüren wir wieder Asphalt unter den Sohlen, wird es anstrengend, denn nun steigt die Route hinauf zur Skihütte. Dort treffen wir nach **11.4 km** auch auf den Wanderparkplatz Rückershausen **(6)**, an dem wir die Nordschleife des Mäanderwegs berühren und daher nun mit Lokalweg A2 zurück ins Benfetal wandern.

Dazu wenden wir uns an der Skihütte nach links und wandern zur Wegweisertafel am Skilift. Wir folgen den Markierungen „A1" und „A2" auf den für den Verkehr gesperrten Forstweg bergan. Bald umhüllt uns schöner Mischwald und begleitet uns beim zunächst moderaten Aufstieg. Von links mündet ein Weg ein, den wir ignorieren. Erst als wir nach **11.8 km** an eine Weggabelung kommen, wechseln wir mit den Markierungen auf den linken Weg. Der steigt nun deutlich steiler aufwärts.

Es lohnt sich aber, ab und an stehen zu bleiben und beim Verschnaufen die tollen Ausblicke nach Südosten zurück zu genießen. Solchermaßen abgelenkt, erklimmen wir vollends die Bergkuppe. Hier halten wir uns an der großen Kreuzung einfach geradeaus und tauchen mit unseren Markierungen in hochgewachsenen Nadelwald ab. Jetzt beginnt der gemütliche Abstieg. Als wir auf einen Querweg stoßen, wenden wir uns nach rechts. Jetzt wandern wir durch jung aufstrebenden Nadelwald und verlieren dabei stetig an Höhe. Bei **Kilometer 13.1** vereinigt sich unser Forstweg mit dem direkt von der Bergkuppe kommenden Weg, und gemeinsam wandern wir links zur nahen Kreuzung „Steinsprung" **(7)**.

Hier biegen wir links mit den Markierungen „A2" und „E" auf einen weiteren Forstweg ab. 140 m später biegen wir an einer Weggabelung rechts ab und halten uns nur 5 m später erneut rechts. Ein weicher Naturweg, der von jungen Nadelbäumen eng gesäumt ist, führt uns steil talwärts. Nach diesem zuletzt recht strammen Abstieg treffen wir bei **Kilometer 13.4** auf einen Querweg: Hier empfängt uns das vertraute WanderHöhepunkt-Logo wieder, wir sind erneut auf dem Mäanderweg **(8)**.

Auf breiter Trasse (der alte, naturnahe Weg ist Bauarbeiten zum Opfer gefallen) wandern wir nun nach links, flankiert von jungem Fichtenwald. Nach **14.1 km** treffen wir auf einen Querweg und biegen rechts auf diesen ab. Nun geht es steil hinunter nach Ludwigseck, wo wir wieder im Tal der Benfe ankommen. Der Mäanderweg biegt nach links und verläuft auf breitem, unspektakulärem Wirtschaftsweg durch das Tal. Von der Benfe ist nur wenig zu sehen, einige Bänke am Wegesrand geben Gelegenheit zum Verschnaufen.

Nach **15.7 km** erreichen wir schließlich wieder den Wanderparkplatz am alten Steinbruch von Benfe **(1)** und beenden die Tour auf der Südschleife des Mäanderwegs.

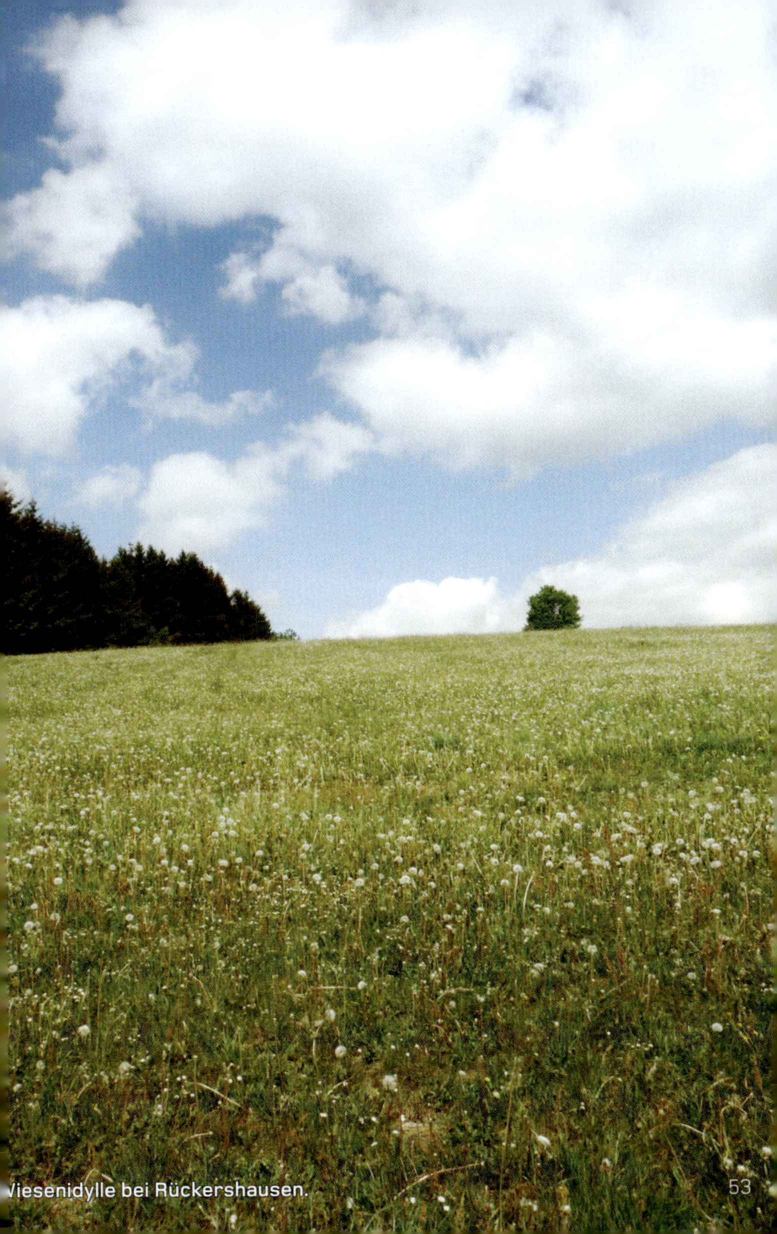

Wiesenidylle bei Rückershausen.

Touristikverband Siegerland Wittgenstein e.V., Koblenzer Straße 73, 57072 Siegen ✆ 0271/3331020 ⓘ www.siegerland-wittgenstein-tourismus.de ▪ Gemeindeverwaltung & Tourist-Information, Rathaus, 57339 Erndtebrück ✆ 02753/605111 ⓘ www.erndtebrueck.de

Eiscafé Dolomiti, Marburger Str. 3, 57339 Erndtebrück ✆ 02753/2700 ▪ Pizzeria-Ristorante Bella Italia, Bergstr. 9, 57339 Erndtebrück ✆ 02753/2253 ⓘ www.bellaitalia-erndtebrueck.de ⏲ Mi. Ruhetag

Hotel Restaurant Edermühle, Mühlenweg 6–8, 57339 Erndtebrück ✆ 02753/598370 ⏲ Mo. kein Restaurantbetrieb ⓘ www.hotel-edermuehle.de ▪ Pension „Landhaus zum Rothaarsteig", Im Zaun 2, 57339 Erndtebrück-Zinse ✆ 02753/3354 ⓘ www.landhaus-zum-rothaarsteig.de

Erndtebrück ist von Marburg (RB 94) oder Siegen (RB 93) direkt per Bahn erreichbar.

Unter der Woche fährt zwischen Erndtebrück und Benfe die Lokalbuslinie L200. Infos: ⓘ www.zws-online.de

Taxi Wiedemann ✆ 02753/3565 ▪ Taxi Dellori-Nölle ✆ 02753/2047

QuellenReich
Unweit des Mäanderwegs reihen sich entlang der Eisenstraße (L 722) nahe Benfe drei bedeutende Flussquellen auf. Am Ederbruch trifft man nach kurzer Wanderung vom Parkplatz aus auf die Ederquelle. Fast direkt an der Straße befinden sich dagegen die Siegquelle und weiter im Süden die Lahnquelle.

Naturerlebnispfad Siegquelle
Spielerisch den Wald entdecken, das geht hervorragend auf dem nur etwa 2 km langen Naturerlebnispfad an der Siegquelle, der vom Forstamt Siegen-Wittgenstein und den Rangern des Landesbetriebs angelegt wurde. Vom Parkplatz an der L 722 aus führt der Weg auf verschlungenen Pfaden zu spannenden Waldstationen, Baumtelefon und Vesperstation inklusive. Start und Infotafel befinden sich am Wanderparkplatz Siegquelle an der Eisenstraße (L 722).

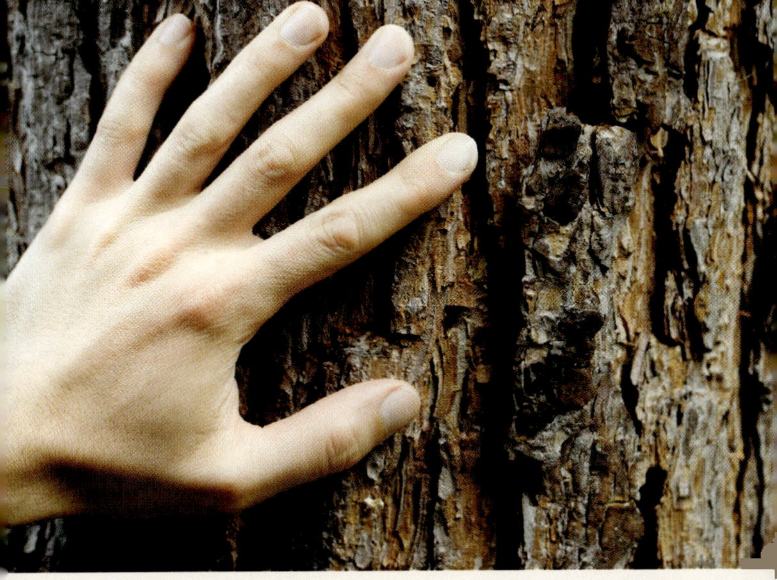

Natur begreifen

An der Eisenstraße zwischen Lahnhof, Benfe und Lützel bietet das Waldinformationszentrum Hohenroth nicht nur Wissenswertes, sondern auch Spannendes rund um die Natur. Mitten im Wald, unweit des Wanderparkplatzes Ederquelle, beherbergt ein ehemaliger Stall nun das Herzstück von Hohenroth. Zu sehen gibt es wechselnde Ausstellungen, die sich aber immer mit Naturthemen beschäftigen. Ergänzt wird das Ausstellungskonzept durch zahlreiche Veranstaltungen des Forstamtes in Zusammenarbeit mit dem Verein Waldland Hohenroth.

An das Forsthaus Hohenroth schließt sich ein knapp 50 Hektar großes Wildgehege an, in dem sich neben Mesopotamischem Damwild auch Rotwild tummelt. Von einer überdachten Aussichtsplattform (barrierefrei) kann man das Wild in Ruhe beobachten. Interessant ist auch der Bodenlehrpfad um das Forsthaus Hohenroth. Dort gibt es an 9 Stationen viel Wissenswertes zu den unterschiedlichen Bodenarten der Region. Zum Abschluss lädt schließlich noch das Café Waldland zu einem gemütlichen Ausklang des Walderlebnisses ein.

Weitere Informationen: Waldinformationszentrum Forsthaus Hohenroth
ⓘ www.waldland-hohenroth.de, www.wald-und-holz.nrw.de

6 Kalorienpfad Hilchenbach

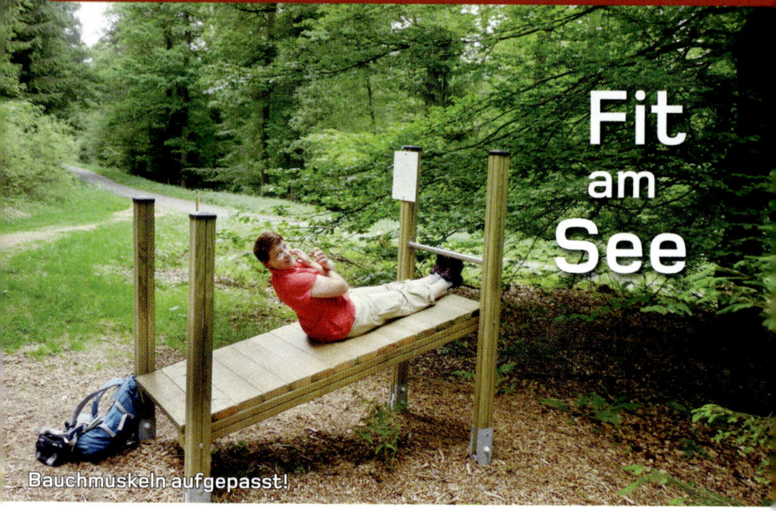

Fit am See

Bauchmuskeln aufgepasst!

- **Start/Ziel:** Parkplatz Breitenbacherstr., unterhalb Staumauer
- **Gesamtlänge:** 7.3 km
- **Gesamtzeit:** 2 Std. 15 Min.
- **Anspruch:**
- **Kalorien:** ♀ 527 ♂ 619
- **Tour Download**: WHX6R11

- **Anfahrt:** Von Hillnhütten (Hilchenbach) zum Parkplatz unterhalb der Staumauer.

- **Wegformat:**

Verbunddecke:	25.3 %
Befestigt:	28.9 %
Naturwege:	45.8 %

scan to go

QR-Code mit dem internetfähigen Smartphone einscannen und Startpunkt direkt anzeigen lassen.

- **Parken:**
- Breitenbacherstraße
  N50° 58' 48.6'' • E8° 05' 01.3''

- **Wegpunkte:**

P1: Parkplatz Breitenbacherstraße
32 U 435676 5648019

P2: Dammkrone
32 U 435478 5648008

P3: Aussicht an Fahrradstation
32 U 436007 5648226

P4: Rastplatz auf der Dörrhöhe
32 U 435717 5649678

P5: Bänke am Seeufer
32 U 434732 5649478

P6: Sinnesbank
32 U 434192 5648903

P7: Krackertsberg
32 U 434799 5648237

508 ▲ Dörrhöhe
P4
Rastplatz auf der Dörrhöhe
Breitenbach
Bänke am Seeufer P5
P6 Sinnesbank
≈ 2 km
Hilchenbach
Breitenbach-talsperre
0.25 km
423 P7
Krackertsberg
P3
Aussicht an Fahrradstation
P1
Parkplatz Breitenbacherstraße
Dammkrone P2
Dahlbruch
Allenbach
B 508
≈ 0.5 km
Hillnhütten
550 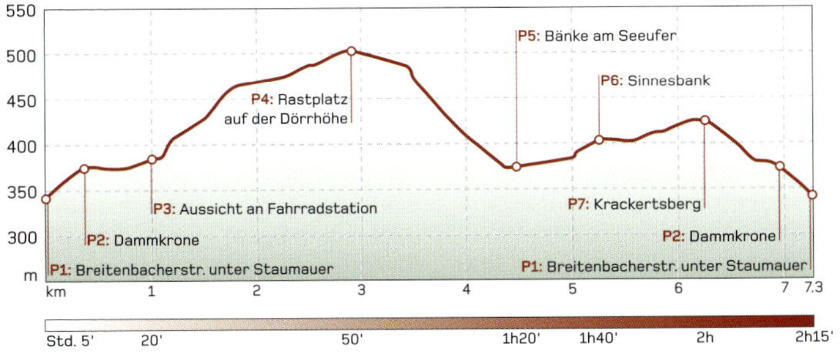
500
450
400
350
300
m
P5: Bänke am Seeufer
P6: Sinnesbank
P4: Rastplatz auf der Dörrhöhe
P3: Aussicht an Fahrradstation
P7: Krackertsberg
P2: Dammkrone
P2: Dammkrone
P1: Breitenbacherstr. unter Staumauer
P1: Breitenbacherstr. unter Staumauer
km 1 2 3 4 5 6 7 7.3
Std. 5' 20' 50' 1h20' 1h40' 2h 2h15'

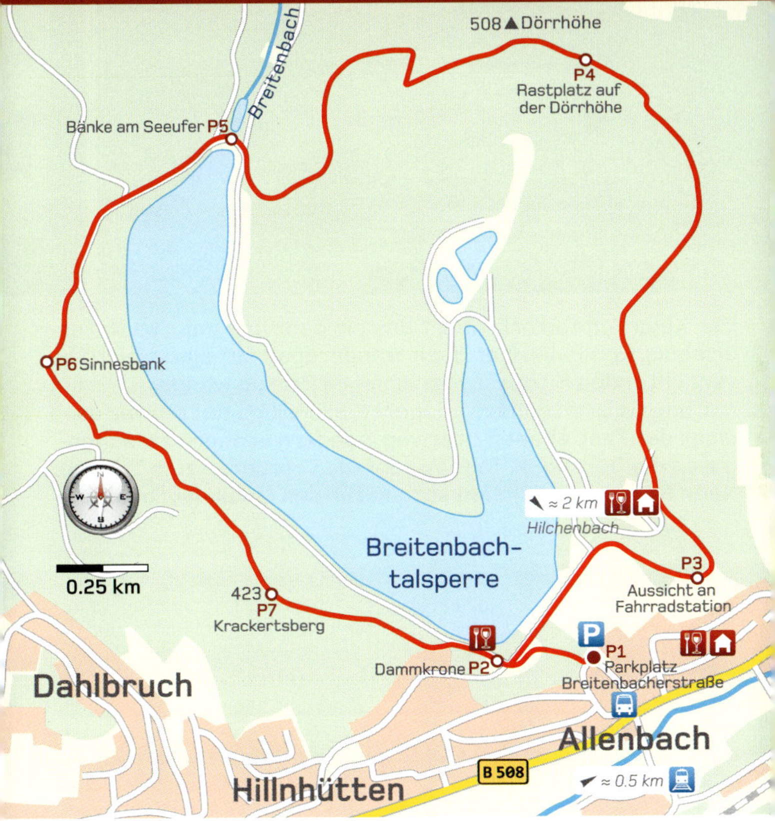

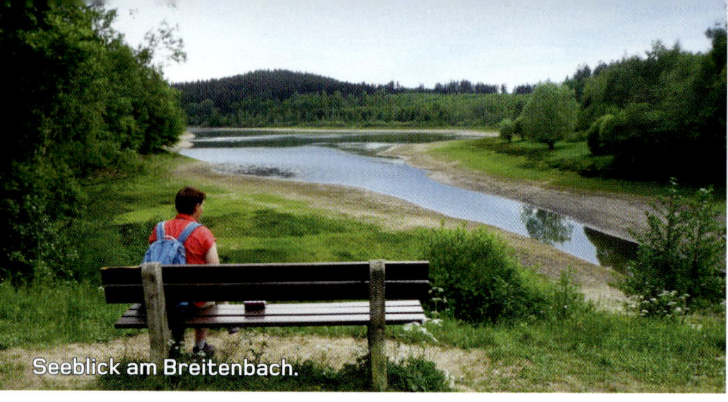

Seeblick am Breitenbach.

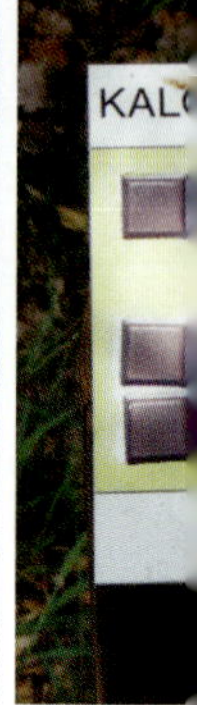

Der Kalorienpfad offenbart uns ein ganz besonderes Naturerlebnis. Kombiniert er doch Wanderspaß mit einem nicht zu verachtenden Fitnessprogramm! Im Prinzip wandern wir einmal um die Breitenbachtalsperre, allerdings nutzen wir dazu nicht den fast ebenen Uferweg, sondern erobern zwischendurch die Dörrhöhe. Tolle Waldpfade verführen zum Träumen. Neun Fitness-Stationen sorgen für den Muskelaufbau.

Am offiziellen Parkplatz in der Breitenbacherstraße in Hilchenbach **(1)** beginnen wir die Tour auf dem WanderHöhepunkt „Kalorienpfad". Am Portal macht neben der Tafel mit der Karte eine kleine Tafel mit 16 Schokoladenstückchen darauf aufmerksam, wie viele Kalorien (respektive Schokolade) wir abtrainieren werden. Solche Täfelchen gibt es unterwegs an jeder der 9 Sportstationen, und so haben wir stets im Blick, ob wir uns die finale Einkehr im Alten Wärterhaus schon verdient haben ...

Momentan ist das definitiv noch nicht der Fall, denn das Kalorienkonto steht bei Null. Das ändert sich jedoch schnell, denn die Logos des WanderHöhepunkts schicken uns nach 50 m auf der Breitenbacherstraße rechts in den Wald bergan. Auf gesperrter Straße erklimmen wir die Dammkrone **(2)**, wo wir die eigentliche Rundtour beginnen. Dazu wandern wir zunächst bei bestem Blick auf die Breitenbachtalsperre, über den Damm. Interessante Tafeln und Mitmachstationen erklären uns Wissenswertes zur Talsperre und am anderen Ende des Damms erwartet uns die erste sportliche Herausforderung: Hier steht nach **0.7 km** ein Gerät zum Trainieren der Beinmuskulatur bereit. Spielend meistern wir die Übung, denn noch sind wir ja topfit. Das Täfelchen neben dem Gerät verrät: Das erste Stück Schokolade haben wir uns schon verdient.

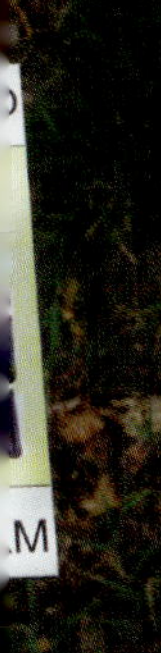

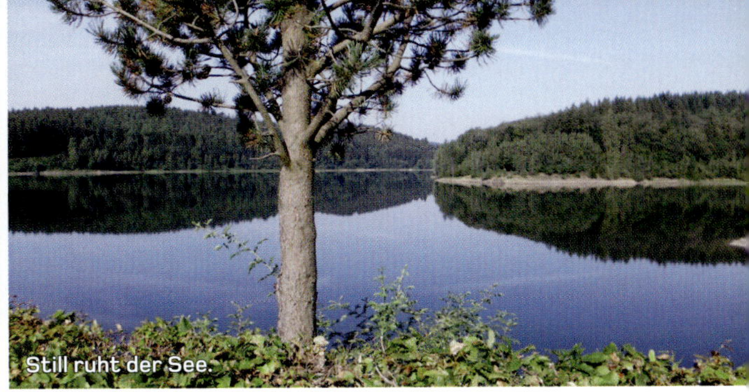
Still ruht der See.

Nun kehren wird dem See den Rücken und biegen rechts auf einen weichen Waldweg ab. Der steigt gemächlich an und führt uns durch lichten Wald bergan. Den Weg nach rechts ignorieren wir, und am Waldrand freuen wir uns über die schöne Aussicht ins Ferndorftal. Besonders gut können wir den Blick **(3)** auch von der 2. Erlebnisstation genießen. Diesmal ist Radfahren angesagt, was wir nach nur **1 km** problemlos schaffen. Jetzt sind schon 2 Schokostückchen abgearbeitet …

Wir treffen auf einen Querweg, und nun ist es der Weg selbst, der Kondition erfordert. Denn an einer Bank biegen wir links in den Wald ab und setzen den Aufstieg Richtung Dörrhöhe fort. Anfangs gestaltet sich der Anstieg moderat, was uns genug Puste lässt, um an Station 3 kräftige Armschwünge auszuführen und das Schoko-Konto auf 3 Stückchen zu erhöhen. Kurz bevor unser Forstweg auf Asphalt trifft, dürfen wir rechts auf einen weichen Grasweg abbiegen und über eine kleine Waldwiese wandern. An deren Ende queren wir den Asphaltweg und laufen geradeaus auf einem Forstweg weiter. Nun geht es an einem eingezäunten Areal bergan, bald wird es deutlich steiler, und wir sind froh über den Schatten im dichten Nadelwald. Nach diesem Steilstück mündet der Weg auf eine querende Leitungstrasse und einen weichen Naturtrail. Der führt zwar noch immer bergan, allerdings erheblich sanfter.

Nach **2.3 km** erreichen wir eine große Waldkreuzung. Hier trennen wir uns vom weißen Dreieck, das uns bisher begleitet hat. Wir biegen links auf den Waldweg ab, der sich bald zum herrlichen Pfad mausert. Wir genießen diese idyllische Passage durch ein Spalier weicher Jungtannen, Moospolster dämpfen unsere Schritte und die würzige Luft regt unsere Sinne an. Viel zu früh endet der Pfad an einem breiten Forstweg, dem wir nach links folgen. An der nächsten Weggabelung bleiben wir diesem Weg treu und gewinnen wenig später in einer steilen Rechtskurve zusätzliche Höhenmeter. Dann biegen wir links ab und gelangen nach **2.9 km** zum höchsten Punkt der Tour. Hier auf der Dörrhöhe **(4)** lädt ein Rastplatz zur Pause ein, und die Erlebnisstation 4 animiert zu Rumpfbeugen. Der Schoko-Kontostand erhöht sich dadurch auf 5 Stückchen!

Beim folgenden Abstieg auf weichem Waldweg entspannen wir uns und genießen die Ruhe des abwechslungsreichen Waldes. Nach einem halben Kilometer endet der Naturweg an einem breiten Forstweg, und wir biegen erst rechts und an der sogleich folgenden Kreuzung links ab. Auch der Wald wandelt sich: Statt Fichten sind es nun hohe Buchen, die ihre Kronen über uns spannen und Schatten spenden. Bei **Kilometer 3.8** treffen wir an der nächsten Erlebnisstation ein: Nun sind Strecksprünge gefragt, zur Belohnung erhöht sich der Kontostand auf 7 verdiente Schokoladenstücke. In Kurven bringt uns

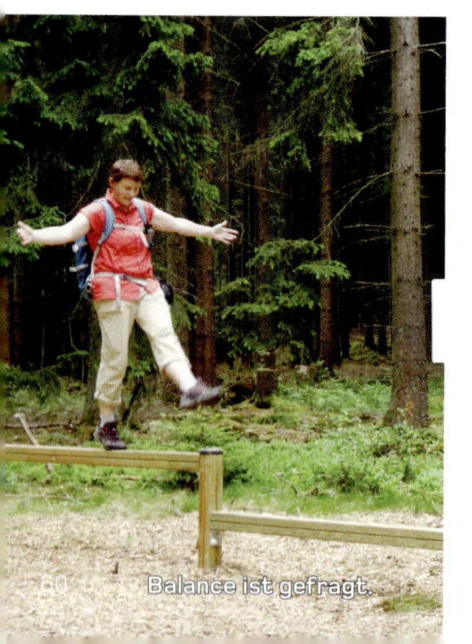

Balance ist gefragt.

der Forstweg zurück auf Seeniveau, wo wir auf den asphaltierten Seerundweg stoßen. Wir biegen rechts ab und queren dann den Zufluss des Sees. Hier laden Bänke zum Verweilen ein und bieten einen guten Blick auf das Wasser **(5)**. Nur wenige Meter später fordert Erlebnisstation 6 Muskelkraft: An einer Sprossenleiter wird die Rumpfmuskulatur geübt, was den Kontostand auf 8 Stücke aufstockt.

Zur Erholung nach dieser anstrengenden Übung wandern wir noch ein Stück auf dem Uferrundweg. Erst nach **5 km** biegen wir rechts auf einen Naturweg ab und erreichen sogleich die nächste Erlebnisstation: Jetzt sind die Bauchmuskeln dran, und wir sind froh, kein üppiges Mittagessen im Magen zu haben. Allerdings lohnt sich die Übung, denn jetzt können wir schon 10 Schokoladenstücke ohne Reue genießen! Auch die Macher des Kalorienpfads wissen, dass man nach sportlicher Betätigung entspannen sollte, daher erwartet uns nach kurzem Aufstieg an der nächsten Kreuzung eine Sinnesbank **(6)**. Was könnte besser zum Träumen in der Natur geeignet sein als solch eine bequeme Waldliege? Es fällt uns dann auch ziemlich schwer, weiter zu wandern.

An der Kreuzung wandern wir nach links, passieren einen Jungwald und treffen an der nächsten großen Waldkreuzung auf die 8. Sportstation: Jetzt ist Gleichgewicht gefragt, um auf den beiden unterschiedlich hohen Balken gekonnt zu balancieren. Zur Belohnung dürfen wir danach 12 Schokoladenstücke auf dem Kalorienkonto verzeichnen und biegen voller Vorfreude auf deren Verzehr links auf einen schmalen Waldweg ab. Der führt uns durch hochgewachsenen Nadelwald entlang der Flanke des „Höchsten" bergan. Dann flacht der Wegverlauf ab, und schließlich dürfen wir sogar links auf einen zunächst abfallenden Pfad wechseln. Doch dann geht es noch einmal aufwärts, denn der Gipfel des Krackertsberg liegt auf der Route. Den erstürmen wir aber problemlos und genießen im Anschluss den gemütlichen Abstieg zurück zum Seeuferweg. Unmittelbar bevor wir nach **6.8 km** auf diesen abbiegen, fordert die Erlebnisstation 9 einen letzten Kraftaufwand. An einem Hangelgerät wird uns noch einmal voller Einsatz abverlangt, bevor wir 14 verdiente Schokoladenstücke verbuchen dürfen.

Nach diesem letzten Kraftakt folgen wir dem asphaltierten Uferweg zum „Alten Wärterhaus" an der Dammkrone **(2)**. Wer möchte, kann direkt hier die verbrauchten Kalorien wieder zu sich nehmen. Ansonsten folgen wir dem bereits bekannten Zuweg hinunter zum Startplatz am Parkplatz **(1)**, wo dann tatsächlich alle 16 angekündigten Schokoladenstücke abtrainiert sind.

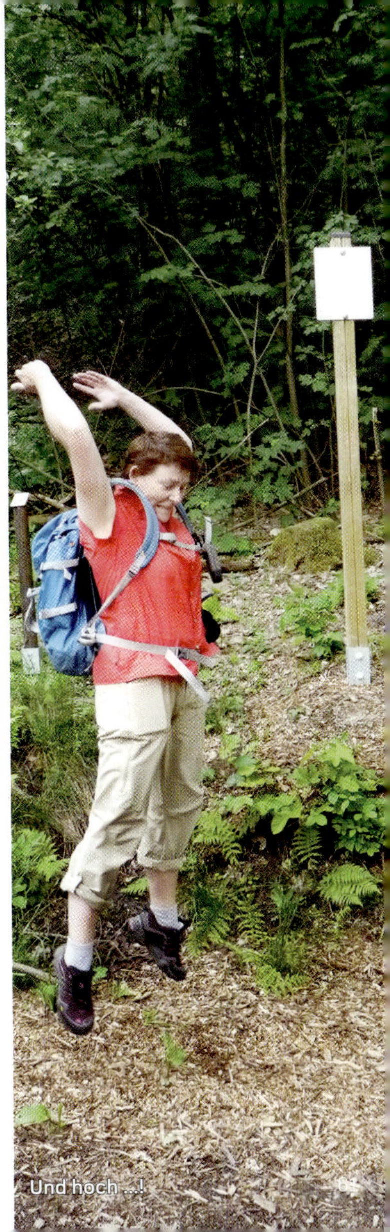

Und hoch ...!

Touristikverband Siegerland Wittgenstein e.V., Koblenzer Straße 73, 57072 Siegen ✆ 0271/3331020 ⓘ www.siegerland-wittgenstein-tourismus.de ▪ Stadt Hilchenbach Tourist Information, Markt 13, 57271 Hilchenbach ✆ 02733/288133 ⓘ www.hilchenbach.de

Café Restaurant Altes Wärterhaus, Talsperrenstraße 46, 57271 Hilchenbach ✆ 02733/8229, Mo. Ruhetag ▪ Gasthaus Engelbert, Markt 6, 57271 Hilchenbach ✆ 02733/7799 ⏲ Mo. Ruhetag, tgl. 11–23 Uhr

Hotel „Haus am Sonnenhang", Wilhelm-Münker-Straße 21, 57271 Hilchenbach ✆ 02733/7004 ⓘ www.hotel-am-sonnenhang.de ▪ Hotel Siebel, Stift-Keppel-Weg 11, 57271 Hilchenbach-Allenbach ✆ 02733/89510

Von Siegen gelangt man mit der Rothaarbahn (RB 93) nach Hilchenbach. Weitere Infos: ⓘ www.zws-online.de

Taxi Schultheis ✆ 02732/55995599 ▪ Funk-Taxi ✆ 02733/8358 oder 0171/1801110

Stadtmuseum Wilhelmsburg

In der Wilhelmsburg ist das kostenfrei zu besichtigende Stadtmuseum untergebracht. Es bietet Einblicke in die Heimatgeschichte sowie in die regionale Kunst und Kulturszene.
Weitere Infos: Stadtmuseum Wilhelmsburg, Im Burgweiher 1, 57271 Hilchenbach ✆ 02733/288260 ⏲ Sa. geschlossen.

Reitwanderung

Einmal auf dem Rücken eines Pferdes den Wald durchstreifen – dieser Wunsch kann in Hilchenbach auch für unerfahrene Reiter Wirklichkeit werden. Angeboten werden geführte Reitwanderungen für Kinder und Erwachsene auf geduldigen Islandpferden.
Weitere Infos: Dipl.-Ing. Dagmar Blöcher, In der Allenbach 1a, 57271 Hilchenbach ⓘ www.reittherapie-allenbach.de ✆ 02733/128188

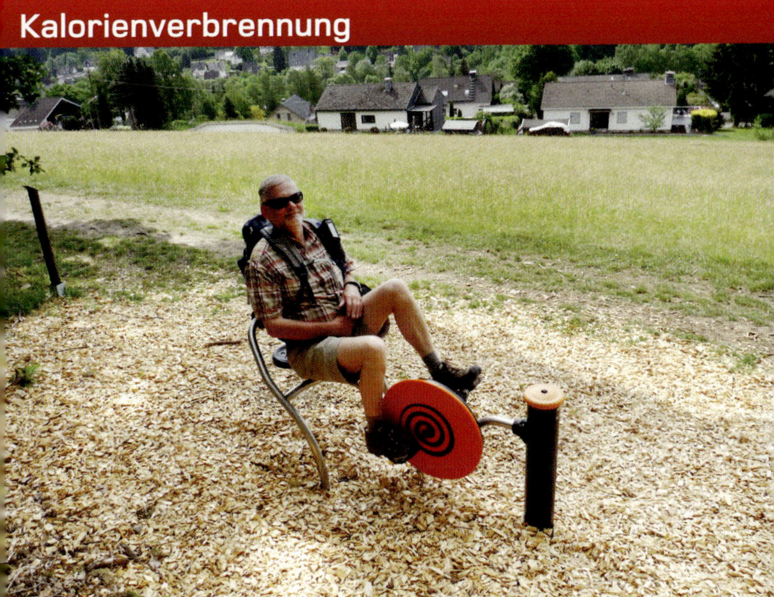

Verbrauch berechnen

Jeder von uns verbraucht ständig Energie. Auch ohne Bewegung und sogar im Schlaf. Diesen Energieverbrauch nennt man Grundumsatz. Der Grundumsatz lässt sich sehr individuell berechnen. Dabei werden das Geschlecht, das Alter, das Gewicht und die Körpergröße berücksichtigt.

Sobald wir uns aktiv bewegen, steigt unser Energieverbrauch. Dann kommt zum normalen Grundumsatz noch der sogenannte Leistungsumsatz dazu. Der ist vor allem davon abhängig, welche Aktivität wir ausüben. Beim Wandern handelt es sich energetisch um eine mittlere und meist relativ konstante Aktivität. Wichtig sind bei der Berechnung des Leistungsumsatzes beim Wandern neben der Entfernung auch die Zeit, die wir für die Strecke benötigen und die Höhenmeter, die wir dabei bewältigen. Aus diesen Parametern kann man nun den kombinierten Energieverbrauch aus Grundumsatz und Leistungsumsatz beim Wandern berechnen. In unseren Wanderbüchern geben wir diesen Gesamtumsatz bei jeder Tour jeweils für eine Beispielfrau und einen Beispielmann an.

Wenn Sie es genauer wissen möchten, so geben Sie einfach auf unserer Homepage Ihre persönlichen Daten und die Daten der Wanderstrecke ein. So erhalten Sie die von Ihnen während der Wandertour individuell verbrauchten Kalorien. Weitere Informationen:
🌐 www.schoeneres-wandern.de

7 Kindelsbergpfad

Dem Erz auf der Spur

In den Müsener Klippen.

- **Start/Ziel:** Parkplatz Bernhard-Weiss-Klinik, Kreuztal
- **Gesamtlänge:** 14.6 km
- **Gesamtzeit:** 4 Std. 30 Min.
- **Anspruch:**
- **Kalorien:** ♀ 1086 ♂ 1274
- **Tour Download**: WHX7R1X

- **Anfahrt:** Über B 54 nach Kreuztal. Weiter über B 508 nach Kredenbach. Parken unterhalb der Bernhard-Weiss-Klinik.

Wegformat:

Verbunddecke:	5.3 %
Befestigt:	47.1 %
Naturwege:	47.6 %

scan to go

QR-Code mit dem internetfähigen Smartphone einscannen und Startpunkt direkt anzeigen lassen.

Parken:

- Parkplatz Bernhard-Weiss-Klinik
  N50° 58' 08.3'' • E8° 02' 05.4''
- Wanderparkplatz Wildermann
  N50° 59' 24.7'' • E8° 01' 37.6''
- Wanderparkplatz Kindelsbergturm
  N50° 59' 31.0'' • E8° 00' 23.6''
- Wanderparkplatz Zitzenbachtal
  N50° 58' 15.4'' • E8° 01' 24.6''

Wegpunkte:

P1: Parkplatz Bernhard-Weiss-Klinik 32 U 432230 5646819
P2: Grube Brüche 32 U 432038 5648076
P3: Naturspringbrunnen 32 U 432178 5648713
P4: Beginn V1-Route am Wildermann 32 U 431728 5649185
P5: Ende V1-Route 32 U 431566 5649473
P6: Martinshardt 32 U 431295 5648874
P7: Kindelsberg 32 U 430077 5649175
P8: Rastplatz 32 U 430909 5648886
P9: Abzweig V2 zum Schwimmbad 32 U 431030 5647908

■ Höchster Punkt: 618 m ■ Steigung/Gefälle: 479 m

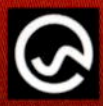

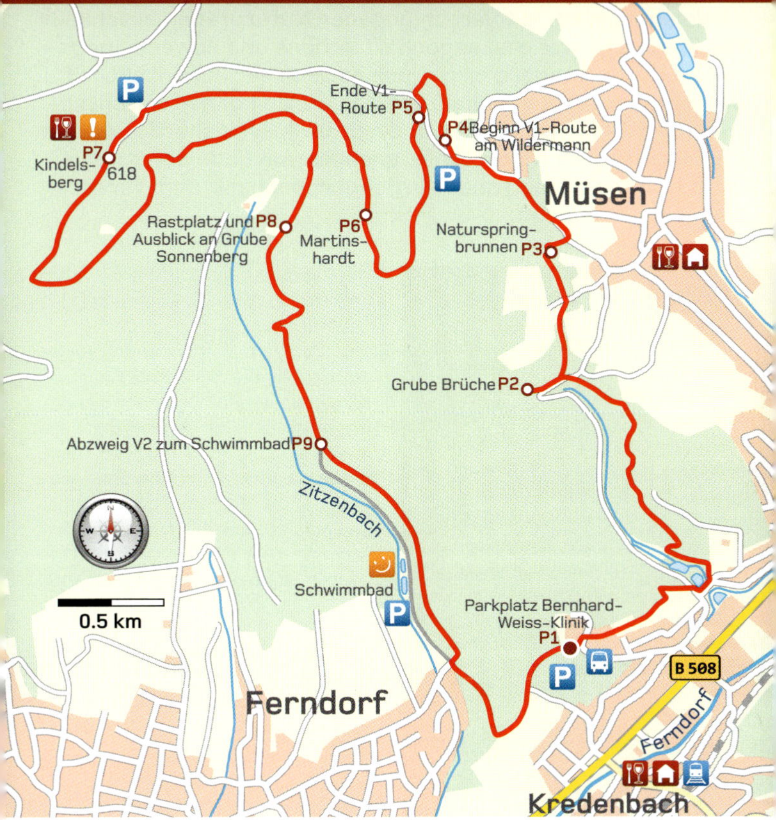

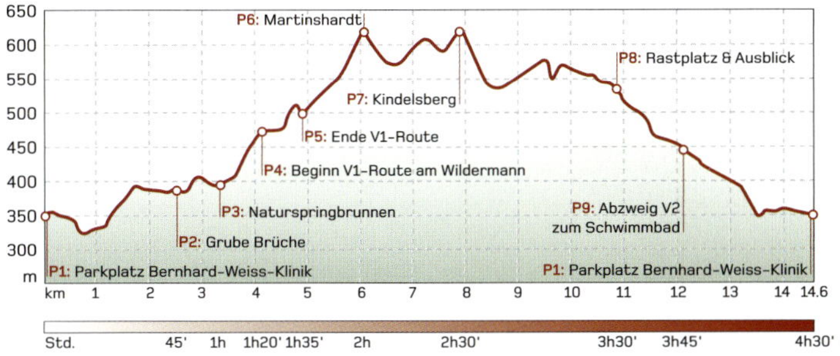

Ende V1-Route P5
P4 Beginn V1-Route am Wildermann
P7 Kindelsberg 618
Rastplatz und Ausblick an Grube Sonnenberg P8
P6 Martinshardt
Müsen
Naturspringbrunnen P3
Grube Brüche P2
Abzweig V2 zum Schwimmbad P9
Zitzenbach
Schwimmbad
0.5 km
Parkplatz Bernhard-Weiss-Klinik P1
B 508
Ferndorf
Kredenbach

650
600
550
500
450
400
350
300
m
P6: Martinshardt
P7: Kindelsberg
P5: Ende V1-Route
P4: Beginn V1-Route am Wildermann
P3: Naturspringbrunnen
P2: Grube Brüche
P1: Parkplatz Bernhard-Weiss-Klinik
P8: Rastplatz & Ausblick
P9: Abzweig V2 zum Schwimmbad
P1: Parkplatz Bernhard-Weiss-Klinik
km 1 2 3 4 5 6 7 8 9 10 11 12 13 14 14.6
Std. 45' 1h 1h20' 1h35' 2h 2h30' 3h30' 3h45' 4h30'

Ein echter WanderHöhepunkt wartet in Kreuztal auf uns: der Kindelsbergpfad. Auf verschlungenen Naturpfaden erschließt der Weg nicht nur eine sagenhaft schöne und abwechslungsreiche Natur, sondern bringt uns auch direkt in Kontakt mit der Bergbauvergangenheit der Region. So können wir unterwegs alte Pingen erkunden und mit der Martinshardt und dem Kindelsberg gleich zwei Gipfel erobern. Am Ende der kurzweiligen Tour lockt dann noch ein Jungbrunnen mit dem Versprechen ewiger Jugend …

! **Vorbemerkung:** Entlang des Weges finden sich 24 Stationen, die im Gelände mit schwarzen Zahlen auf weißem Grund gekennzeichnet sind. Diese Stationen markieren interessante geologische oder montanhistorische Lokationen. Eine genaue Beschreibung der Inhalte ist in Vorbereitung. Allerdings kann man unter www.kreuztal.de ein PDF-Faltblatt herunterladen, das alles Wissenswerte zusammenfasst. Das Faltblatt bekommt man in gedruckter Form auch in der Tourist-Information Kreuztal.

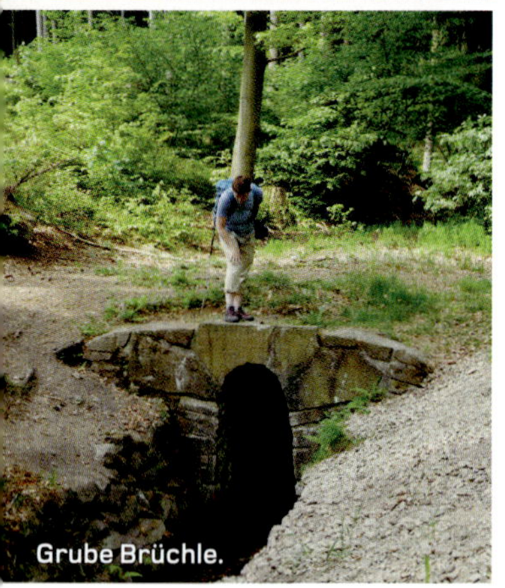

Grube Brüchle.

Am Parkplatz der Bernhard-Weiss-Klinik in Kreuztal-Kredenbach **(1)** beginnen wir die sehr abwechslungsreiche und spannende Tour auf dem Kindelsbergpfad. Rasch erreichen wir das Ende der Bebauung, und auch der Asphalt geht erst in einen befestigten Feldweg, dann in einen herrlich weichen Grasweg über. Das großartige Talpanorama beeindruckt uns nicht minder, und so wandern wir beschwingt und bei bester Sicht zum nahen Waldrand.

Dort biegen wir nach links auf einen absteigenden Waldweg ab. Der schlägt eine Kurve und bringt uns hinter den vom Grün verhüllten Häusern hinab zu den Loher Weihern und dem Naturschutzgebiet Loher Tal. Am ersten See wechseln wir kurz auf einen Asphaltweg nach links, doch nur 70 m später schicken uns die markanten WanderHöhepunkt-Logos links auf einen schmalen Waldweg. Mit jedem Schritt auf dem federnden Waldboden dringen wir tiefer in die Idylle ein. Linker Hand blinkt durch das Laub verheißungsvoll das Wasser der Seen, und um uns schirmen die Blätter die letzten Geräusche aus dem Ferndorftal ab.

Nach **1.2 km** biegen wir mit dem Kindelsbergpfad scharf rechts ab und kehren dem Wasser-Wald-Idyll den Rücken. Nur 100 m später heißt es aufpassen und nicht zu sehr träumen, denn schon steht der nächste Knick, diesmal nach links, an. Schlanke Fichten lösen sich im munteren Wechsel mit wuchtigen Buchen ab und begleiten uns zum ersten montanhistorischen Höhepunkt der Tour: dem Steinbruch am Witschenberg. Unser Pfad führt mitten durch den Bruch und anschließend durch rauschenden Hochwald weiter bergan.

Nach Überschreiten einer Kuppe erahnen wir bereits den Waldrand (wo eine Bank bereitsteht). Doch unmittelbar vorher biegen wir links auf einen Waldweg ab. Nach einigen gut markierten Richtungswechseln steht bei **Kilometer 2.3** ein interessanter Abstecher auf dem Plan: Wir biegen zunächst links ab und stehen nur 200 m später am eindrucksvollen Stollenmund der Grube Brüche **(2)**. Klar plätschert das Wasser. Es dient heute der Wasserversorgung der Gemeinde Müsen. Das umliegende Gelände der großen Waldlichtung ist übrigens ein beliebtes Freizeitareal und wird oft als Waldspielplatz genutzt.

Wir kehren zurück zum Abzweig, halten uns nun links und wandern aufsteigend durch den Wald. Nach **2.9 km** öffnet sich eine große Waldweide mit beeindruckenden, riesigen Hutebäumen. Wir schwenken wieder tiefer in den Wald und erreichen nach kurzem Abstieg die 5. Station des Weges, den Waldpark Brombach mit einem leise murmelnden Naturspringbrunnen **(3)**. Anschließend bringt uns ein breiter Weg zum Waldrand, wo an „Feldmann's Tannen" eine tolle Aussicht auf Müsen und Richtung Sauerland auf uns wartet. Nun wird es etwas anstrengender, denn der Kindelsbergpfad führt jetzt steiler

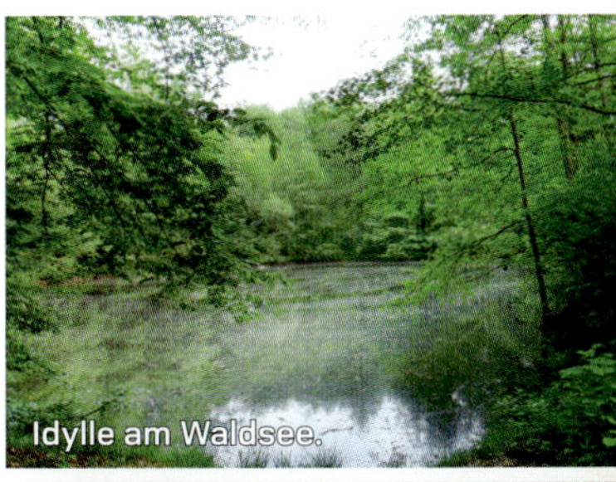
Idylle am Waldsee.

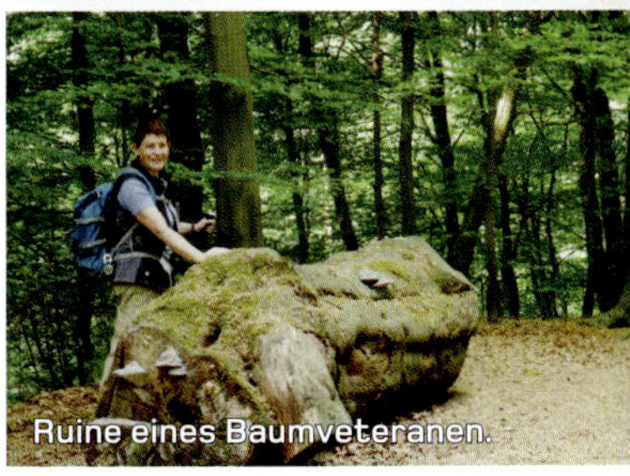
Ruine eines Baumveteranen.

auf einem Waldpfad bergauf. Der Pfad begeistert uns, und dank guter Markierung überstehen wir auch einige Kreuzungen problemlos.

Nach **4.2 km** endet der Pfad am Parkplatz der Grube Wildermann **(4)**. *Hier teilt sich der Weg in zwei Routen:* Eine bequeme führt direkt auf dem breiten Weg bergan. Wir aber wollen der Bergbautätigkeit auf die Spur kommen und wählen daher die Route V1. Die biegt an einem Haus links und gleich wieder rechts auf einen Pfad ab. Wir wandern oberhalb eines Haldenareals zum im Wald befindlichen Pingengebiet der Grube Stahlberg. Mitten durch die heute recht unscheinbar erscheinenden Löcher erklimmen wir den steilen Hang und zollen im Geiste den Bergmännern Respekt, die hier schon vor Jahrhunderten Knochenarbeit verrichteten. Dann haben wir es geschafft und treffen an einer Bank auf einen breiten Weg. Der bringt uns 100 m links abwärts wieder auf den Hauptweg **(5)**, wo der Kindelsbergpfad nach **4.9 km** rechts auf einen breiten, ansteigenden Forstweg abbiegt.

Nach dem ersten Steilstück lädt links an der Hangkante eine Bank mit toller Aussicht zur Verschnaufpause ein. Danach setzen wir den Aufstieg kontinuierlich fort. Über uns rauschen die Wipfel der hohen Fichten, und wir atmen die würzige Luft in tiefen Zügen ein. Wir befinden uns mittlerweile knapp unterhalb des Gipfels der Martinshardt und können nach einigen Schlenkern den Endanstieg in Angriff nehmen. Durch Windbruch hat sich der Wald deutlich gelichtet, aber noch immer gibt es genug Schatten beim Aufstieg. Nach **6.1 km** stehen wir dann am Gipfelkreuz **(6)** und können uns auf der Bank ausruhen, dabei das Gipfelbuch lesen und uns selbst eintragen.

Im weiteren Verlauf spüren wir Naturboden unter den Füßen und wandern entspannt abwärts. Nach einer Weggabelung, an der wir links laufen, erfreut uns das lichte Plateau auf dem Birkhahn, wo Himbeerbüsche und Ginster um die Gunst der Sonne wetteifern. Von hier geht es hinab zum Wanderparkplatz Kindelsberg.

Hier treffen wir auf eine asphaltierte Zufahrt und wandern auf dieser die letzten Meter hinauf zum höchsten Punkt der Tour: auf den Kindelsberg **(7)**! Oben empfangen uns nach halber Tagesstrecke das Restaurant und der Aussichtsturm (Eintritt!). Aber auch vom Boden aus kann man schöne Ausblicke genießen.

Nach der Rast, folgen wir erholt dem Kindelsbergpfad über den unscheinbaren Keltenwall abwärts. Bald weichen die Bäume zurück, und am Rand des geschotterten Weges laden Bänke (darunter auch eine Sinnesbank) zum Genießen der grandiosen Panoramasicht ein. Besonders bei klarem Wetter ist der Blick einfach phänomenal schön.

Der Weg verliert stramm an Höhe, und bei **Kilometer 8.6** biegen wir links ab und wandern zunächst eben, bald aber wieder bergan. Am Wegesrand sorgen die Tafeln des Waldschadensweges für Abwechslung und Information. Schließlich endet der Aufstieg, denn die Logos schicken uns nach scharf rechts abwärts. An der Hütte „Waldesruh" wechseln wir auf einen breiten Waldweg nach links und laufen leicht aufwärts durch den hohen Mischwald.

An einer großen Kreuzung mit Bank behalten wir die Richtung bei und dürfen jetzt fast eben durch

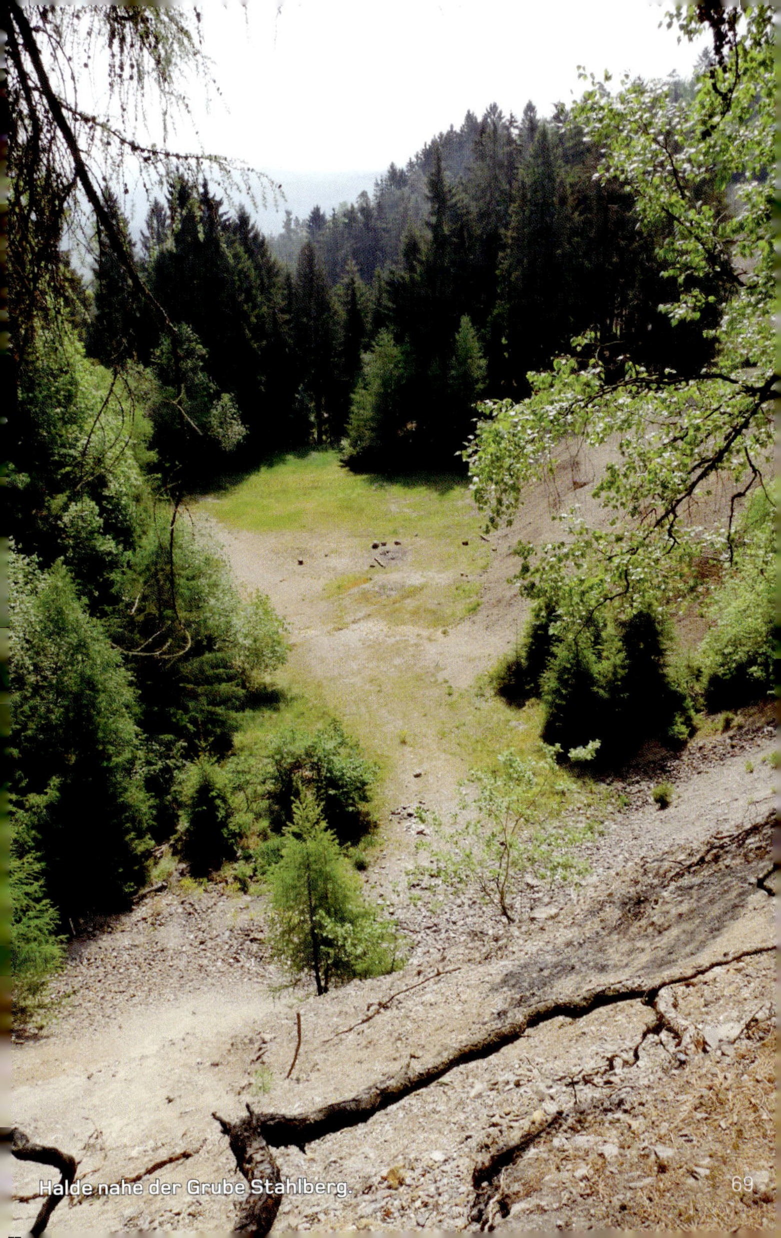
Halde nahe der Grube Stahlberg.

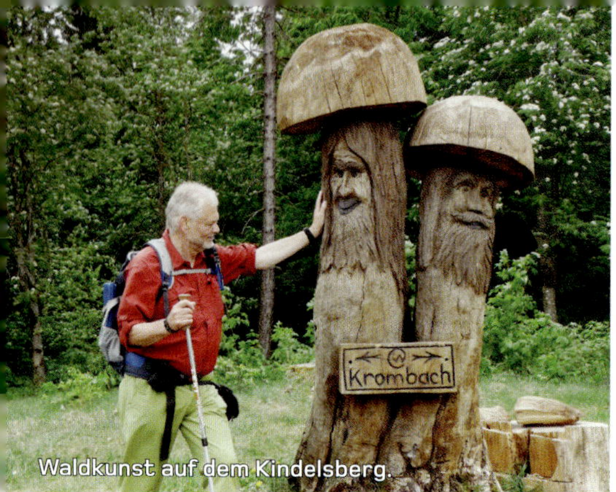

Waldkunst auf dem Kindelsberg.

Nadelwald wandern. Links passieren wir nach **9.9 km** die Wilhelmsruh. Wenig später wird es spannend auf unserer geologischen Spurensuche. Die Stationen 14 bis 19 reihen sich nun in kurzen Abständen entlang des Weges auf. Während die Reste der Gruben Strumpf und Glücksanfang recht unscheinbar erscheinen, ist die freie Schneise der „Rötsche" (Begriff für Halde) von Grube Glücksanfang schon eindrucksvoller. Richtig spektakulär wird es nach **10.9 km**, als wir am Rastplatz **(8)** an der Rötsche der Grube „Sonnenberg" ankommen. Über die ehemalige Halde hinweg schweift unser Blick hinauf zum Turm auf dem Kindelsberg.

Nachdem wir die wenig auffälligen Reste der Grube Kuhlenberg passiert haben, dürfen wir auch das etwas unbequeme Wegformat verlassen: Die Logos weisen rechts abwärts. Über einen Wiesenweg gelangen wir gut 30 Meter tiefer zur Martinshütte. Unterhalb der Hütte dürfen wir auf weichem Grasweg durch den vielfältigen Wald laufen. Die Hütte an der ehemaligen Grube Theodora bleibt rechts liegen und wir erfreuen uns am üppigen Jungwald, den Birken dominieren.

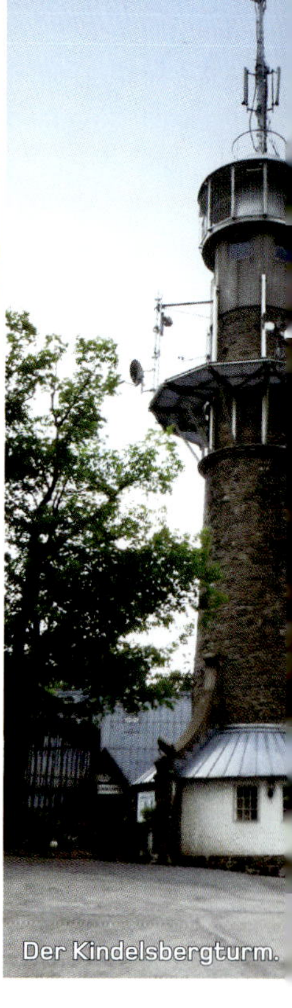
Der Kindelsbergturm.

Nach **12.2 km** biegt rechts die Wegvariante V2 ab **(9)**: Sie führt direkt ins Zitzenbachtal und zum dortigen, beliebten Naturschwimmbad. An heißen Tagen also eine echte Wegalternative.

Wir bleiben aber dem Hauptweg treu, denn wir sind neugierig auf die nächste Attraktion des Kindelsberg-

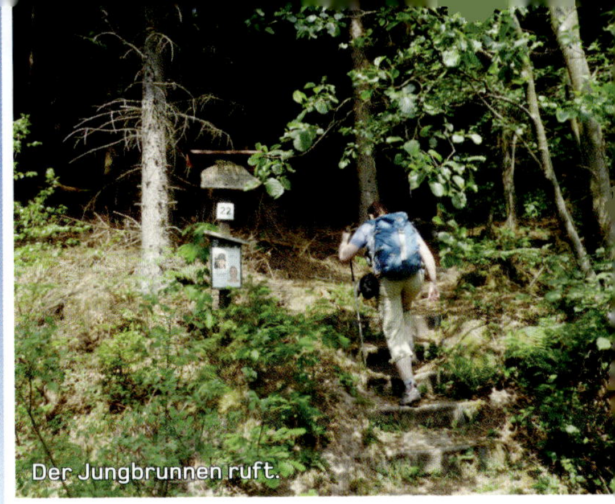
Der Jungbrunnen ruft.

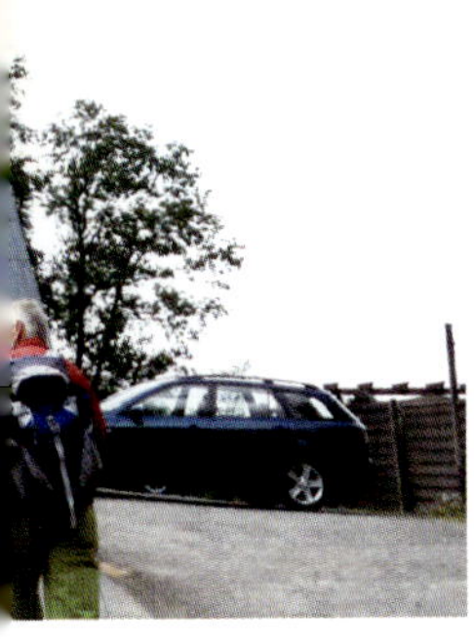

pfades. Und nur 250 m später wird unsere Neugier befriedigt: Wir haben den Jungbrunnen erreicht und können selbst ausprobieren, wie das erfrischende Nass wirkt …

Auch nach dem Jungbrunnen behalten wir die Wanderrichtung bei und dürfen noch einmal durch eine tolle Passage mit Jungbirken und weiteren Laubbäumen flanieren. Nach **13.3 km** biegen wir schließlich rechts ab und werden umgehend von einem grünen Tunnel umhüllt und nach unten begleitet. Das Waldidyll endet am Waldrand.

Wir wenden uns nach links, und nur 50 m später lassen wir die ersten Häuser von Ferndorf zurück und tauchen wieder unters Blätterdach des Mischwalds ab. Und noch einmal hält der Kindelsbergpfad eine traumhafte Passage für uns bereit: Denn nach 150 m auf breitem Waldweg dürfen wir rechts auf einen engen Naturpfad wechseln und mitten durch das Grün marschieren. Schließlich erreichen wir den Waldrand und können den Blick über die Wiesen und Weiden ins Ferndorftal schweifen lassen. Gegenüber einigen Pferdekoppeln lädt ein schöner Rastplatz zum Genießen der Szenerie ein.

Zum Abschluss bringt uns der Kindelsbergpfad noch einmal durch ein Waldstück, bevor wir nach **14.6 km** wieder am Parkplatz des Krankenhauses **(1)** eintreffen und die Runde auf dem Kindelsbergpfad beenden.

Touristikverband Siegerland Wittgenstein e.V., Koblenzer Straße 73, 57072 Siegen ✆ 0271/3331020 ⓘ www.siegerland-wittgenstein-tourismus.de ▪ Stadt Kreuztal, Sachgebiet Tourismus, Siegener Str. 5, 57223 Kreuztal ✆ 02732/51435 ⓘ www.kreuztal.de

Raststätte Kindelsberg, Kindelsberg 1, 57223 Kreuztal ✆ 02732/82500 ⓘ www.kindelsberg.de ⏲ Mo. Ruhetag

Gasthof Merje, Kredenbacher Str. 18, 57223 Kreuztal-Kredenbach ✆ 02732/2253 ⓘ www.merje.net ▪ Hotel Keller, Siegener Str. 33, 57223 Kreuztal ✆ 02732/59570 ⓘ www.keller-kreuztal.de

Von Siegen gelangt man mit der Rothaarbahn (RB 93) nach Kreuztal.

Die Haltestellen Kredenbach bzw. Dahlbruch liegen am nähsten zum WanderHöhepunkt.
Infos: ⓘ www.zws-online.de

Taxi Wittemund ✆ 02732/766766 ▪ Taxi Schultheis ✆ 02733/55995599

Kindelsbergturm
Auf dem 618 m hohen Kindelsberg erreichen wir den höchsten Punkt des Kindelsbergpfades, den 1907 vom Sauerländischen Gebirgsverein erbaute Kindelsbergturm. Vor allem bei klarem Wetter lohnt sich die kostenpflichtige Besteigung des Turms unbedingt, denn dann genießt man aus der Vogelperspektive ein einmalig schönes Panorama. Weitere Infos: ⓘ www.kindelsberg.de

Naturfreibad Zitzenbach
Ein Vergnügen besonderer Art gibt es nur knapp unterhalb des Kindelsbergpfades (Zuwegung vorhanden) im Zitzenbachtal: Dort lädt bereits seit 80 Jahren das Naturfreibad zur erfrischenden Abkühlung ein. Umgeben von der üppigen Vegetation des Tals, ist dieser Schwimmbadbesuch ein kühles wie unvergessliches Erlebnis. Weitere Infos: ⓘ www.ferndorf.de ✆ 02732/51435

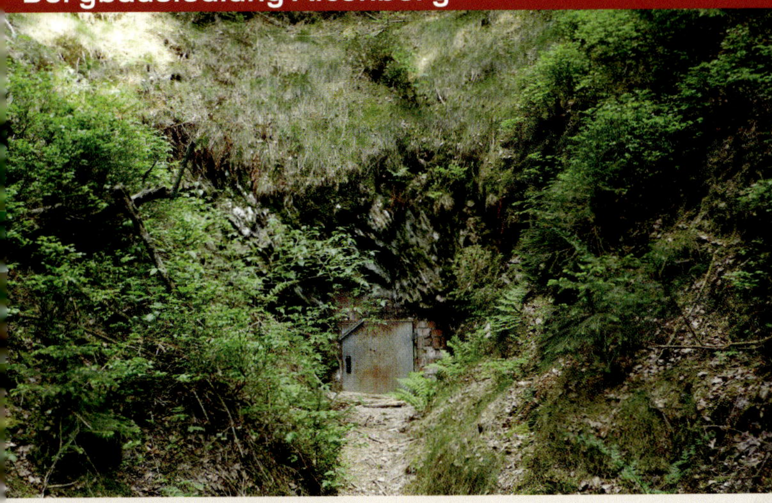

Versteckte Stollen

Wie schon auf dem Kindelsbergpfad zu sehen war, ist die Region seit Jahrhunderten vom Bergbau geprägt. Auf dem Altenberg, unweit von Müsen und Littfeld kann man noch heute die Reste einer Bergbausiedlung erkunden, die bereits im 13. Jahrhundert entstanden war. Hier soll auch ein Neubau des bisherigen Aussichtsturms erfolgen.

Wer tiefer in die Materie eindringen möchte, dem sei unbedingt ein Besuch des Bergwerkmuseums Stahlberg empfohlen. Im ehemaligen Bethaus kann man auf 2 Geschossen neben Dokumenten auch Werkzeuge und Mineralien bewundern. Immerhin gab es in der Region Müsen hochwertiges Eisenerz, das Mitte des 19. Jahrhunderts in 30 Gruben abgebaut wurde. Doch auch Buntmetalle (wie Zink und Blei) wurden dem Berg abgerungen. Die größte Grube war Stahlberg, die 1931 geschlossen wurde, nachdem die lohnenden Erzreserven abgebaut waren.

Heute kann man den Museumsrundgang mit einem Besuch im Schaubergwerk Stahlberger Erbstollen kombinieren. Immerhin knapp 400 m Strecke dieses eigentlich zur Entwässerung angelegten Stollens sind begehbar. Neben einer Einführung in verschiedene Bergmannstechniken gibt es unter Tage auch eine im Maßstab 1:3 rekonstruierte und funktionsfähige „Wasserkunst" zu bestaunen (Wasserkunst = Vorrichtung zur Grubenentwässerung).

Weitere Informationen v.a. auch zu den Öffnungszeiten: Bergwerksmuseum Stahlberg, An der Stollenhalde 4, 57271 Hilchenbach-Müsen ⓘ www.stahlbergmuseum.de

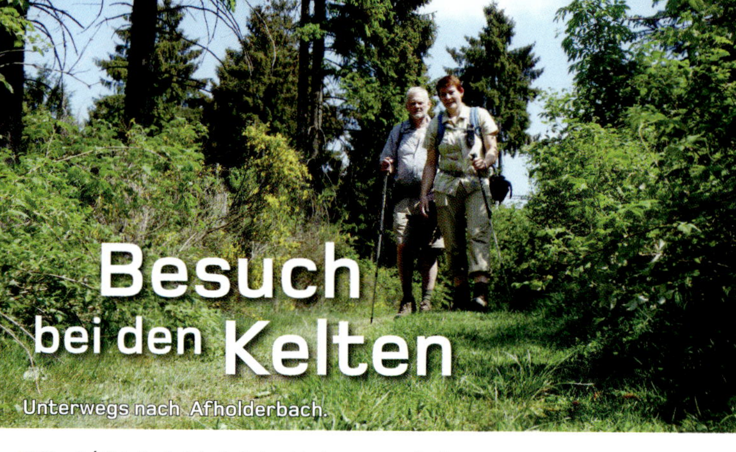

Besuch bei den Kelten

Unterwegs nach Afholderbach.

- **Start/Ziel:** Parkplatz Leimbachtal an der B 62
- **Gesamtlänge:** 15.1 km
- **Gesamtzeit:** 4 Std. 30 Min.
- **Anspruch:**
- **Kalorien:** ♀ 1152 ♂ 1352
- **Tour Download**: WHX8RX9

- **Anfahrt:** Über B 54 & B 62 nach Netphen. Einsteig zum Keltenweg ist direkt an der B 62 zwischen Netphen und Eschenbach.

- **Wegformat:**

Verbunddecke:	23.3 %
Befestigt:	49.5 %
Naturwege:	27.2 %

scan to go

QR-Code mit dem internetfähigen Smartphone einscannen und Startpunkt direkt anzeigen lassen.

- **Parken:**
- Wanderparkplatz Leimbachtal
  N50° 55' 27.3'' • E8° 06' 36.4''
- Parkplatz Afolderbach Ortsmitte
  N50° 56' 35.4'' • E8° 08' 15.8''

- **Wegpunkte:**

P1: Parkplatz Leimbachtal
32 U 437455 5641778

P2: Keltentafel am Knöpfchen
32 U 437587 5644463

P3: Afholderbach
32 U 439420 5643860

P4: Alte Burg
32 U 440600 5642952

P5: Aussicht zum Kindelsberg
32 U 439711 5642410

P6: Eschenbach
32 U 438455 5642402

- Höchster Punkt: 633 m
- Steigung/Gefälle: 560 m

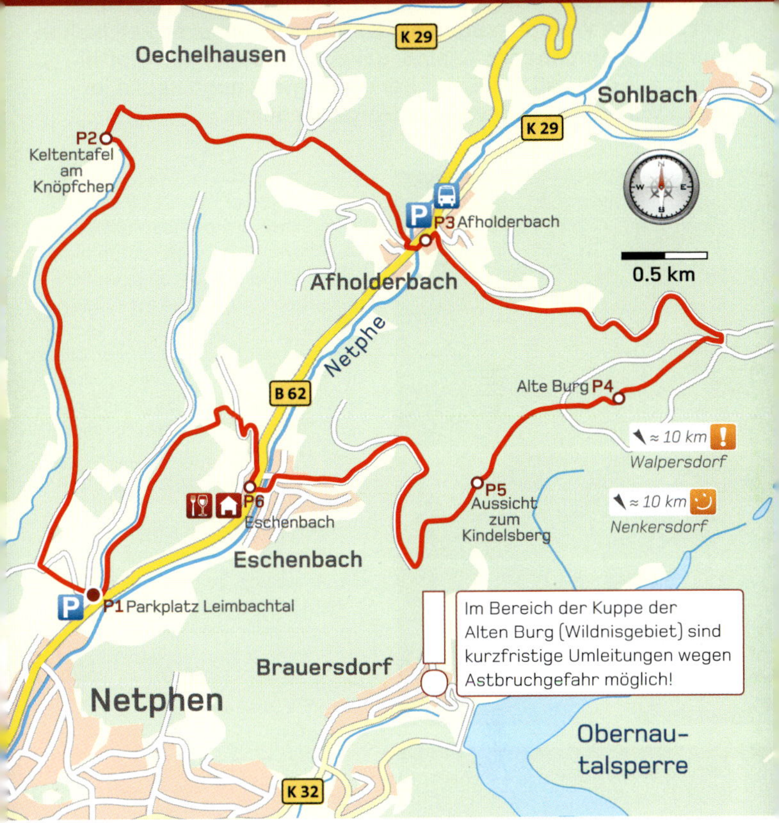

K 29
Oechelhausen
Sohlbach
K 29
P2 Keltentafel am Knöpfchen
P3 Afholderbach
Afholderbach
0.5 km
Netphe
B 62
Alte Burg P4
≈ 10 km Walpersdorf
≈ 10 km Nenkersdorf
P5 Aussicht zum Kindelsberg
P6 Eschenbach
Eschenbach
P1 Parkplatz Leimbachtal
Brauersdorf
Netphen
Obernau-talsperre
K 32

Im Bereich der Kuppe der Alten Burg (Wildnisgebiet) sind kurzfristige Umleitungen wegen Astbruchgefahr möglich!

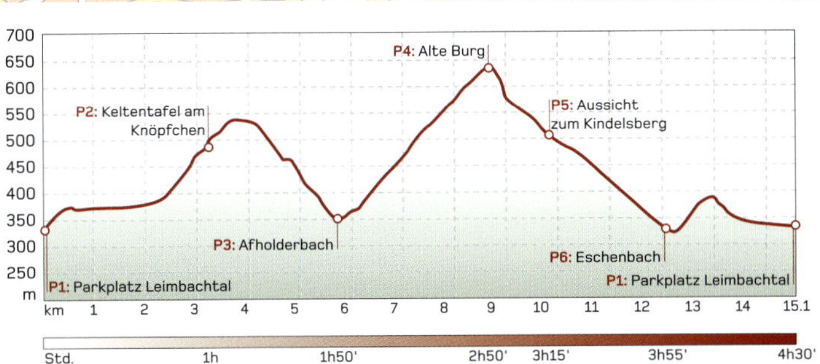

Heute unternehmen wir eine Zeitreise zu den Kelten: Der Netphener Keltenweg führt uns dabei über stille Täler und verträumte Waldpassagen hin zu Relikten unserer keltischen Vorfahren. Besonders beeindruckend ist dabei der Gipfelsturm auf der „Alten Burg", deren Ringwall auch heute im hohen Wald eindrucksvoll zur Geltung kommt.

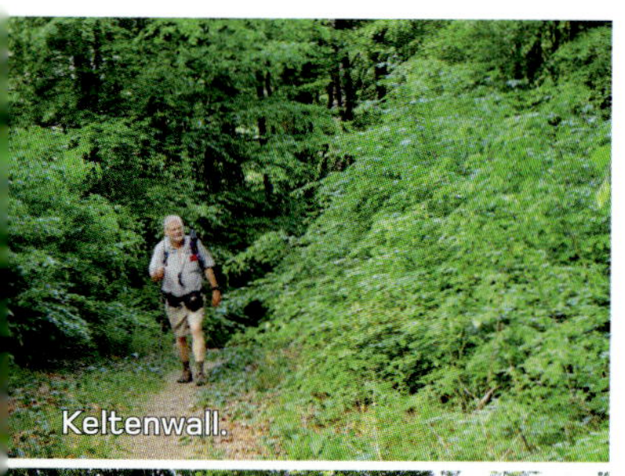

Keltenwall.

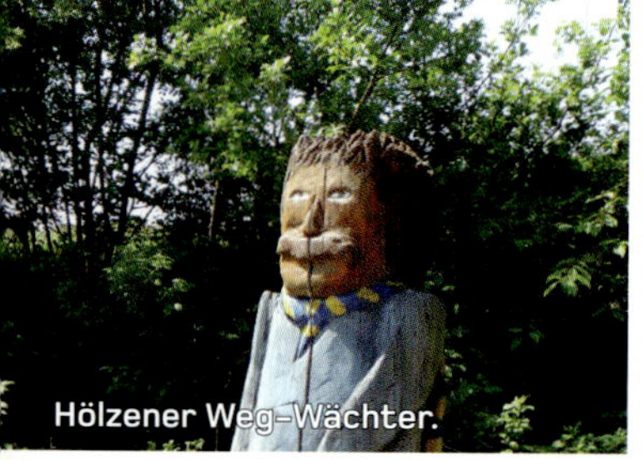

Hölzener Weg-Wächter.

! Im Bereich der Kuppe der Alten Burg (Wildnisgebiet) sind kurzfristige Umleitungen möglich.

Direkt an der B 62 befindet sich der Wanderparkplatz Leimbachtal **(1)**, von dem wir zur Tour auf dem Netphener Keltenweg starten. Ein lebensgroßer Holzkelte begrüßt uns neben der Übersichtstafel, mit deren Hilfe wir den Wegverlauf im Geiste schon mal absolvieren können. So informiert und motiviert, vertrauen wir uns dem markanten schwarz-weißen WanderHöhepunkt-Logo an und gehen links auf den asphaltierten Talweg. Der biegt schon bald nach rechts ab. Wir aber laufen geradeaus, nun auf einem Feldweg, schnurstracks zwischen wogenden Feldern bergan. Nach dieser ersten Herausforderung erwarten uns am Waldrand eine Bank und eine weitere Tafel, die uns Wissenswertes über ehemalige Keltensiedlungen in der nahen Umgebung präsentiert.

Von der Bank aus genießen wir das beeindruckende Panorama. Auch die „Alte Burg", mit 633 m Höhe der Höhepunkt der heutigen Tour, ist klar auszumachen. Voll mit neuen Eindrücken folgen wir dem Asphaltweg am Waldrand entlang und lassen den Blick über die Wiesen und Felder schweifen.

Doch bald wandelt sich die Umgebung, und der Keltenweg bringt uns in den lichten Mischwald. An der nächsten Weggabelung führen uns die Logos links auf einen mit einer Schranke abgesperrten Waldweg. Wir tauschen den harten Asphalt gegen einen befestigten Waldweg. Allmählich verklingen die Geräusche des geschäftigen Tals hinter uns, und wir können unsere Sinne ganz auf den Wald und seine Bewohner fokussieren.

Vor allem im Frühjahr und Frühsommer erfüllt vielstimmiges Vogelgezwitscher den Wald, der von üppiger Vielfalt geprägt ist. Im Weiteren folgen wir dem Mühlenbach, von dem wir freilich nicht viel mitbekommen. Denn das Rinnsal ist meist im dichten Grün verborgen. Erst nach etwa **2.1 km** erspähen wir durchs Blattwerk links einige Teiche, die vom Mühlenbach gespeist werden.

Dann ändert sich die Vegetation: Die Laubbäume geraten in Unterzahl und schlanke, hochgewachsene Fichten übernehmen die Regie. Links erblicken wir durch die Fichtenwedel nun weite Wiesen und Weiden, die den gegenüberliegenden Berghang überziehen. Unser Weg wird wesentlich anstrengender, denn mit deutlicher Steigung gewinnen wir an Höhe.

Nach **3.3 km** und einigen Wegmündungen treffen wir auf nun schon immerhin gut 480 m über Meeresniveau wieder an einer Keltentafel **(2)** ein. Unweit des „Knöpfchens", wie der benachbarte Berg zur Rechten heißt, können wir durch die Äste hindurch einen schönen Blick nach Südwesten genießen.

Beschwingt widmen wir uns anschließend dem Anstieg zum Homerich. Dazu wandern wir rechts auf dem breiten Forstweg und wechseln wenig später wieder rechts auf einen Waldweg. An einer uralten bemoosten Eiche laden zwei Bänke zur kurzen Zwischenrast ein. Dann geht es auf weichem federndem Waldboden weiter rechts bergan. Himbeerbüsche sorgen im Sommer

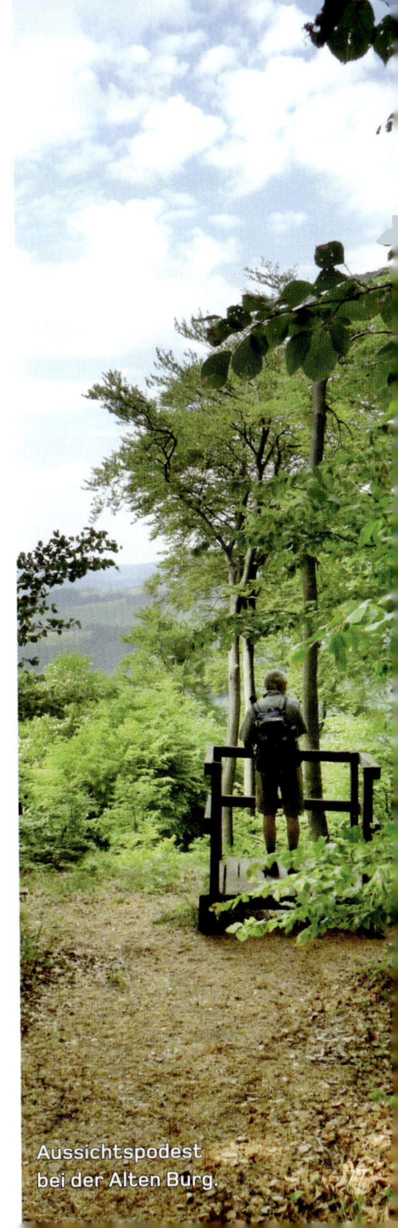
Aussichtspodest bei der Alten Burg.

für leckere Wegzehrung, dann biegen wir nach links und sind begeistert vom Farbenspiel der sattgrünen Nadelbäume, des im Sommer leuchtend gelb blühenden Ginsters und der filigranen Jungbirken, die mit ihrem frischem Grün eine weitere Facette beisteuern. Dazu schnuppern wir die intensive, würzige Luft, die uns einen Hauch von mediterranen Träumen erleben lässt.

Wenig später übernimmt hoher, aber lichter Nadelwald die Regie, und wir steuern mit einigen Richtungswechseln weiter auf Afholderbach zu. Bei **Tageskilometer 4.8** begeistert uns, nach den oft breiten Waldwegen, eine idyllische Pfadpassage, die erst durch Jungfichten und dann durch einen mittelhohen Eichenmischwald führt. Schließlich verlassen wir den Wald und laufen rechts auf asphaltiertem Wirtschaftsweg vollends hinab nach Afholderbach. Nach **5.8 km** erreichen wir die viel befahrene B 62 (Eschenbacher Straße) und den kleinen Parkplatz in der Ortsmitte **(3)**.

Wir sind erleichtert, als wir rechts in die Hübener Straße abbiegen dürfen und mit ihr bis zum Ortsrand gelangen. Dort wandern wir geradeaus auf asphaltiertem Grund weiter, und auch bei der nächsten Weggabelung am Waldrand bleiben wir auf dem gesperrten Sträßchen. Erst bei **Kilometer 6.3** wenden wir uns an einer Bank rechts auf einen Wirtschaftsweg. Der steigt zunächst gemütlich an und erlaubt uns tolle Blicke auf das Afferbachtal. Ein kleines Windbruchfeld ist rasch passiert, und noch einmal

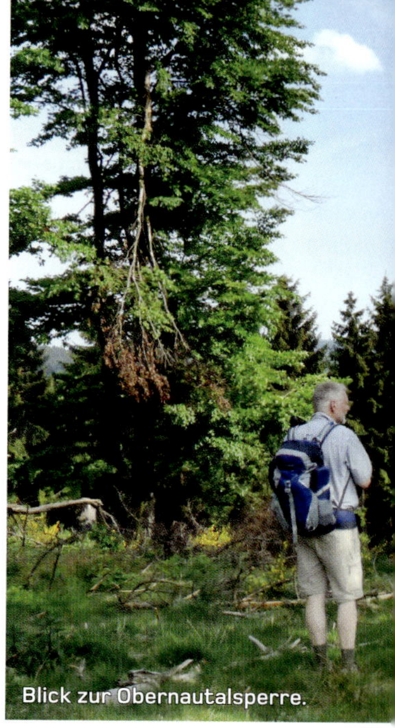
Blick zur Obernautalsperre.

lädt eine Bank zum Genießen der Aussicht ein. Denn danach führt uns der Keltenweg wieder in den schattigen Wald.
Noch immer gewinnen wir an Höhe, und nach **7.5 km** schlägt unser Weg einen Bogen um einen tief eingeschnittenen Bach. Allmählich lichtet sich das Unterholz, und lichter Nadelhochwald bereitet uns auf den Gipfelsturm vor. Geführt vom WanderHöhepunkt-Logo gelangen wir nach einigen Kreuzungen schließlich zum scharfen Abzweig nach links. Nun möchte ein herrlicher Waldweg gemeistert werden, der allerdings deutlich steiler ansteigt als die Passagen zuvor. Aber

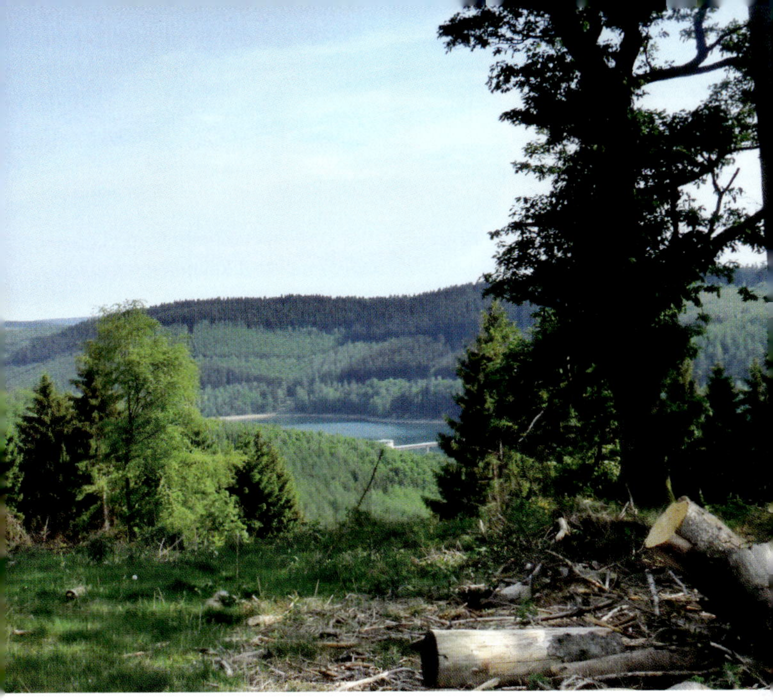

die Natur sorgt für Kurzweil und Ablenkung: Angesichts des herrlichen Buchenhochwalds rücken die Anstrengungen in den Hintergrund, und flugs erreichen wir den ersten, noch recht unscheinbaren Keltenwall. Noch ein zweiter Wall muss überwunden werden, dann haben wir es geschafft und kommen unter dem erhabenen Blätterdach der himmelhohen Buchen auf der „Alten Burg" **(4)** wieder zu Atem.

Nach **9 km** stehen wir auf dem höchsten Punkt der Tour und wandeln auf uraltem Siedlungsgrund. Es gibt es zwar eine kleine Aussichtskanzel, aber leider keinerlei Infrastruktur zur zünftigen Rast – also das Sitzkissen im Rucksack nicht vergessen, um diesen Ort in Ruhe genießen zu können.
Erholt folgen wir dem Keltenpfad durch das Labyrinth der beeindruckenden Buchen und stellen uns der Herausforderung des sehr steilen Abstiegs. Gutes Schuhwerk, Wanderstöcke und gute Trittsicherheit sind hier notwendig und sinnvoll, um das Wandern genießen zu können.

Wir erreichen wieder den Keltenwall. Wer möchte, kann hier auf fast unsichtbarem Pfad einen 100 m kurzen Abstecher nach links einlegen: Dort hat man von einem Holz-

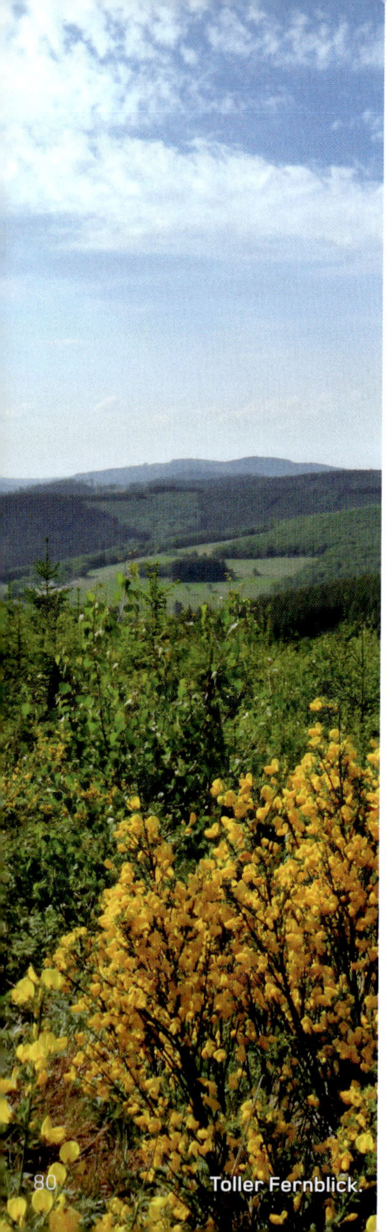
Toller Fernblick.

stand aus eine guten Blick auf die Obernautalsperre. Der Keltenweg selbst setzt den Abstieg geradeaus fort, quert eine breiteren Forstweg und führt uns bald wieder in einen tollen Mischwald. Die Folgen des Orkans Kyrill werden allmählich sichtbar, doch unmittelbar vor dem eigentlichen Windbruchfeld biegen wir nach **10.1 km** gemeinsam mit dem Lokalweg A5 rechts ab. Nach kurzer Pfadpassage passieren wir eine Bank und treffen auf einen breiten Forstweg. Unwillkürlich halten wir inne und genießen den phantastischen Ausblick Richtung Eschenbach und weiter zum Kindelsberg **(5)**.

Der breite Weg, dem wir nun nach links talwärts folgen, gibt über die noch niedrigen Wipfel aufstrebender Jungfichten und Jungbirken hinweg ausgiebig Gelegenheit zum „Fernsehen".

Dann biegen wir scharf rechts ab und verlieren weiter an Höhe. Nach kurzer Waldpassage entlässt uns der Keltenweg in den Talgrund, und schon tauchen die ersten Häuser von Eschenbach auf. Über die Alte-Burg-Straße geht es in den Ort, wo wir links in den Bachweg abbiegen. Der bringt uns in die Eschenbacherstraße, der wir rechts zur nahen B 62 folgen. Auf Höhe des Gasthofs Weber queren wir nach **12.5 km** per Zebrastreifen die Bundesstraße **(6)** und wenden uns nach rechts. Mit einem Schwenk links in die Tannenkopfstraße beginnt der letzte Anstieg der Tour. Der fordert bis zum Sportplatz auf asphaltiertem Grund noch einmal ordentliche Kondition.

Etwa in der Mitte des Sportplatzes, der leicht erhöht rechts liegt, biegen wir scharf links auf einen schmalen Waldpfad ab. Der bringt uns zu einem querenden Naturweg am Rand einer umzäunten Weide. Eine Bank zur Rast steht bereit, bevor wir rechts per Gattertreppe auf die andere Zaunseite gelangen. Eine zweite Treppe muss überwunden werden, bevor wir durch abwechslungsreichen Wald abwärts wandern. Bald stoßen wir auf eine große Kreuzung: Hier laufen wir geradeaus auf dem breiten, von Ginster gesäumten, Forstweg weiter. Bald dringen die ersten Verkehrsgeräusche durchs Blätterwerk an unsere Ohren, und wir nehmen Abschied von der ruhigen Naturidylle. Nach **15 km** verlassen wir den Wald und treffen nur 100 m später wieder am Startpunkt der Tour, am Parkplatz im Leimbachtal **(1)**, ein.

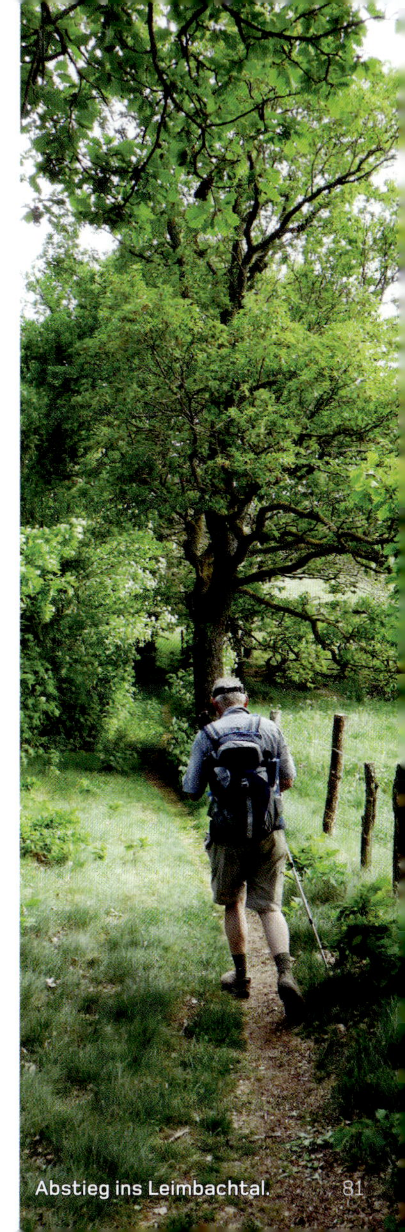

Abstieg ins Leimbachtal.

Touristikverband Siegerland Wittgenstein e.V., Koblenzer Straße 73, 57072 Siegen ✆ 0271/3331020 ⓘ www.siegerland-wittgenstein-tourismus.de ▪ Touristinformation Netphen, Amtsstr. 6 (im Rathaus), 57250 Netphen ✆ 02738/603111 ⓘ www.netphen.de

Gasthof Weber, Berleburger Str. 15, 57250 Netphen-Eschenbach ✆ 02738/1249 ⏲ Mi. Ruhetag

Hotel Lahnquelle, Lahnhof 1, 57250 Netphen-Nenkersdorf/Lahnhof ✆ 02737/241 ⓘ www.forsthaus-lahnquelle.de ▪ Hotel Restaurant Stella, Marktplatz 1, 57250 Netphen ✆ 02738/307597 ⓘ www.hotel-restaurant-stella.de ▪ Hotel Ewerts, Albert-Irle-Straße 5, 57250 Netphen-Deuz ✆ 02737/59310 ⓘ www.ewerts.de

Nach Siegen gelangt man mit der Bahn.

Zwischen Siegen und Netphen kann man die Regionalbuslinie R 16 nutzen. Zwischen Netphen und Eschenbach verkehrt die Taxi-Buslinie T 164. Wenn man diese Linie nutzen möchte, ist eine Voranmeldung unter ✆ 01803/504045 notwendig. Weitere Informationen: ⓘ www.zws-online.de

Taxi Crepon ✆ 0271/6610255

Kohlenmeiler Walpersdorf

Das waldreiche Siegerland kann auf eine lange Köhlertradition zurückblicken. Besonders Buche, Eiche und Birke eignen sich zur Gewinnung von Holzkohle. Die Ausbeute an Holzkohle liegt bei etwa 25% der eingesetzten Menge Holz. Früher war Holzkohle für die Eisenverhüttung wichtig, heute nutzt man sie fast nur noch zum Grillen. In Walpersdorf wird jedes Jahr ein Kohlenmeiler aufgeschichtet und angezündet. Weitere Infos: ⓘ www.netphen.de ✆ 02737/3539

Wassermühle Nenkersdorf

In Nenkersdorf gibt es seit dem 12. Jahrhundert eine Wassermühle, in der Getreide gemahlen wurde. Heute steht die Mühle mit ihrem oberschlägigen Wasserrad und den 3 Mahlwerken Besuchern offen. Speziell für Kinder gibt es Führungen durch den jugendlichen Müllergesellen Johannes.
Weitere Infos auch zu Führungen: ⓘ www.netphen.de, und bei André Dorn ✆ 02737/2294077

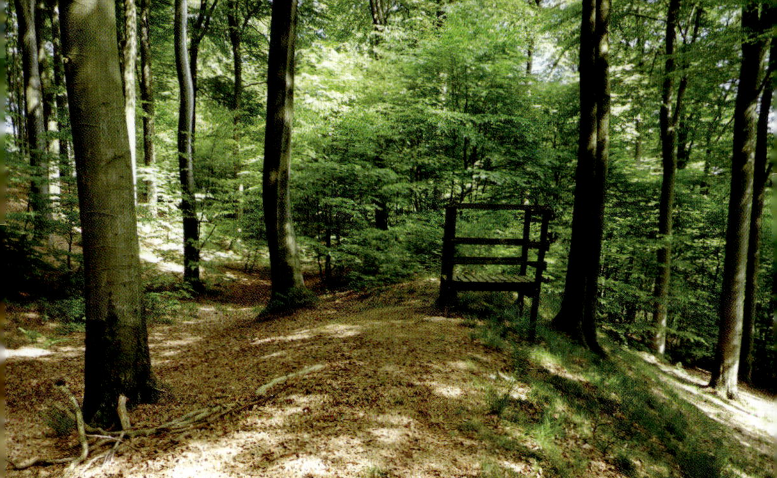

Die Kelten im Siegerland

Etwa vor 2500 Jahren siedelten sich die ersten Kelten im Siegerland an. Schon die Kelten erkannten den Nutzen des im Boden verborgenen Eisenerzes und errichteten erste Verhüttungsöfen, mit denen sie den begehrten Rohstoff Eisen aus dem Erz gewannen. Daher wird diese Epoche auch Eisenzeit genannt. Für das Siegerland ist die jüngere Epoche, die sogenannte La-Tène-Zeit (ab 500 v. Chr. bis zur römischen Herrschaft) relevant, denn erst damals siedelten die Kelten sich im Siegerland an.

Sie gewannen das Eisenerz hauptsächlich im Tagebau, in sogenannten Pingen. In kunstvollen Tonöfen schmolzen sie das Erz und gewannen daraus Roheisen, das sie zu Werkzeugen und Waffen schmiedeten. Eine originalgetreue Nachbildung eines solchen La-Tène-Ofens ist auf dem Historischen Rundweg Achenbach (▶ S. 94) zu sehen.

In der Region Netphen ließen sich die Kelten auf dem Gipfel eines Berges nieder, der heute nach dieser Siedlung „Alte Burg" genannt wird. Die eindrucksvolle Doppel-Ringwallanlage entstand etwa 200 v.Chr., umfasst annähernd 9,5 Hektar und zeugt von der hochentwickelten keltischen Siedlungskultur. Die Anlage diente wahrscheinlich nicht nur als Fliehburg für bis zu 1000 Menschen, sondern war dauerhaft bewohnt, denn sie lag an wichtigen Handelstraßen. Auch wirtschaftlich waren die Kelten weit entwickelt und betrieben bis in den Mittelmeerraum regen Handel.

Im Heimatmuseum Netphen können einige keltische Grabbeigaben bestaunt werden. Weitere Informationen: ⓘ www.netphen.de

9 Fachwerkweg Freudenberg

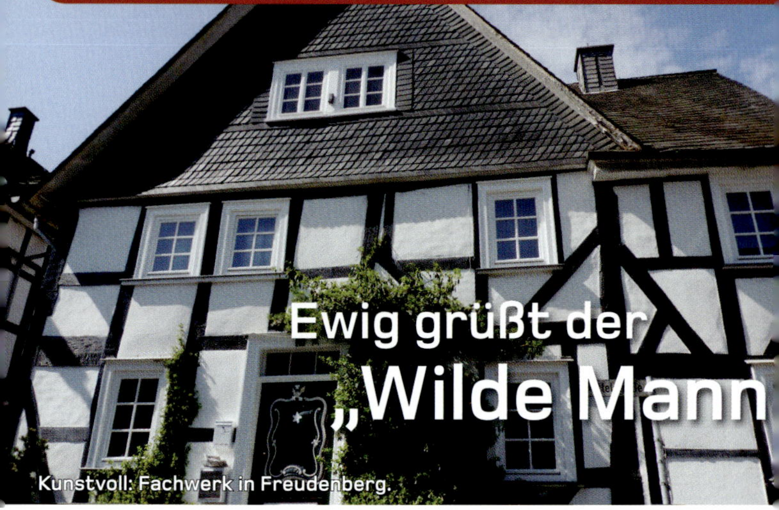

Ewig grüßt der „Wilde Mann"

Kunstvoll: Fachwerk in Freudenberg.

- **Start/Ziel:** Parkplatz „P4 Hinterm Schloss", Freudenberg
- **Gesamtlänge:** 11.9 km
- **Gesamtzeit:** 3 Std. 40 Min.
- **Anspruch:**
- **Kalorien:** ♀ 813 ♂ 954
- **Tour Download**: WHX9RX8

- **Anfahrt:** A 45 bis Freudenberg, über L 562 ins Zentrum. Auf dem Parkplatz der Burgstr. kann man kostenlos parken.

- **Wegformat:**

Verbunddecke:	44.7 %
Befestigt:	52.9 %
Naturwege:	2.4 %

scan to go

QR-Code mit dem internetfähigen Smartphone einscannen und Startpunkt direkt anzeigen lassen.

- **Parken:**
  - Parkplatz „P4 Hinterm Schloss" N50° 53' 49.7'' • E7° 52' 15.7''
  - Parkplatz „Am Gambachsweiher" N50° 54' 20.9'' • E7° 52' 37.9''

- **Wegpunkte:**

P1: Parkplatz „P4 Hinterm Schloss"
32 U 420606 5638994

P2: Altes Rathaus
32 U 420719 5639104

P3: Ausblick Kurpark
32 U 420924 5639262

P4: Parkplatz Gambachsweiher
32 U 421055 5639950

P5: Eisenverhüttungsplatz
32 U 419829 5641291

P6: Beginn Tunnel
32 U 419260 5641232

P7: Wiesenausblick
32 U 418029 5640031

■ Höchster Punkt: 436 m ■ Steigung/Gefälle: 258 m

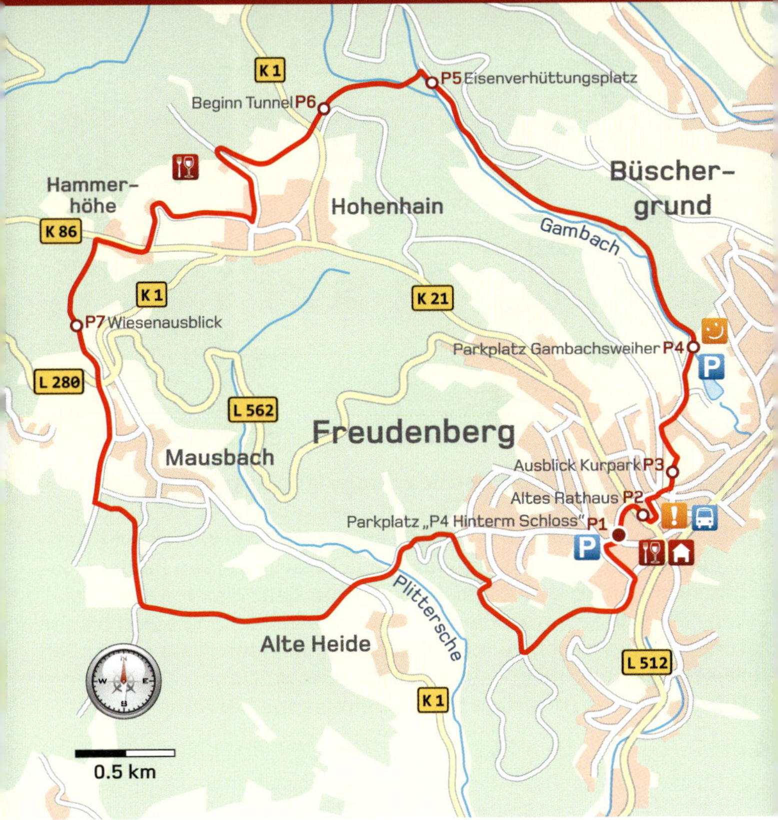

K 1
P5 Eisenverhüttungsplatz
Beginn Tunnel P6
Hammer-höhe
Hohenhain
Büscher-grund
K 86
Gambach
K 1
K 21
P7 Wiesenausblick
Parkplatz Gambachsweiher P4
L 280
L 562
Freudenberg
Mausbach
Ausblick Kurpark P3
Altes Rathaus P2
Parkplatz „P4 Hinterm Schloss" P1
Plittersche
Alte Heide
L 512
K 1
0.5 km

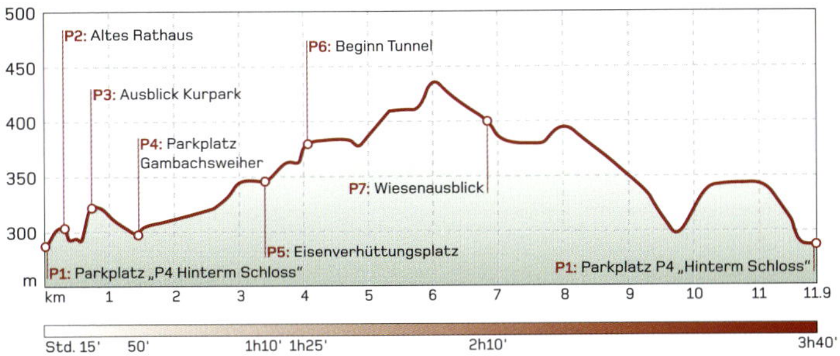

500
450
400
350
300
m
P2: Altes Rathaus
P6: Beginn Tunnel
P3: Ausblick Kurpark
P4: Parkplatz Gambachsweiher
P7: Wiesenausblick
P5: Eisenverhüttungsplatz
P1: Parkplatz „P4 Hinterm Schloss"
P1: Parkplatz P4 „Hinterm Schloss"
km 1 2 3 4 5 6 7 8 9 10 11 11.9
Std. 15' 50' 1h10' 1h25' 2h10' 3h40'

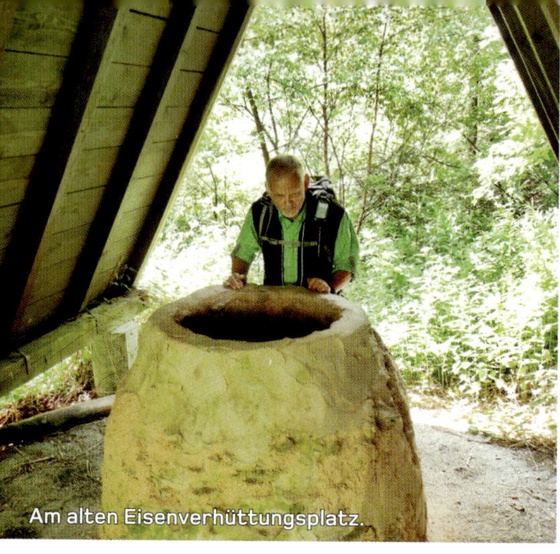
Am alten Eisenverhüttungsplatz.

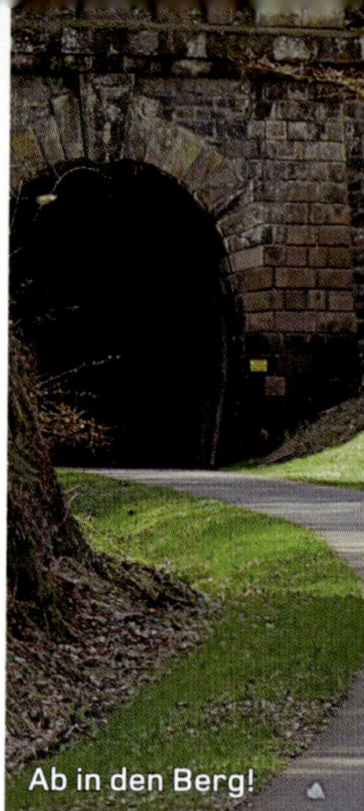
Ab in den Berg!

Eingebettet in die Wälder des Siegerlandes, gehört Freudenberg zu den romantischsten Fachwerkstädten Deutschlands. Die engen Gassen der Altstadt mit dem altehrwürdigen Kopfsteinpflaster und die schmucken schwarz-weißen Fachwerkhäuser nehmen Wanderer mit auf eine Zeitreise ins Mittelalter. Als Ergänzung zu diesem kulturhistorischen Leckerbissen führt uns der Fachwerkweg zu plätschernden Wassern, tollen Aussichten und interessanten Wissensstationen. Besonderer Höhepunkt ist natürlich die Tunnelpassage bei Hohenhain.

Auf dem Parkplatz „P4 Hinterm Schloss" **(1)** in der Burgstraße in Freudenberg beginnen wir die Tour auf dem Fachwerkweg. Über einen Fußweg gelangen wir hinter dem Schloss hinauf zur Krottendorfer Straße, wo wir uns rechts zum Alten Rathaus **(2)** wenden. Dort queren wir die Straße und laufen mitten hinein ins schwarz-weiße Herz der Altstadt. Von jedem der schmucken Giebel grüßt ein „Wilder Mann", denn das ist der Name der hier gebräuchlichen Verstrebungstechnik in den aufwendig restaurierten Fachwerkbauten. Unversehens haben wir eine Zeitreise unternommen und sind mit wenigen Schritten vom 21. Jahrhundert ins Mittelalter gelangt. Mitten im herrlichen Fachwerkensemble der pittoresken Altstadt bietet das Stadtmuseum Gelegenheit, der Geschichte der Stadt auf den Grund zu gehen. Auch zahlreiche Einkehrmöglichkeiten locken, was

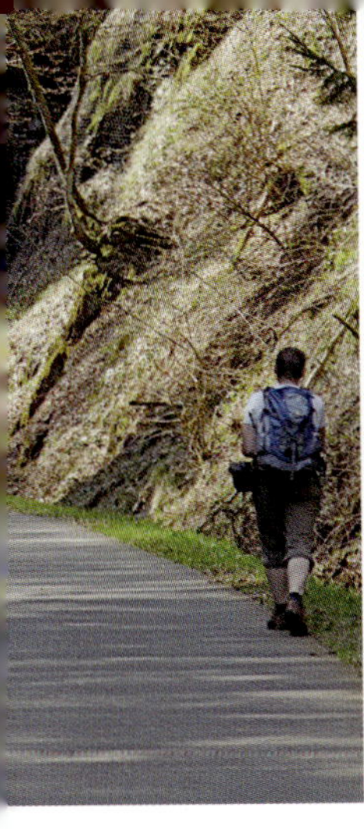

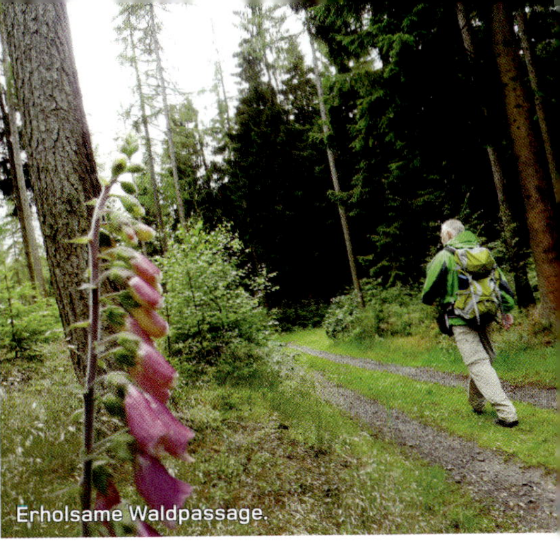

Erholsame Waldpassage.

wir uns aber erst für den Abschluss der Tour vormerken. Denn nun sind wir neugierig, was der Fachwerkweg uns noch alles bieten wird.

So folgen wir dem markanten WanderHöhepunkt-Logo von der Marktstraße durch die verwinkelten Gassen zur Kölner Straße und sehen uns dort mit der ersten Herausforderung konfrontiert: Hoch oben verspricht der Kurpark eine tolle Aussicht.

Wir queren die Seelbachsecke und steigen auf einer steilen Treppe bergan. Am Wegesrand stehen ausreichend Bänke zum Verschnaufen bereit, doch noch sind die Kräfte frisch, und wir erobern den Berg. Oben angelangt, halten wir nach **0.7 km** unwillkürlich inne, denn das Stadtpanorama **(3)** ist einfach überwältigend. Ein schwarz-weißes Meer von spitzen Giebeln reckt sich dem Himmel entgegen und präsentiert sich als großartiges Ensemble geballten Mittelalters, wie man es kaum mehr antrifft.

Schwer beeindruckt, wandern wir auf den gepflegten Wegen durch den Kurpark, verlassen ihn dann am Gambachsweg und laufen durch ein ruhiges Wohngebiet Richtung Warmwasserfreibad. Dort passieren wir nach **1.4 km** den Parkplatz „Am Gambachsweiher" **(4)**, der auch als alternativer Startpunkt genutzt werden kann.

Hier verlassen wir nun endgültig die Bebauung und tauchen ab in die Natur. Der breite Forstweg führt uns nur unmerklich ansteigend durch das idyllische Tal des Gambachs. Wir erfreuen uns an der artenreichen Flora und treffen nach **2.5 km** an einem Unterstand mit bemoosten „Pilzdach" ein. Geradeaus setzen

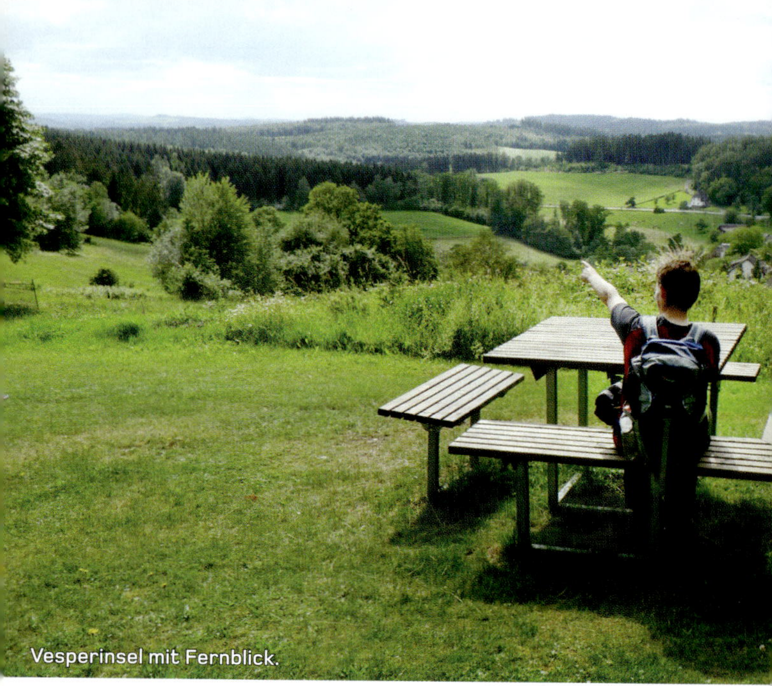

Vesperinsel mit Fernblick.

wir die Tour fort, genießen dabei die Ruhe des Waldes und die Blicke hinab zum sanft rauschenden Bach.

Nach einer mächtigen Nadelwaldpassage erregt rechts ein vergittertes Stollenloch unsere Aufmerksamkeit. Es legt Zeugnis von der uralten Bergbaugeschichte der Region ab. Noch deutlicher wandeln wir auf bergmännischen Spuren, als wir nach **3.4 km** einen alten Eisenverhüttungsplatz **(5)** erreichen. Bereits im 7. und 8. Jahrhundert wurde an dieser Stelle Eisen geschmolzen, um wertvolle Werkzeuge aus dem begehrten Rohstoff zu fertigen.

Nun steigt unser Forstweg, von Ginster gesäumt, etwas stärker an und macht eine Biegung. Vor uns ragt unvermittelt ein Damm auf: Wir haben die stillgelegte Bahnstrecke erreicht, auf deren Trasse heute der Sieg-Bigge-Radweg verläuft. Eine Weile begleitet unser Wanderweg den Radweg als Pfad, dann müssen aber auch wir auf den Damm wechseln, denn nun geht es unter Tage! Vor uns gähnt, von steilen Böschungen eingerahmt, ein Tunnelmund **(6)**, aus dem uns ein deutlich kühler Luftzug entgegen weht. Nun geht es also mitten durch die Unterwelt, doch dank guter Beleuchtung brauchen wir

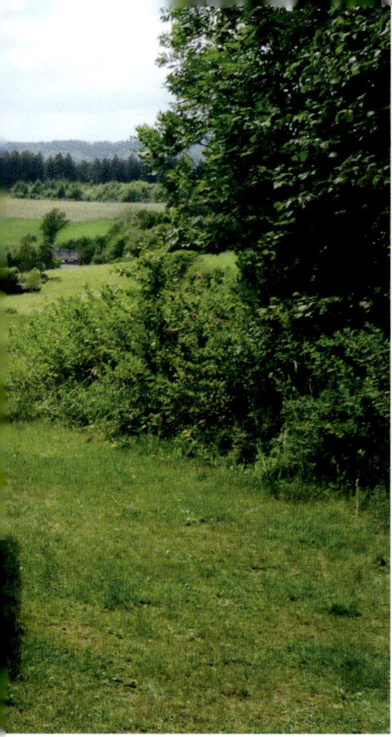

auch das Miteinander mit den Radlern nicht fürchten. Nur kühl ist es unter der Erde, was aber an heißen Sommertagen durchaus willkommen ist. Gut einen halben Kilometer legen wir im Tunnel zurück und sind dankbar, als nach **4.6 km** die Tunnelwände den steilen Böschungen weichen und Tageslicht und Wärme uns wieder umfangen.

Wenig später treffen wir an einem Rastplatz ein und verlassen hier den Radweg nach links. Einige Schritte später stehen wir an einer Straße und laufen links zur nahen Siedlung Hohenhain. Ansteigend geht es an einem kleinen Biergarten

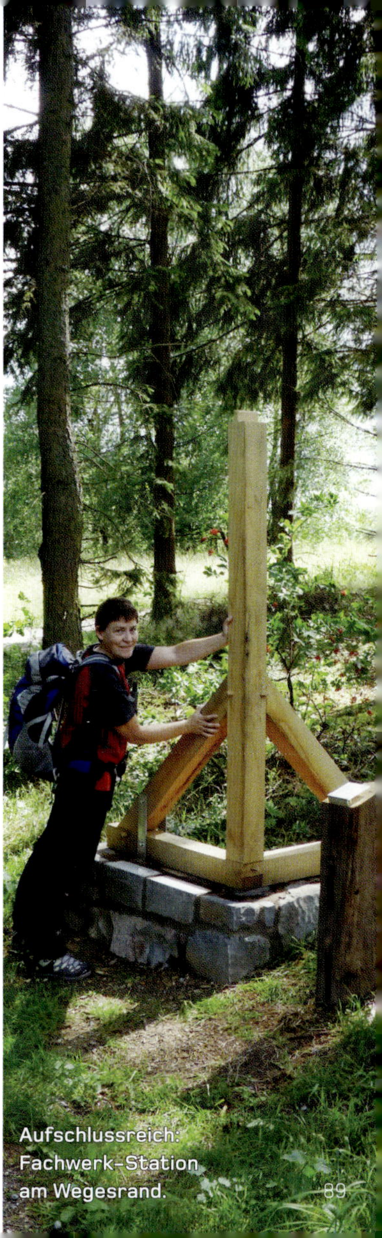

Aufschlussreich: Fachwerk-Station am Wegesrand.

vorbei in die Wohnbebauung. Dort machen wir eine scharfe Kehre nach rechts und streben sogleich wieder raus in die Natur. Nun setzen wogende Wiesen neue Akzente, und im Naturschutzgebiet Hohenhain gibt es auf Magerrasen interessante Flora zu bewundern.

Vor einem Gehöft biegen wir nach links und erklimmen auf steinigem Feldweg den Anstieg hinauf zur Hammerhöhe. Dort müssen wir rechts auf der K 21 die wenigen Häuser passieren, bevor wir nach **6.3 km** links auf einen Forstweg in den Wald wechseln dürfen. Überaus vielfältig präsentiert sich der Wald, mal mit riesigen Fichten und Douglasien, dann wieder mit Niederwald oder mittelhohem Mischbesatz.

Schließlich verlassen wir den Wald wieder und sehen uns einer grandiosen Panoramaaussicht gegenüber **(7)**. Mit freiem Blickfeld wandern wir hinab zur L 562, queren die Straße und folgen der Markierung geradeaus auf asphaltiertem Grund nach Mausbach. Übrigens bewegen wir uns hier genau auf der Grenze nach Rheinland-Pfalz. Die wenigen Häuser sind schnell passiert, und die nächste Waldpassage steht an. Mittlerweile dürfen wir wieder auf einem befestigten Forstweg laufen und können den abwechslungsreichen Wald nun in vollen Zügen genießen. Einige Richtungswechsel meistern wir problemlos, und langsam senkt sich der Weg ins Tal der „Plittersche" ab. Dort treffen wir auf die K1, laufen geradeaus weiter und queren mit der Zufahrt nach Friedenshort den Bach, der sich

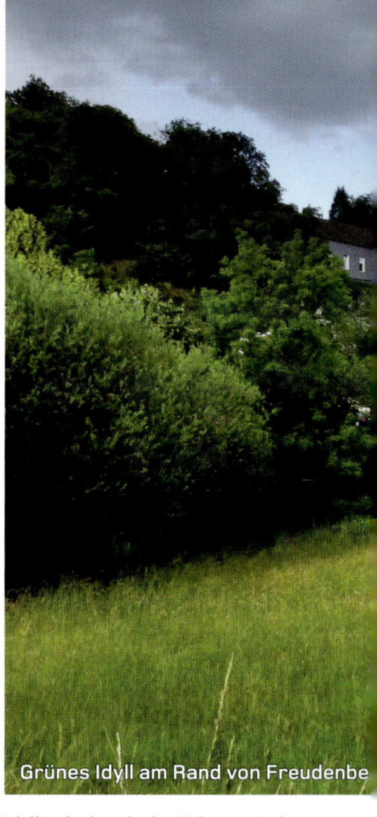
Grünes Idyll am Rand von Freudenbe

idyllisch durch die Talaue windet. Kaum befinden wir uns wieder im lichten Wald, dürfen wir die Straße verlassen und links auf einem Waldpfad bergan laufen.

Nach **10.2 km** treffen wir am Parkplatz Friedenshort wieder auf die Straße. Diesmal geht es aber einfach geradeaus weiter und ab in den Wald. Nun erleben wir eine traumhafte Waldpassage. Bänke laden zum Verweilen ein, und an

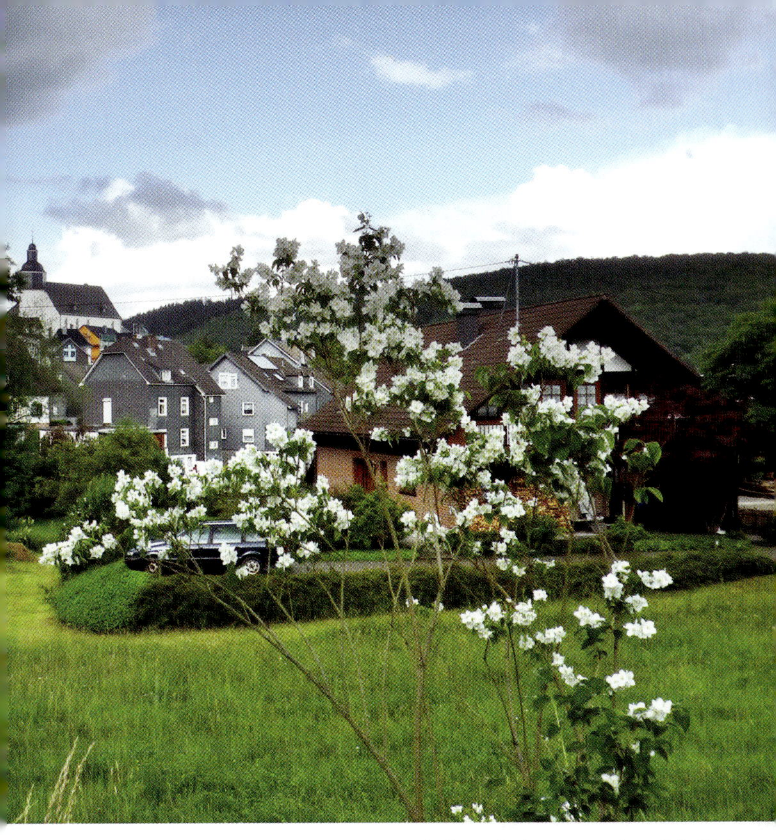

einer Wiese bietet sich ein schöner Blick Richtung Freudenberg. Viel zu schnell endet die Waldidylle, als an einer großen Wegkreuzung der WanderHöhepunkt auf den Lokalweg 2 trifft. In großem Bogen wandern wir auf dem breiten Forstweg Richtung Freudenberg und kommen dabei noch einmal in den Genuss eines tollen Ausblicks nach Süden. Nach einem Schlenker verlassen wir den Wald endgültig und folgen der Trulichstraße abwärts. Über die Schulstraße kommen wir schließlich nach **11.9 km** zurück zum Startpunkt in der Burgstraße **(1)**. Als krönender Abschluss empfiehlt es sich nun, in der Altstadt den Wandertag in einem der gemütlichen Restaurants ausklingen zu lassen.

Info Tour 9

Touristikverband Siegerland-Wittgenstein e.V., Koblenzer Str. 73, 57072 Siegen ✆ 0271/3331020 ⓘ www.siegerland-wittgenstein-tourismus.de ■ *Verkehrsverein Luftkurort Freudenberg e.V., Kölner Str. 1, 57258 Freudenberg ✆ 02734/43164 ⓘ www.freudenberg-tourist.de*

Gasthof Haus Moritz, Oranienstr. 16, 57258 Freudenberg ✆ 02734/7213 ■ *Hotel-Restaurant „Haus Freiheit", Siegener Straße 623, 57258 Freudenberg ✆ 02734/7301*

Waldhotel Wilhelmshöhe, Krumme Birke 7, 57258 Freudenberg ✆ 02734/2780 ⓘ www.waldhotel-freudenberg.de ■ *Siegerland Hotel Haus im Walde, Schützenstr. 33, 57258 Freudenberg ✆ 02734/4670 ⓘ www.siegerland-hotel.de*

Nach Siegen gelangt man mit der Bahn.

Von Siegen fahren die Buslinien R38 und L153 bis Freudenberg, Haltstelle ZOB Mòrer Platz. ⓘ www.zws-online.de

Taxi Schmidt ✆ 02734/1580

Stadtmuseum Freudenberg
Untergebracht in einem der Fachwerkhäuser bietet das Stadtmuseum Freudenberg einen Einblick in die regionale Geschichte. Mittelstr. 4–6 ⏲ Mi., Sa. & So.: 14–17 Uhr ⓘ www.freudenberg-tourist.de

Freibad im Gambachstal
Zwischen Mitte Mai und Mitte September lockt das Warmwasserfreibad im Gambachstal. ⏲ tgl. 10.30 bis 18.30 Uhr ✆ 02734/1536 ⓘ www.freudenberg-stadt.de

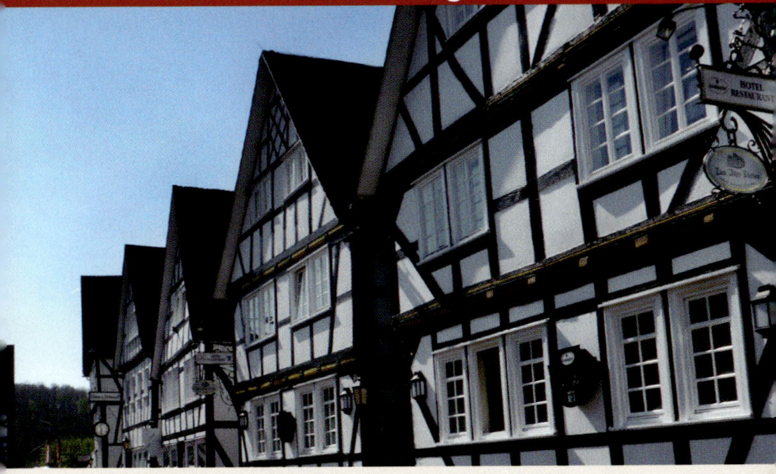

Feines Fachwerk

Freudenberg bietet vom Kurpark aus einen großartigen Anblick – dem typischen Fachwerkbau sei Dank! Tatsächlich ist die Altstadt – der „Alte Flecken" – von Freudenberg ein einmaliges Fachwerkensemble, das man in dieser Geschlossenheit nur noch sehr selten findet.

Doch wie entsteht so ein Fachwerk überhaupt? Der Weg vom Baum zum Bau ist lang und eine Kunst für sich. Es gibt unterschiedliche Verstrebungstechniken, die beim Bau eines Fachwerkhauses zum Einsatz kommen können. Eine im Siegerland verbreitete Technik ist der „Wilde Mann", hier erinnern die schräg verlaufenden Streben an einen Mann, der Arme und Beine streckt. Traditionell wurden für Fachwerkbalken Stileichen benutzt, die in den heimischen Wäldern weit verbreitet waren. Aufgrund der Holzkohlenproduktion wurde gutes Bauholz Ende des 18. Jahrhunderts Mangelware im Siegerland. Also wurde eine „Holzspar-Verordnung" erlassen, die zur Folge hatte, dass Siegerländer Fachwerk sehr geradlinig, mit relativ schmalen Hölzern und ohne viele Verzierungen gefertigt wurde.

Eine der besonderen Herausforderungen beim Fachwerkbau war die Verbindung der Balken ohne Eisenschrauben und Eisenwinkel. In der Regel wurden die Streben mit sogenannten Verzapfungen verbunden. Diese Verzapfungen wurden mit versetzten Holznägeln gesichert. Aufwendig war auch das Einziehen einer Geschossdecke. Die erkennt man auch heute noch problemlos von außen: Das Fachwerk weist an diesen Stellen horizontale Balken auf, die eng zusammenliegende Balkenköpfe einschließen. Übrigens: Beispiele und Beschreibungen zu den wichtigsten Fachwerk-Techniken finden sich an Stationen entlang des Fachwerkweges.

10 Historischer Rundweg Achenbach

Heiße Öfen, kühle Wälder

Die Großenbachquelle.

- **Start/Ziel:** Portal an der Achenbacher Straße
- **Gesamtlänge:** 11.2 km
- **Gesamtzeit:** 3 Std. 30 Min.
- **Anspruch:**
- **Kalorien:** ♀ 791 ♂ 929
- **Tour Download**: WH1XRX7

- **Anfahrt:** A 45 bis Abfahrt Siegen. Über B 62 & B 54 nach Siegen, wo man auf die L 533 Richtung Achenbach wechselt.

- **Wegformat:**

Verbunddecke:	14.9 %
Befestigt:	70.1 %
Naturwege:	15.0 %

scan to go

QR-Code mit dem internetfähigen Smartphone einscannen und Startpunkt direkt anzeigen lassen.

- **Parken:**
- Entlang der Allensteiner Straße N50° 52' 33.1'' • E7 59' 25.4''
- Wanderparkplatz Numbach N50° 53' 07.1'' • E7° 59' 34.5''

- **Wegpunkte:**

P1: Portal Achenbacher Straße
32 U 429381 5635509

P2: Schmelzofenmodell
32 U 428821 5635963

P3: Parkplatz Numbach
32 U 429160 5637553

P4: Bank im Eichenwald
32 U 428713 5637570

P5: Tafel Pilgerweg
32 U 428317 5636933

P6: Starker Buberg
32 U 427931 5636845

P7: Rastplatz an Großenbachquelle
32 U 428091 5636355

P8: Alte Schule
32 U 428287 5635811

■ Höchster Punkt: 431 m ■ Steigung/Gefälle: 291 m

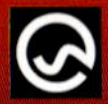

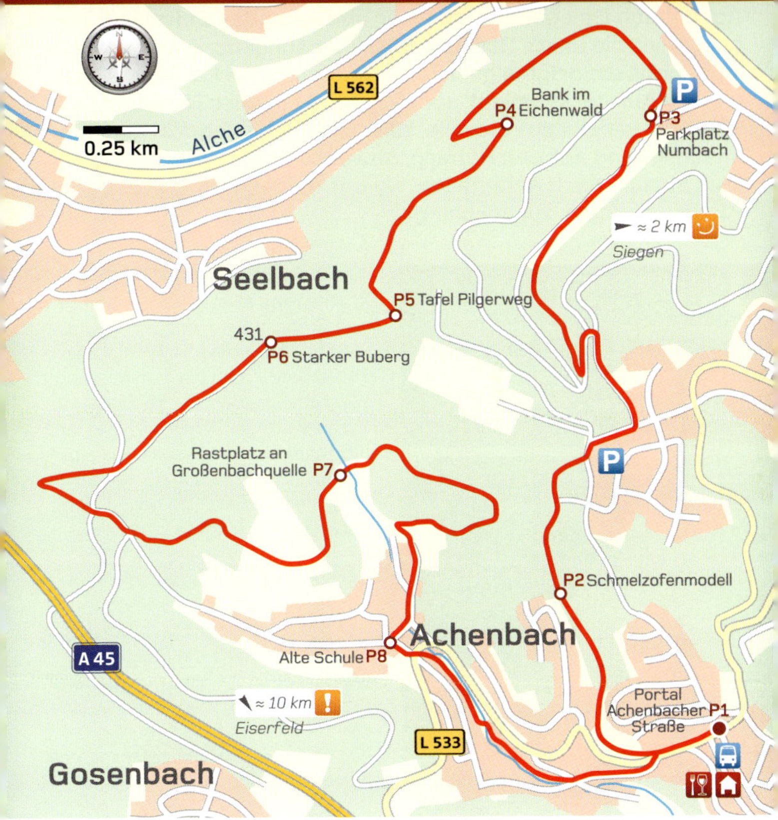

L 562

0.25 km

Alche

Bank im
P4 Eichenwald

P3 Parkplatz Numbach

≈ 2 km

Siegen

Seelbach

P5 Tafel Pilgerweg

431

P6 Starker Buberg

Rastplatz an Großenbachquelle P7

P2 Schmelzofenmodell

Achenbach

Alte Schule P8

A 45

≈ 10 km

Eiserfeld

L 533

Portal Achenbacher Straße P1

Gosenbach

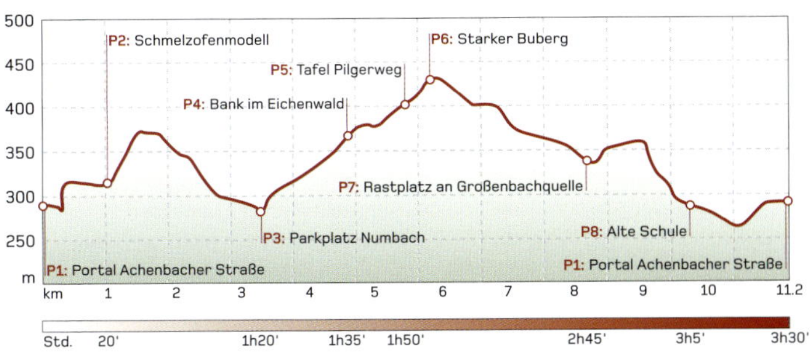

Vor den Toren Siegens bietet der Historische Rundweg Achenbach Gelegenheit zu einer umfassenden Zeitreise! Kaum haben wir die erste Strecke in grüner Umgebung zurückgelegt, zieht ein originalgetreu rekonstruierter La-Tène-Ofen unsere Aufmerksamkeit auf sich. Im idyllischen Numbachtal wandern wir durch reizvolle, teils exotische Vegetation und anschließend auf den Buberg. Abwechslunsgreich führt der Weg zurück nach Achenbach, wo uns moderne Architektur ins 21. Jahrhundert zurückbringt.

! Vorbemerkung: Im Umfeld des Startportals an der Achenbacher Straße gibt es keinen Wanderparkplatz. Daher ist für Pkw-Fahrer eventuell ein Einstieg am Wanderparkplatz Numbach (Punkt 3) sinnvoll.

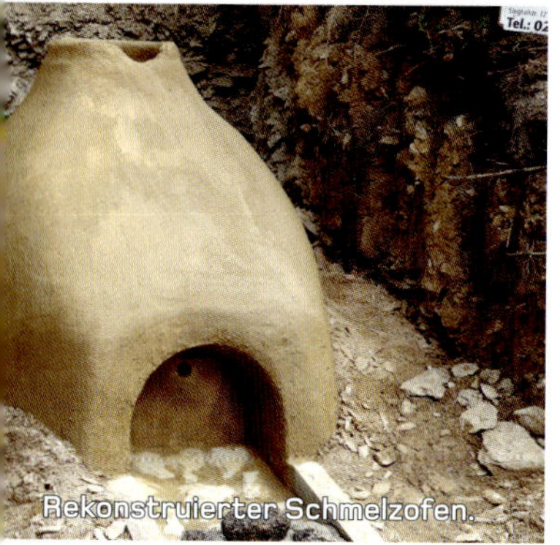
Rekonstruierter Schmelzofen.

Direkt an der Bushaltestelle Siegen-Heidenberg befindet sich die Portaltafel des Historischen Rundwegs Achenbach **(1)**. Die Tafel zeigt neben grundlegenden Informationen zum Weg auch eine Karte mit den Standorten der zehn am Wegesrand aufgestellten Tafeln, die Wissenswertes aus der Historie Achenbachs vermitteln. Wir sind also schon einmal gespannt, was wir auf diesem Themenweg alles kennenlernen können. Zunächst wenden wir uns nach links und folgen der Achenbacher Straße ca. 200 m bis zum Abzweig Richtung Friedenskirche. Diese Zufahrt steigt rechts leicht an, an der folgenden Weggabelung halten wir uns aber links und dürfen am Waldrand den Asphalt gegen einen befestigten Waldweg tauschen.

Nach nur **600 m** Wegstrecke teilt uns Tafel 2 Wissenswertes zur Friedenskirche mit. Diese Holzkirche wurde nach 1948 von Bürgern der Stadt Siegen der amerikanischen Zionsgemeinde Evansville den gestiftet. 1958 musste sie dem Neubau der Siegerlandhalle weichen, wurde demontiert und an der heutigen Stelle in Achenbach wieder errichtet. Dabei erfolgte auch die Umbenennung in „Friedenskirche".Wir setzen unsere Wanderung fort, passieren eine Bank mit Blick ins Engsbachtal und treffen nach kurzem Waldstück an einer beeindruckenden und sehr realistischen Rekonstruktion eines Schmelzofens **(2)** aus der La-Tène-Zeit ein. Zwar verbirgt sich der Großteil des gut 1.60 m hohen und breiten Ofens im Erdreich, aber anhand der zugehörigen Tafel werden die tatsächlichen Ausmaße und die Funktionsweise deutlich. Der Ofen wurde nach Fundstücken aus dem Engsbachtal gefertigt, die von der uralten Tradition der Eisenverhüttung in der Region zeugen.

Vom Ofenplatz aus beginnt der erste Anstieg des Tages. Auf breitem und bequem zu gehenden Forstweg erobern wir den Wald und lassen den Engsbach hinter uns. Einige gut markierte Richtungswechsel bringen uns an den Waldrand. Wir biegen nach links und treffen nach **1.6 km** an der Allensteiner Straße ein, die entlang des Banketts begrenzte Parkmöglichkeit bietet. Wir folgen der Straße nach rechts und dürfen schon 160 m später links an einer Gartenkolonie auf einen Forstweg abbiegen. Der bringt uns zwischen Waldrand und Gärten leicht abwärts zu einer Kreuzung im Hochwald. Hier biegen wir links ab und schreiten unter dem hoch gewölbten Blätterdach weit aus.

Zu viel Schwung sollten wir nicht aufnehmen, sonst verpassen wir noch den scharfen Knick nach rechts. Nun befinden wir uns auf einem weichen Naturweg, der uns in das stille und idyllische Numbachtal führt. Bald vernehmen wir das leise Murmeln des Bachs neben uns und sind beglückt über dieses herrliche Stückchen Natur. Gekrönt wird dieses Erlebnis, als wir auf eine Wirtschaftsweg treffen: Bevor wir nach links abbiegen, zollen wir den riesigen Thuja-Bäumen Tribut. Wie sind die nur hierhergekommen?

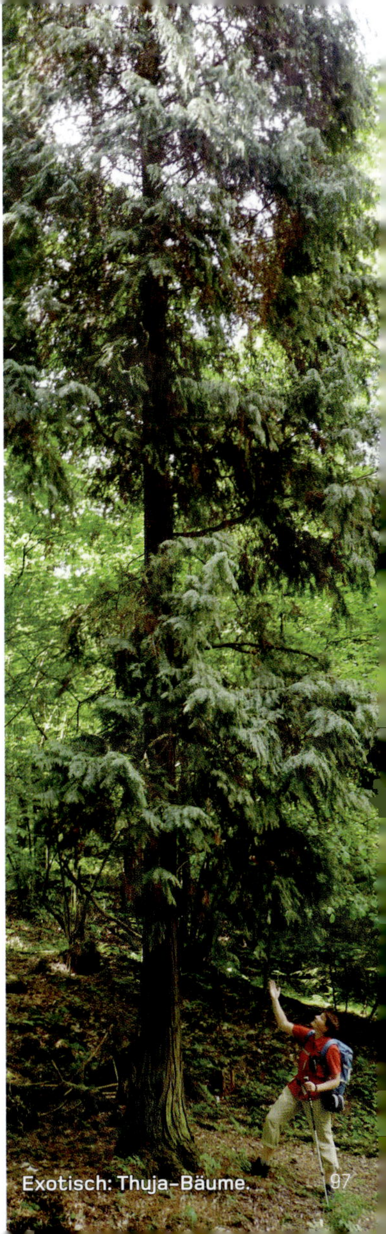
Exotisch: Thuja-Bäume.

Auf dem weiteren Abstieg durch den nun wieder siegerländisch typischen Mischwald, genießen wir die Ruhe des Waldes und können je nach Jahreszeit dem vielstimmigen Vogelkonzert lauschen. Nach **3.3 km** erreichen wir nach kleinem Loop den Wanderparkplatz Numbach **(3)**, der sich als alternativer Einstiegspunkt eignet. Vom Parkplatz nutzen wir den links ansteigenden Forstweg, der auch für Reiter zugelassen ist. Gemütlich gewinnen wir unter dem schattenspendenden Blätterdach des Waldes an Höhe. Mit der Stille ist es vorbei, doch dafür begeistert dieser Abschnitt mit einer abwechslungsreichen Flora. An der ersten Weggabelung halten wir uns noch rechts, erst an der zweiten Verzweigung biegen wir in Sichtweite einer Bank auf den linken Weg ab und tauchen nun vollends in den Hochwald ab. Der wandelt sich, je höher wir kommen, zum Eichen-Birken-Mischwald. Besonders nach einer Linkskehre dominieren ungewohnt schlanke, aber himmelhohe Eichen die Szene.

Nach **4.6 km** erreichen wir einen Querweg. An dieser Kreuzung biegt der WanderHöhepunkt nach rechts. Wir nutzen aber vor dem weiteren Aufstieg eine bereitstehende Bank zum Verweilen im herrlichen Eichenforst **(4)**. Erholt meistern wir nach dieser Pause die letzten Meter zum unscheinbar im Wald gelegenen Buberg. Erst als es ein klein wenig abwärts geht, merken wir, dass wir den ersten der beiden Berge bereits überschritten haben. Nahe einem Mobilfunkmast halten wir uns an einer Verzweigung geradeaus und treffen wenig später an einem von Ginster und Jungbäumen in Beschlag genommenen Windbruch ein. Hier erreichen wir auch den Pilgerweg, mit dem wir nun nach links biegen. Aber schon bei **Kilometer 5.5** wechseln wir unter den Fittichen hoher Tannen rechts auf einen federnden Waldweg. Doch bevor wir diesen Wandergenuss auskosten, bietet Tafel 5 **(5)** Wissenswertes zum Jakobsweg.

Nun hält uns nichts mehr, und mit vom Nadelboden gedämpften Schritten erobern wir den Gipfel des „Starken Bubergs" **(6)**, der mit 431 m Höhe den höchsten Punkt unserer Tour markiert. Wir passieren eine Wasserpumpstation und können wenig später an der freien Trasse einer Stromleitung den Blick in die Umgebung schweifen lassen. Immer deutlicher schiebt sich nun die nahe A 45 ins Bewusstsein, denn die Geräusche der Autobahn sind wirklich unüberhörbar. Allerdings entschädigt der schöne Wald für diese Einschränkung. Auf meist breiten Waldwegen laufen wir an einigen Kreuzungen stets geradeaus, können noch einmal eine kleine Aussicht nach Norden erhaschen und biegen schließlich nach **6.9 km** im spitzen Winkel links ab.

Der Weg verliert an Höhe und bringt uns an einem Windbruchfeld vorbei in dichten Wald. Nach einer Kreuzung, an der wir uns geradeaus orientieren, fällt uns rechts besonders dichtes Grün auf. Tafel 7 sorgt für Erhellung: Wir haben das Quellgebiet des Achenbachs erreicht, dessen Wasser für üppiges Wachstum sorgt.

Unser Weg verläuft nun geschwungen durch den Wald. Bei **Kilometer 7.5** begeistern uns zur Abwechslung hohe, schlanke Lärchen, die besonders im Frühjahr und Herbst tolle Farbakzente setzen. Dann verlassen wir den Wald und genießen die Offenheit von Wiesen und Feldern. Noch einmal queren wir die Stromtrasse und folgen dem Historischen Rundweg weiter abwärts. Wieder steht ein Szenenwechsel an, nach den Wiesen und Feldern umhüllt uns nun lichter Wald. Doch auch an einer Weide führt der WanderHöhepunkt vorüber und bringt uns nach **8.2 km** zu einem schönen Rastplatz **(7)** mit Talblick. Gleich daneben befindet sich der Quellteich des Großenbachs.

Zurück im Wald, überstehen wir einige rasche Richtungswechsel gut, denn stets weist die Wander-Höhepunktmarkierung den Weg. So treffen wir schließlich endgültig am Waldrand ein und laufen an einer Pferdekoppel talwärts. Am Ende des Zauns biegen wir am ersten Haus von Achenbach dann scharf links ab. Zunächst begleiten uns noch dichte Hecken, dann kommen wir aber vollends im Ort an. Der Wirtschaftsweg wandelt sich zum Sträßchen, und auf „In der Großenbach" erreichen wir nach **9.7 km** das eindrucksvolle Gebäude der „Alten Schule" **(8)**.

Wir wenden uns nach links, queren per Ampel die Achenbacher Straße und wandern dann auf befestigtem Fußweg durch das Achenbachtal abwärts. Wir passieren einen Spielplatz und werden von Gärten und Hecken begleitet. Nachdem wir den Bach fast unbemerkt gequert

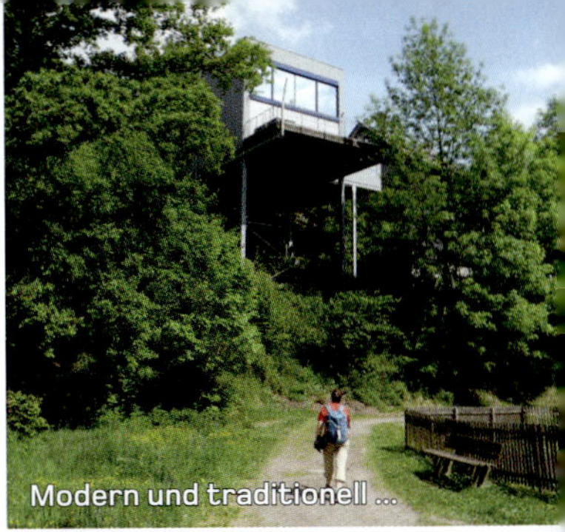
Modern und traditionell ...

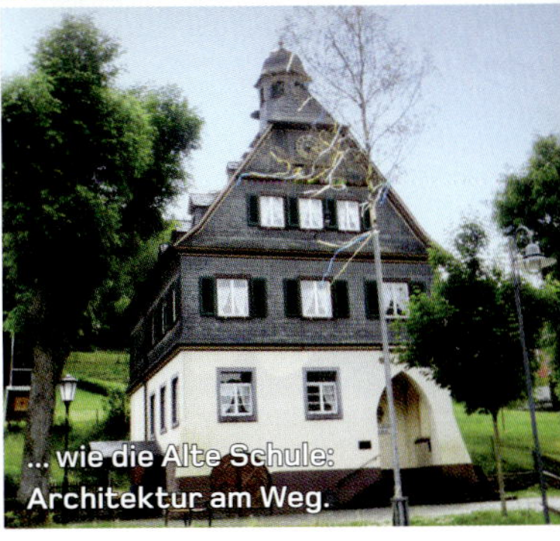
... wie die Alte Schule: Architektur am Weg.

haben, erregt links oben am Hang ein fast schon futuristisches Haus unsere Aufmerksamkeit. Damit schließt sich wohl unsere Zeitreise von der La-Tène-Zeit bis ins 21. Jahrhundert. Wenig später endet der Fußweg an der Straße „Achenbacher Furt", wo auch die letzte Tafel des Weges bereitsteht und einiges zu besagter Furt erklärt. Wir wenden uns nach links bergan und treffen nach **11.1 km** wieder an der Achenbacher Straße ein. Nur 100 m später endet unsere Rundtour auf historischen Spuren rund um Achenbach wieder am Startportal **(1)**.

Info Tour 10

Touristikverband Siegerland Wittgenstein e.V., Koblenzer Straße 73, 57072 Siegen ✆ 0271/3331020 ⓘ www.siegerland-wittgenstein-tourismus.de ▪ Tourist-Info Siegen, Rathaus Markt 2, 57072 Siegen ✆ 0271/4041316 ⓘ www.siegen.de

Hotel-Restaurant Johannishöhe, Wallhausenstr. 1, 57072 Siegen ✆ 0271/3878790 ⓘ www.johanneshoehe.de

Hotel-Restaurant Pfeffermühle, Frankfurter Str. 261, 57074 Siegen ⓘ www.pfeffermuehle-siegen.de ✆ 0271/230520

Siegen ist gut mit der Bahn zu erreichen.

Vom Hauptbahnhof gelangt man mit den Buslinien C 112 und C 113 zum Start der Wanderung (Haltestelle Siegen-Heidenberg). ⓘ www.zws-online.de

Taxi Schmidt ✆ 0271/3757333

Besucherbergwerk Reinhold Forster-Erbstollen

Einen besonderen Ausflug unter Tage erlaubt der Reinhold-Forster-Erbstollen. Die Grube ist berühmt für ihre Mineralfunde. Neben leuchtend grünem Malachit gehören Eisenminerale wie Limonit, Hämatit, Goethit oder Pyrolusit zu den berühmten Fundstücken.

Die Grube ist von Mai bis Oktober jeweils am 1. Sonntag im Monat zugänglich. Weitere Informationen: Reinhold-Forster-Weg, 57080 Eiserfeld ✆ 0271/385222 ⓘ www.siegen.de

Indoor Spielplatz Kiddyx

Als Kontrastprogramm zum Wandern in der Natur bietet sich besonders an einem Regentag der Besuch des Indoorspielplatzes „Kiddyx" in Siegen an. Weitere Informationen zu Öffnungszeiten & Preisen: Kiddyx Spielwelt, Buchener Str. 1, 57078 Siegen ✆ 0271/3179071 ⓘ www.kiddyx.de

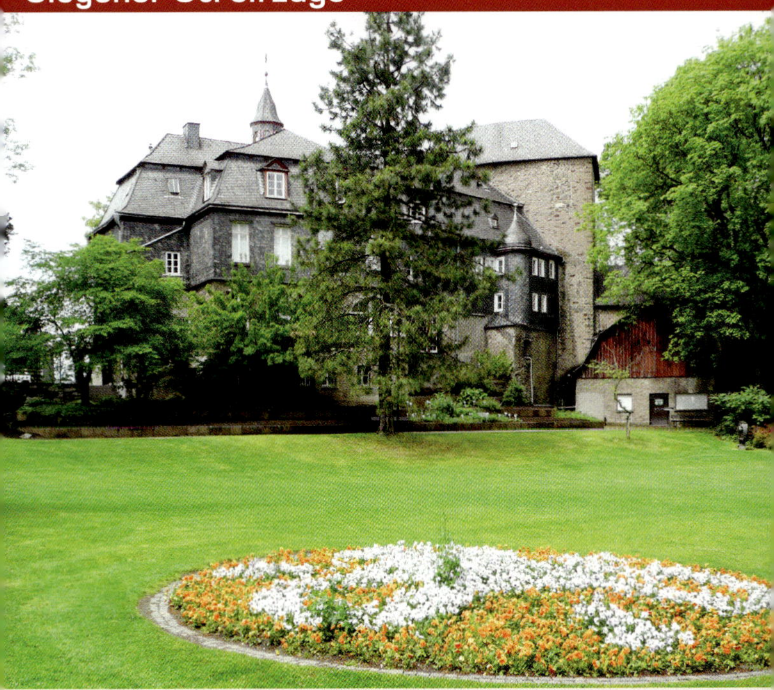

Rubens im Museum

Einen Rundgang durch Siegen sollte man sich keinesfalls entgehen lassen. Am besten startet man an der Siegbrücke. Von hier kann man die eindrucksvolle Martinskirche ansteuern, die ursprünglich aus dem 10. Jahrhundert stammt und der älteste Sakralbau Siegens ist. Vorbei am „Unteren Schloss" gelangt man zur Marienkirche, einem bedeutenden Barockbau.

Im historischen Zentrum Siegens angelangt, dominiert neben dem Rathaus die Nikolaikirche, von deren Turmspitze das Wahrzeichen Siegens, das „Krönchen", grüßt. Einzigartig ist auch der sechseckige Grundriss der Nikolaikirche.

Am „Oberen Schloss" vollendet sich der Aufstieg durch die Gassen der Altstadt. Einst Herrschaftssitz der Nassauer Grafen, beherbergt das Schloss heute das Siegerlandmuseum. Besonders sehenswert ist dabei der Rubenssaal, in dem Originalgemälde des großen Malers zu bewundern sind. Weitere Informationen: ① www.siegen.de

11 Auf Bergmannspfaden

Spurensuche im Mischwald

Unterwegs zur nächsten Pinge.

- **Start/Ziel:** Wanderparkplatz Kalteiche B 54, Wilnsdorf
- **Gesamtlänge:** 15.6 km
- **Gesamtzeit:** 4 Std. 45 Min.
- **Anspruch:**
- **Kalorien:** ♀ 1075 ♂ 1262
- **Tour Download**: WH11RX6

- **Anfahrt:** A 45 bis Abfahrt Wilnsdorf, über die L 722 in den Ort. Auf B 54 nach Süden zum Parkplatz Kalteiche.

Wegformat:

Verbunddecke:	10.4 %
Befestigt:	79.9 %
Naturwege:	9.7 %

scan to go

QR-Code mit dem internetfähigen Smartphone einscannen und Startpunkt direkt anzeigen lassen.

Parken:

- Wanderparkplatz Kalteiche, Wilnsdorf
  N50° 48' 27.7'' • E° 06' 37.7''
- Wanderparkplatz B 54
  N50° 47' 48.2'' • E8° 08' 42.2''
- Wanderparkplatz Grube Neue Hoffnung
  N50° 48' 33.8'' • E8° 07' 45.6''

Wegpunkte:

P1: Kalteiche 32 U 437326 5628818
P2: Grube Ratzenscheid 32 U 436745 5628063
P3: Grube Jacobssegen 32 U 437104 5627736
P4: Grube Löwenstern 32 U 438673 5627362
P5: Grube Marie 32 U 439307 5627349
P6: Weißquelle 32 U 440309 5627991
P7: Goldschmiedsborn 32 U 439313 5628320
P8: Grube Neue Hoffnung 32 U 438657 5628990
P9: Grube Fortuna 32 U Ost 437881 5629163

■ Höchster Punkt: 555 m ■ Steigung/Gefälle: 370 m

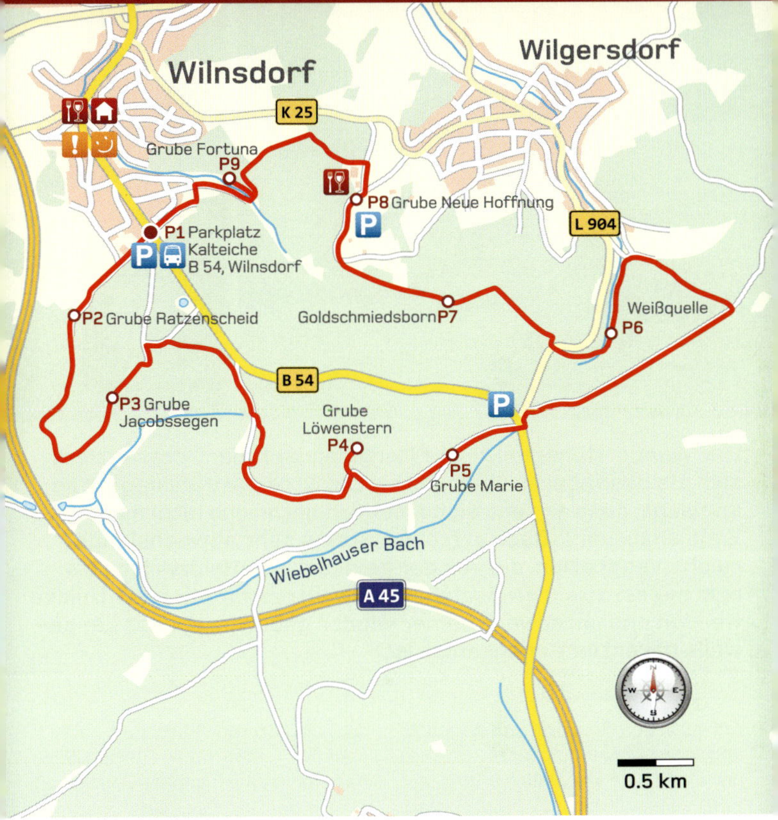

Wilnsdorf
Wilgersdorf
K 25
L 904
B 54
A 45
Grube Fortuna
P9
P8 Grube Neue Hoffnung
P1 Parkplatz Kalteiche B 54, Wilnsdorf
P2 Grube Ratzenscheid
Goldschmiedsborn P7
Weißquelle
P6
P3 Grube Jacobssegen
Grube Löwenstern
P4
P5
Grube Marie
Wiebelhauser Bach
0.5 km

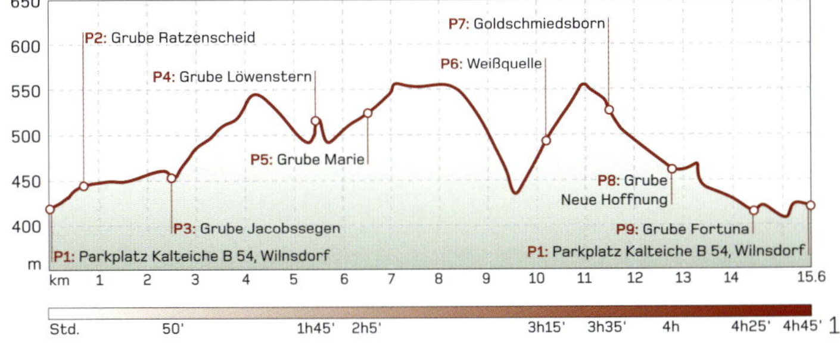

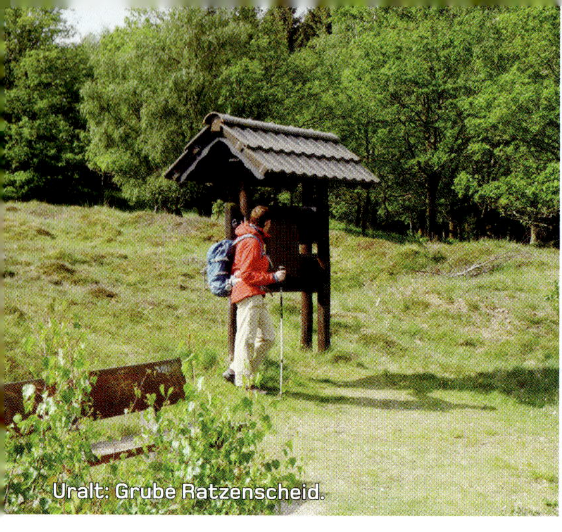

Uralt: Grube Ratzenscheid.

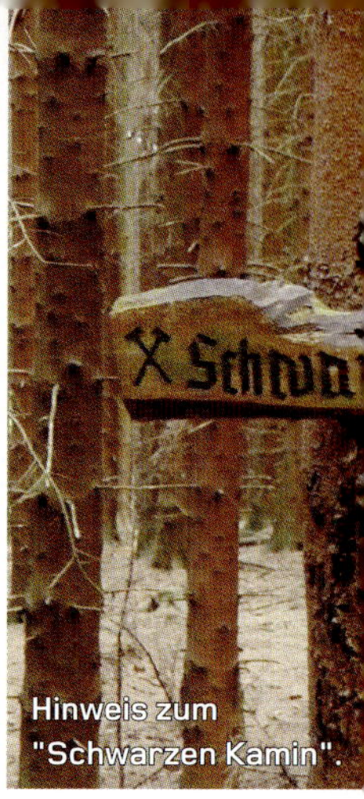

Hinweis zum "Schwarzen Kamin".

Der WanderHöhepunkt „Auf Bergmannspfaden" präsentiert sich als besonderer Themenweg. Die Streckenführung ist so angelegt, dass er zahlreiche montanhistorisch interessante Ziele ansteuert. Dazu erfreut uns eine sehr abwechslungsreiche Vegetation, die von der heideartigen Haldenflora bis zum majestätischen Buchenhallenwald reicht. Auch Weitblicke werden uns unterwegs immer wieder geboten, sodass Langeweile garantiert chancenlos ist.

Am südlichen Ortsrand von Wilnsdorf beginnen wir am Parkplatz Kalteiche unmittelbar an der B 54 die Tour „Auf Bergmannspfaden" **(1)**. Eines vorweg: Auf Pfaden werden wir die nächsten **15.6 km** nur sehr selten unterwegs sein, dafür gibt es fast auf Schritt und Tritt Bergmannsspuren.

Vom Parkplatz aus wenden wir uns in die Bauhofstraße und wandern am Wielandshof vorbei ins Grüne. Kaum haben wir die Bebauung hinter uns gelassen, breitet sich rechts ein großartiges Panorama aus. Die herrliche Fernsicht entschädigt größtenteils für den Lärm, der uns noch ein ganzes Stück lang steter Begleiter sein wird.

Einen querenden Weg ignorieren wir und laufen weiter am Waldrand entlang. Erst an der folgenden Weggabelung geht es links leicht bergan durch ein Wäldchen. Nach nur **700 m** stehen wir am Rand des eindrucksvollen Grubengeländes der Grube Ratzenscheid **(2)**, die als älteste Siegerländer Erzgrube bereits im Jahr 1298 urkundlich erwähnt wurde. Heute zeichnet sich

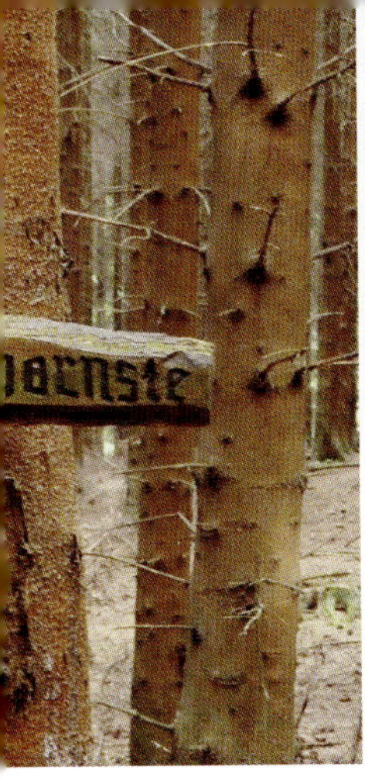

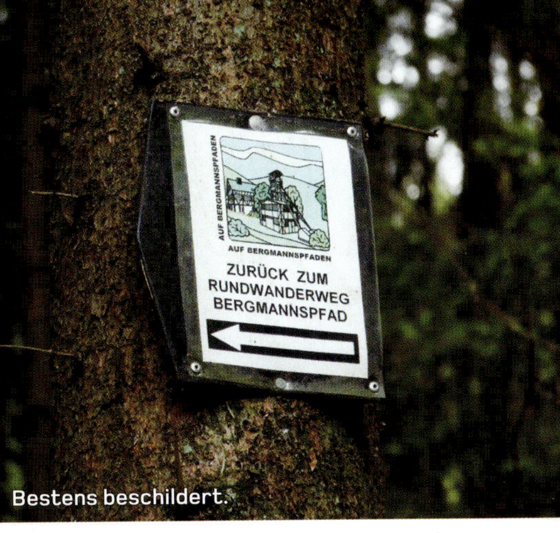

Bestens beschildert.

das Grubenareal durch heideartige Vegetation aus. Von der Bank neben der Infotafel können wir noch einmal eine schöne Aussicht genießen, bevor wir dem WanderHöhepunkt auf bequemem Forstweg in den nahen Wald folgen.

Kaum haben wir uns an die neue Umgebung hochgewachsener Nadelbäume gewöhnt, schickt uns ein Pfeil etwa 20 m nach rechts: Hier erhebt sich etwas unscheinbar ein weiteres Bergbaurelikt, der gemauerte „Schwarze Kamin". Wir kehren zum nahen Weg zurück und folgen der zuverlässigen Markierung an der nächsten Weggabelung nach rechts. Bei der folgenden Verzweigung spenden filigrane Lärchenwedel Schatten, und wir wandern links weiter um den Wildenberg herum.

Nach **2.3 km** ändert sich die Vegetation: Nun beherrschen Buchen und Erlen die Szenerie. Etwa 200 m nach diesem markanten Wechsel steht der nächste Abstecher an: Etwa 50 m rechts befindet sich etwas unterhalb das Stollenloch der Grube Jacobssegen **(3)**. Durch die verschlossene Gittertüre verliert sich unser Blick im geheimnisvollen Dunkel der Bergwelt.

Wir kehren zum Hauptweg zurück und freuen uns besonders an den unzähligen Adlerfarnen, die am Wegesrand Spalier stehen. Wir wandern stets geradeaus und gewinnen leicht an Höhe, bis wir unweit des Sportplatzes auf einen Querweg stoßen. Dort biegen wir rechts ab und treffen nach weiteren 200 m bei **Kilometer 3.2** an der nächsten Wegkreuzung ein. Hier biegen wir mit dem WanderHöhepunkt rechts auf einen befestigten Forstweg ab und gewinnen weiter an Höhe. Der sehr breite Forstweg wurde erst kürzlich neu befestigt und ähnelt nun fast einem Asphaltweg. An den zwei nächsten Weggabelungen halten wir uns jeweils rechts und erobern nun tatsächlich auf Asphalt den Löhrsberg.

Den Zugang zum Steinbruch Kettner ignorieren wir und wandern stattdessen am Waldrand weiter bergan. Links breitet sich ein riesiges Windbruchfeld aus, das besonders im unteren Abschnitt bereits dicht von jungen Fichten und Birken besiedelt ist. Kurz vor Ende des Aufstiegs treffen wir auf ein Hinweisschild, welches über den nahen aktiven Steinbruch Kettner informiert.

Nach **4.4 km** sind wir nicht nur oben, sondern stehen auch am Ende des Windbruchs. Wir biegen am Waldrand zunächst rechts auf einen breiten Weg ab und laufen auf das nahe, nicht zu überhörende Windrad zu. Doch bevor wir zu diesem absteigen, schicken uns die Logos links in den dichten Laubmischwald.

Wir genießen die neue Umgebung und fühlen uns nach der Weite am Löhrsberg im schummrig grünen Wald sehr wohl. Der Weg führt leicht abwärts und bringt uns nach **5.3 km** in einer Wegkurve zum nächsten Abstecher: Hier biegt ein 200 m langer Naturweg links aufsteigend zur Grube Löwenstern **(4)** ab. Nach diesem erstmals tatsächlich pfadigen Abstecher zu Bergmannsspuren folgen wir dem breiten Forstweg zu einem herrlichen Waldabschnitt. Das dichte Unterholz aufstrebender Buchen, Birken und Fichten wird von mächtigen Solitärbuchen überragt, deren Stämme schlank und rank weit in den Himmel streben.

Nach kurzem Anstieg weichen diese dominanten Buchen zurück und gleichmäßiger Buchenmischwald umhüllt uns. Bei **Kilometer 6.1** haben wir den Gestellsteinstollen erreicht, dessen Stollenöffnung sich etwa 20 m unterhalb des Weges befindet.

Nach diesem Abstecher setzen wir die Tour auf breitem Forstweg fort. Unser Wunsch nach einer Rastgelegenheit wird uns einen guten halben Kilometer später erfüllt. Denn dann haben wir die Grube Marie **(5)** erreicht. Dort gibt es nicht nur einen Stollenmund und eine weitläufige Halde zu begutachten, sondern auch einen Rastplatz mit einladenden Holzbalken.

Von der Grube Marie führt der Wanderweg zum nächsten Windrad, das unmittelbar am Wegesrand und kurz vor Erreichen der B 54 seine mächtigen Flügel vom Wind drehen lässt. Nach **7.1 km** queren wir vorsichtig die B 54 und wenden uns auf der anderen Seite nach links. Wir treffen auf die L 904 und folgen dieser Straße auf dem Bankett nach rechts. Erleichtert dürfen wir etwa 80 m später rechts in den Wald abbiegen.

Nur wenige Schritte nach Verlassen der Straße wird es historisch. Eine Tafel und ein alter Grenzstein machen uns auf die historische Grenze zwischen Nassau-Siegen und Nassau-Dillenburg aufmerksam.

Seit 1946 verläuft hier die Grenze zwischen Hessen und Nordrhein-Westfalen.

Wir folgen dem breiten Forstweg ohne große Höhendifferenz durch den Wald und treffen nach **7.9 km** an einem großen Windbruchfeld ein, das nach links grandiose Aussichten freigibt. Bei bester Fernsicht geht es geradeaus, bald auch vom Rothaarsteig begleitet, der von rechts zu uns stößt. Am Ende des Windbruchs verlassen wir den bekannten Fernweg wieder, denn der führt geradeaus weiter, während unser WanderHöhepunkt links abbiegt. Am Rand des nun links befindlichen Windbruchs wandern wir deutlich bergab und passieren nach **9.4 km** das „Briedoffelsloch", einen weiteren alten Bergmannsstollen, der im 2. Weltkrieg als Luftschutzbunker diente.

Schließlich spüren wir Asphalt unter den Sohlen und treffen an einer Kreuzung ein: Hier biegen wir nach links ins Tal der Weiß ab. Rechter Hand sehen wir bereits die Häuser des nahen Wilgersdorf. Doch wir verbleiben in der Natur und wandern, begleitet vom leise murmelnden Bach, aufwärts. Nach **10.1 km** passieren wir linkes den Stollen Stiefel, und nur 100 m später plätschert von links das Wasser aus der Weißquelle **(6)** zu uns herab.

Das Tal weitet sich etwas, und unter uralten Fichten erklimmen wir die restlichen Höhenmeter hinauf zur L 904. Wir queren die Straße und treffen wenig später auf einen breiten Forstweg. Wir

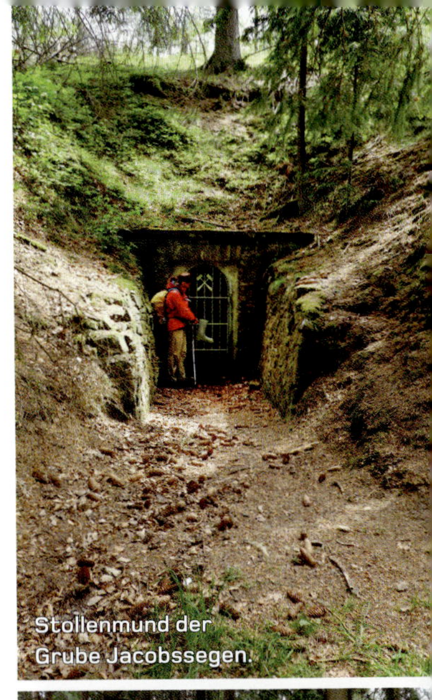

Stollenmund der Grube Jacobssegen.

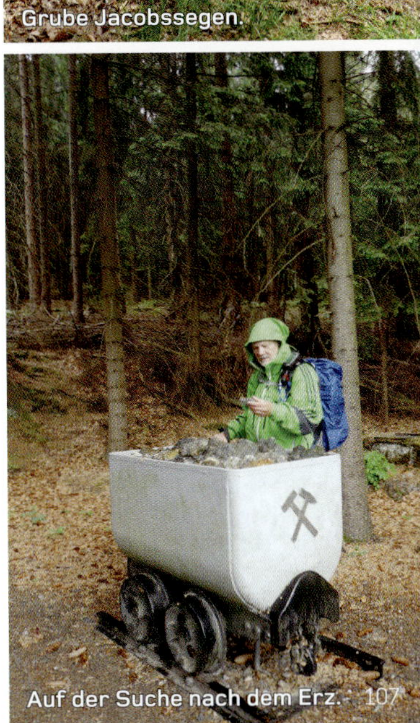

Auf der Suche nach dem Erz.

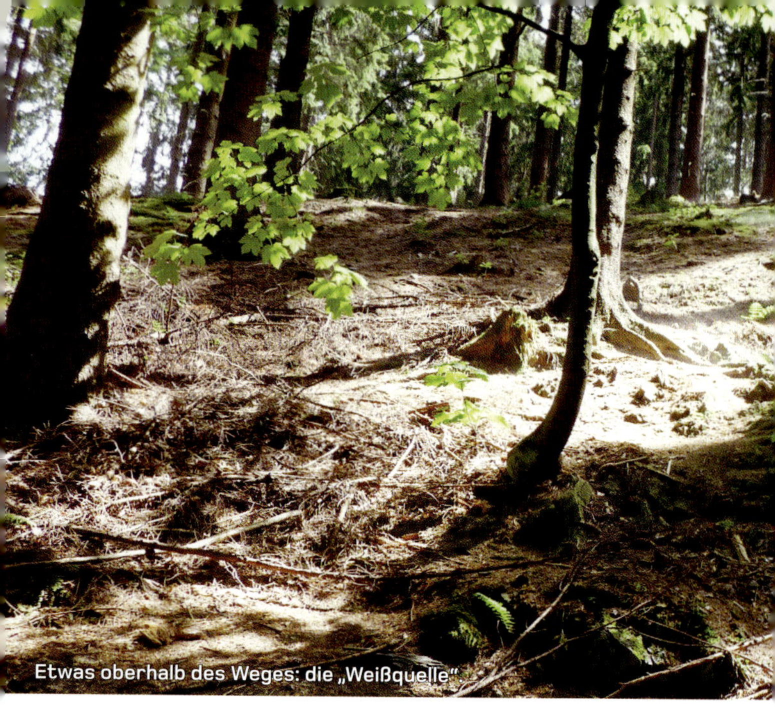
Etwas oberhalb des Weges: die „Weißquelle".

biegen rechts ab und wenden uns nach weiteren 40 Metern an der folgenden Kreuzung nach links. Ein gelb markierter Zuweg des Rothaarsteigs begleitet uns durch den lichten Hochwald. Bald schon zeigen sich links des Weges wieder Spuren eines Windbruchs, während wir rechts durch die Stämme tolle Aussichten gen Norden erhaschen können.

Wir überschreiten den höchsten Punkt der Tour und laufen auf breitem Schotterweg bald spürbar abwärts. Nach **11.5 km** lädt rechts der Goldschmiedsborn **(7)** mit seiner sprudelnden Quelle zum Verweilen ein. Wir setzen die Wanderung fort und können an einer Waldweide von einer Bank aus eine schöne Fernsicht auskosten. Dann schließt sich der Blätterwald wieder dicht um uns. Mit einigen, stets gut markierten Richtungswechseln treffen wir schließlich nach **12.8 km** an der Grube Neue Hoffnung **(8)** ein. Hier befinden sich nicht nur ein Sportplatz und ein großer Parkplatz, das weitläufige Grubenareal beherbergt auch eine Vielzahl geschützter Pflanzen und seltene Tiere wie die Glattnatter.

Der WanderHöhepunkt folgt nun der Straße nach links zur nahen

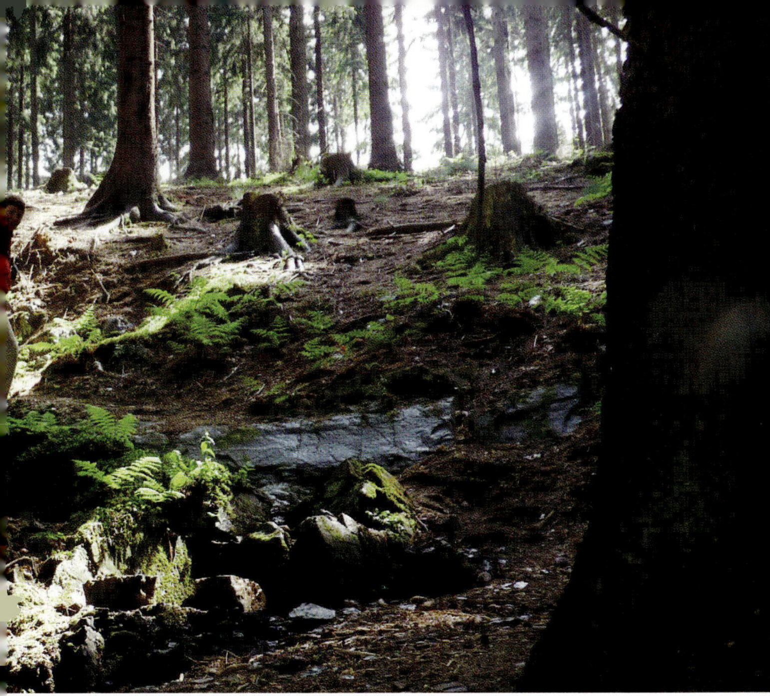

CVJM-Jugendbildungsstätte Siegerland. Dort dürfen wir den Asphalt verlassen und links am Parkplatz vorbei bergan wandern. Ein kleiner Schlenker führt uns zum Denkmal für Bergleute, Köhler, Schmelzer und Bergschmiede. Danach geht es auf breitem Schotterweg abwärts. Am Waldrand biegen wir links ab und laufen zwischen Feldern und Wiesen einerseits und dichtem Nadelwald andererseits nach Westen. Als sich der Wald wieder schließt, wandern wir durch gemischten Baumbestand talwärts. Kurz vor Erreichen des Heckebachs steht ein letzter Abstecher an. Wir biegen nach rechts ab und stehen 200 m später bei **Kilometer 14.4** am vergitterten Stollenmund der Grube Fortuna **(9)**. Anschließend geht es zum Hauptweg zurück, nach rechts und über den Heckebach. Am Waldrand treffen wir auf einen Querweg und wandern nach rechts. Wiesen begleiten uns abwärts und bringen uns zum letzen Anstieg des Tages. Neben einem Gebüschriegel steigen wir noch einmal knapp 20 Höhenmeter bergan, um den oberen Wirtschaftsweg zu erreichen. Mit diesem gelangen wir rechts zu den ersten Häusern von Wilnsdorf und zur B 54. Wir queren die Straße und treffen nach **15.6 km** wieder am Ausgangspunkt dem Parkplatz Kalteiche **(1)** ein.

Info Tour 11

Touristikverband Siegerland Wittgenstein e.V., Koblenzer Straße 73, 57072 Siegen ✆ 0271/3331020 ⓘ www.siegerland-wittgenstein-tourismus.de
▪ Gemeinde Wilnsdorf, Marktplatz 1, 57234 Wilnsdorf ✆ 02739/802-0
ⓘ www.wilnsdorf.de

Café Jubiliée in der CVJM Jugendbildungsstätte Siegerland, Neue Hoffnung 3, 57234 Wilnsdorf ✆ 02739/89530
ⓘ www.cvjm-siegerland.de ⏲ 1. Sa. im Monat und jeden So.

Qualitel Hotel Wilnsdorf BAB45, Ausfahrt 23, Elkersberg 4, 57234 Wilnsdorf ✆ 02739/30150
ⓘ www.qualitel-hotel.de/wilnsdorf
▪ Gästehaus Wilgersdorf, Kalkhain 23, 57234 Wilnsdorf-Wilgersdorf
✆ 02739/89690 ⓘ www.gaestehaus-wilgersdorf.de

Siegen ist gut mit der Bahn zu erreichen.

Von Siegen aus gelangt man mit der Buslinie R12 nach Wilnsdorf.
Weitere Infos: ⓘ www.zws-online.de

Taxi Hartmann ✆ 0271/2319509

Museum Wilnsdorf
Im volkskundlichen Museum in Wilnsdorf bekommt man Einblicke ins dörfliche Leben des Südsiegerlandes. Die angeschlossene naturkundliche Ausstellung informiert den Besucher über Schmetterlinge und Käfer und die Fauna der Region, und die Bergbauabteilung zeigt dem interessierten Wanderer die „Schätze aus der Tiefe". Im zweiten Teil des Museums lässt sich eine „Reise durch die Zeit" machen, die Erdgeschichte, Steinzeit und antike Hochkulturen umfasst.
Weitere Informationen:
Museum Wilnsdorf, Rathausstraße 9, 57234 Wilnsdorf ✆ 02739/802-211
ⓘ www.museum-wilnsdorf.de

Planwagenfahrt
Einmal die Natur genießen, ohne die eigenen Muskeln zu strapazieren! Das ist bei einer gemütlichen Planwagenfahrt möglich. Der Heidehof in Wilgersdorf bietet für kleine Gruppen bis 20 Personen Planwagenausflüge in die Umgebung an.
Infos: Heidehof, Jahnstr. 29, 57234 Wilnsdorf-Wilgersdorf ✆ 02739/3955
ⓘ www.der-heidehof.de

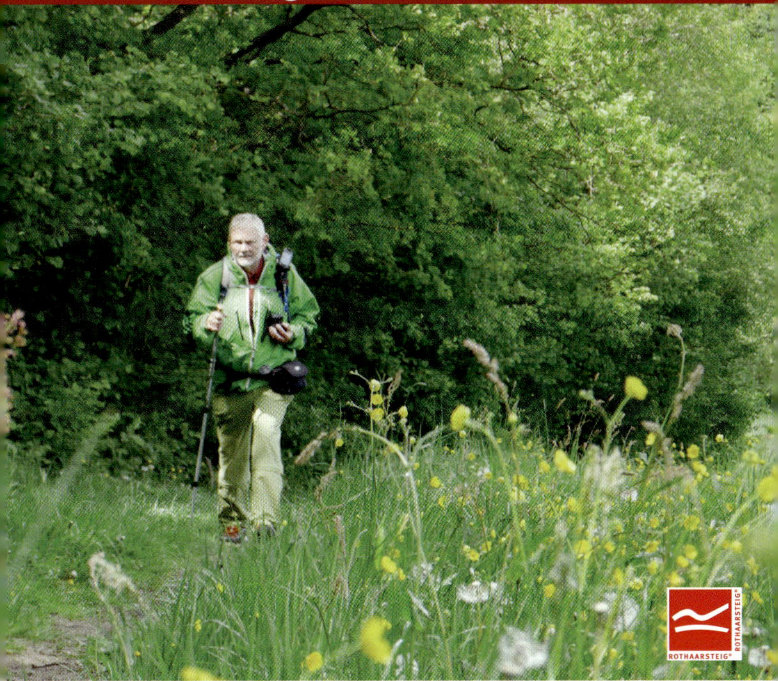

Vater der Fernwege

Von Brillon bis Dillenburg schlängelt sich der Rothaarsteig durch das waldreiche Sauerland, Wittgenstein und das Siegerland bis nach Hessen. Der Wanderer lernt auf der Strecke von 154 km nicht nur das gesamte Rothaargebirge kennen, sondern macht auch eine Stippvisite ins Lahn-Dill-Bergland. Und wer noch nicht genug hat, kann an der Kalteiche bei Wegkilometer 135 auf die Südschleife des Rothaarsteigs wechseln, die über Lützeln und Liebenscheid bis zum südlichsten Punkt, der Fuchskaute, führt. Von dort verläuft der Weg ostwärts und erreicht über Rabenscheid Dillenburg, wo die Südschleife nach fast 53 km auf die Hauptstrecke trifft.

Der Rothaarsteig ist ein zertifizierter Wanderweg. Er war der erste Fernwander-Premiumweg, der vom Deutschen Wanderinstitut als solcher ausgezeichnet wurde. Zahlreiche Zugangswege (markiert in schwarz-gelb) verbinden den Rothaarkamm mit Ortschaften rechts und links des Steigs, der bewusst naturnah und damit ortsfern verläuft. Weitere Informationen: ⓘ www.rothaarsteig.de

12 Ansichten – Aussichten, Teil 1

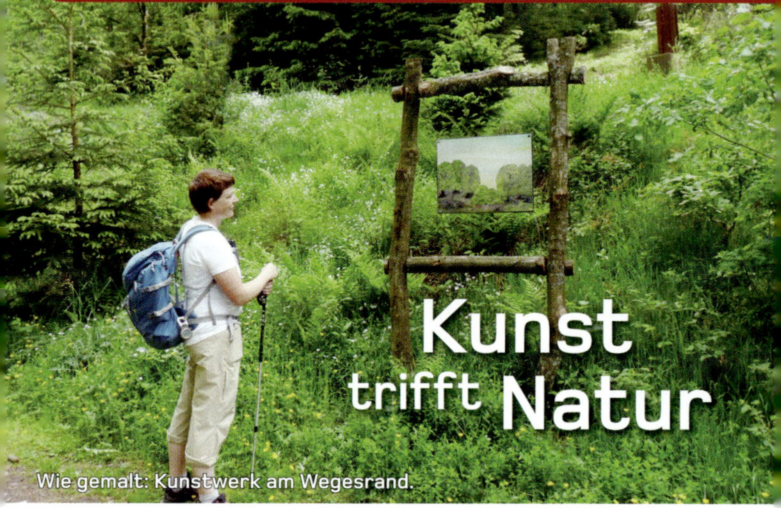

Kunst trifft Natur

Wie gemalt: Kunstwerk am Wegesrand.

- **Start:** Bahnhof Struthütten
- **Ziel:** Familienbad Neunkirchen
- **Gesamtlänge:** 18.3 km
- **Gesamtzeit:** 6 Std.
- **Anspruch:**
- **Kalorien:** ♀ 1296 ♂ 1522
- **Tour Download**: WH12RX5

- **Anfahrt:** A 45 bis Wilnsdorf, über L 722 bis Neunkirchen. Weiter nach Struthütten. Parkplatz oberhalb Bahnhaltepunkt.

- **Wegformat:**

Verbunddecke:	11.8 %
Befestigt:	72.2 %
Naturwege:	16.0 %

scan to go

QR-Code mit dem internetfähigen Smartphone einscannen und Startpunkt direkt anzeigen lassen.

- **Parken:**
  - Neuer Friedhof Struthütten N50° 46' 50.5'' • E7° 58' 30.1''
  - Grube Steimel N50° 48' 08.1'' • E7° 59' 24.9''
  - Familienbad Neunkirchen N50° 47' 42.6'' • E8° 01' 40.0''

- **Wegpunkte:**

P1: Struthütten, Bahnhof 32 U 427672 5626016
P2: Aussicht Halde Jäckel 32 U 428262 5626700
P3: Ruhebank und Brunnen 32 U 428705 5629314
P4: Grube Steimel 32 U 428846 5628321
P5: Aussichtsturm Pfannenberg 32 U 429699 5629775
P6: Waldhaus Schränke 32 U 431427 5630226
P7: Aussicht Große Rausche 32 U 432971 5629804
P8: Königseiche 32 U 431472 5628976
P9: Familienbad 32 U 431481 5627497

■ Höchster Punkt: 521 m ■ Steigung: 454 m ■ Gefälle: 445 m

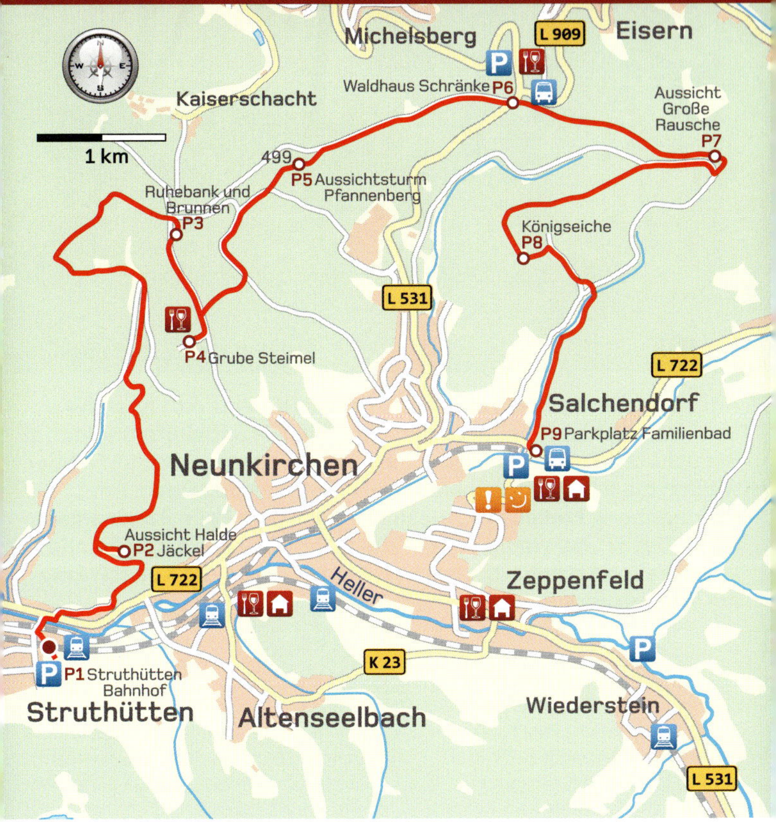

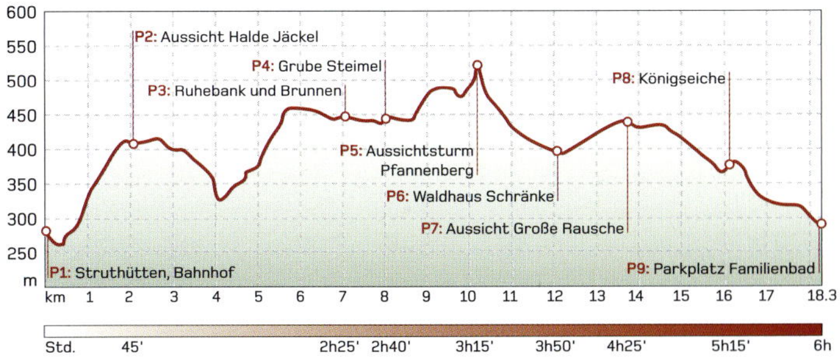

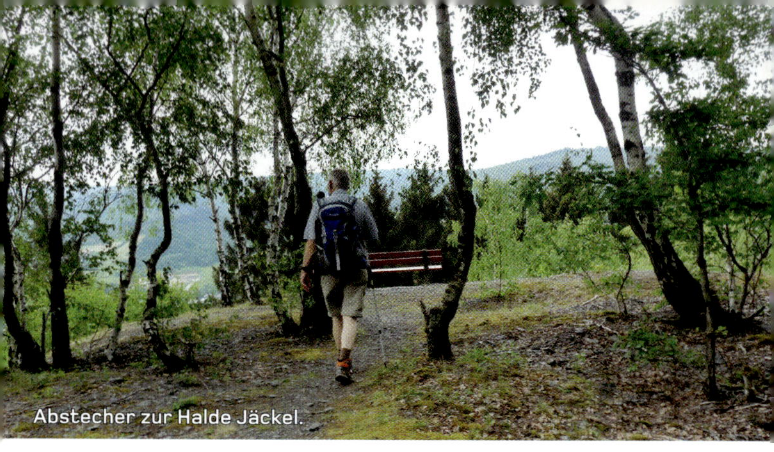
Abstecher zur Halde Jäckel.

Am besten unterteilt man den WanderHöhepunkt „Ansichten – Aussichten" in 2 Tagestouren. Die Nordschleife beginnt in Struthütten und führt uns beim Aufstieg zum „Steimel" immer wieder die Bergbaugeschichte der Region vor Augen. Am Pfannenberg bietet der Aussichtsturm eine tolle Panoramasicht, bevor uns wenig später die majestätische Königseiche zum Staunen bringt. Und immer wieder regen die Kunstwerke am Wegesrand unsere Fantasie an ...

In Struthütten am Bahnhaltepunkt **(1)** bei der Birkenstraße beginnen wir die Nordschleife von „Ansichten – Aussichten". Durch enge Gässchen mit einigen Fachwerkhäusern wandern wir hinunter zur Kölner Straße (L 722). Dort wenden wir uns nach rechts und müssen eine Gelegenheit abpassen, die stark befahrene Straße zu queren. Auf der anderen Seite biegen wir links auf „Am Altenberg" ab und laufen mit dieser Straße stramm bergan.

Nach **800 m** erreichen wir den alten Friedhof des Ortes und dürfen wenig später den Asphalt erstmals gegen einen Naturweg eintauschen. Der führt uns noch weiter aufwärts zu einem querenden Forstweg. Eine Bank steht bereit, um im Schatten der Bäume etwas Atem zu schöpfen. Der breite, befestigte Forstweg führt uns höher in den vielstufigen Laubmischwald, und an der nächsten Verzweigung nebst Bank halten wir uns halb links und wandern auf engem Pfad aufwärts. Der Pfad wird von dichtem Buschwerk und Jungbäumen flankiert und bringt uns eine Etage höher zum nächsten Forstweg. Schritt für Schritt erobern wir den Altenberg und nach **1.8 km** sorgt die erste Kunst am Wegesrand für

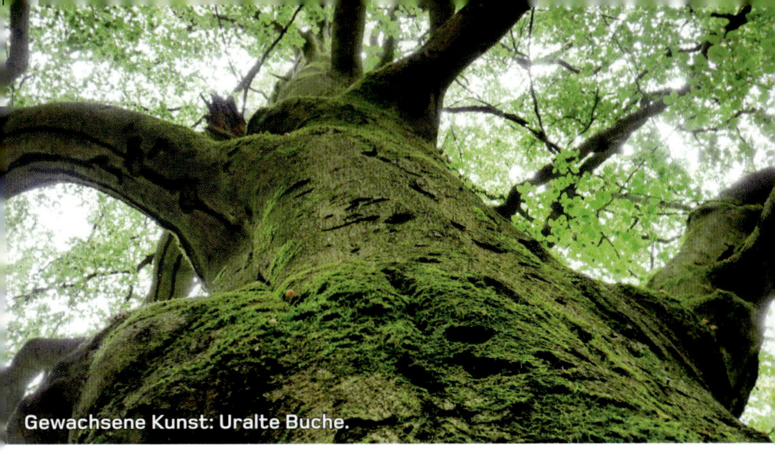

Gewachsene Kunst: Uralte Buche.

Abwechslung. Zugleich unternehmen wir an dieser Stelle auch einen kleinen Abstecher nach rechts: Ein ebener Weg führt uns 250 m zu einem tollen Aussichtspunkt mit Bank an der Halde Jäckel **(2)**. Diesen kleinen Exkurs sollte man auf keinen Fall verpassen.

Zurück am Hauptweg, biegen wir rechts ab und wandern nach ausgiebigen Laubwaldpassagen nun erstmals durch reinen Nadelhochwald. Doch keine Angst vor Langeweile! Schon bald sorgt ein Jungwaldareal zur Linken für die nächste Unterbrechung, und prompt steht auch eine Bank parat, um den Blick über das grüne Waldmeer zum Gegenhang schweifen zu lassen. Anschließend setzen wir die Tour fort und erleben dabei einen ständigen Wechsel der Vegetation. So treffen wir auf dem Sattel zwischen Altenberg und Reiffenberg ein. Der hiesige Windbruch ist mittlerweile neu besiedelt und eine bunte Mischung aus Birken, Ebereschen und Jungfichten strebt der Sonne entgegen. Im Sommer setzt leuchtend gelber Ginster tolle Farbtupfer. Nach **3.2 km** erwartet uns an einer großen Kreuzung mit Bank das zweite Kunstwerk, das, passend zur Umgebung, einen Fingerhut zeigt. Wir wenden uns nach links und wandern nun stetig abwärts Richtung Herzbachtal. Zunächst verlieren wir nur mäßig an Höhe, passieren ein weitläufiges Rodungs- und Windbruchareal und treffen an dessen Ende auf einen breiten Schotterweg. Dem folgen wir nun ziemlich steil bis zum Herzbach talwärts.

Im Tal beginnt sogleich der nächste Anstieg. Allerdings gestaltet sich der Auftakt recht gemütlich, denn auf breitem Forstweg wandern wir rechts nur sachte bergan. Im Wald verbergen sich immer wieder Bergbaurelikte. Und so kann man etwa auf Höhe eines Teichs zur Linken rechts unter den Wedeln der Fichten einen gemauerten Stollenmund entdecken.

Nach **5 km** queren wir das Tal, laufen über eine Wiese nach links und bewundern am Waldrand neben einer Bank das dritte Kunstwerk. Dann übernimmt wieder der Wald die Regie und begleitet uns beim nun deutlich steileren Aufstieg. Einige schnell folgende Richtungswechsel überstehen wir dank der guten Markierung ohne Probleme. Erleichtert biegen wir nach **5.7 km** rechts auf einen fast eben verlaufenden Forstweg und kommen im herrlichen Mischwald rasch zu Atem.

Wieder sorgt der Wald mit enormem Abwechslungsreichtum für Spannung, und in einem Abschnitt erhabenen Buchenhallenwalds steht Kunstwerk Nummer vier, ein Waldwinterbild, zum Bewundern bereit. Auch die nächsten Kreuzungen sind bestens mit dem WanderHöhepunkt-Logo markiert, und so können wir den Weg Richtung Steimel nicht verfehlen. Eine besonders willkommene Unterbrechung und Erfrischung bereitet uns nach **7.1 km** ein sanft plätschernder Brunnen **(3)** neben einer Bank. Solchermaßen belebt, folgen wir dem Weg ohne große Höhendifferenz zum bald erreichten Abzweig zur Grube Steimel. Die liegt nicht unmittelbar am Hauptweg, doch der etwa 300 m lange Abstecher, der ebenfalls mit dem bekannten Logo markiert ist, lohnt sich. So wenden wir uns an der Kreuzung, nach Betrachten von Bild fünf, zunächst nach rechts und dürfen nach kurzer Asphaltstrecke rechts auf einem Pfad abkürzen. Wieder auf Asphalt, biegen wir an einem großen Haus nach rechts und stehen schließlich nach **8.1 km** an der Grube Steimel **(4)**. Etwas oberhalb lockt die gleichnamige Hütte zur rustikalen Einkehr.

Gestärkt kehren wir auf gleicher Strecke zum Hauptweg zurück und nehmen das nächste Zwischenziel in Angriff: den Pfannenberg nebst Aussichtsturm. Zunächst führen die breiten Forstwege nur moderat bergan. Abzweigungen stellen kein Problem dar, und nach **9.2 km** nutzen wir eine Bank in einem von Ginster eroberten Windbruchfeld zum Ausruhen und Ausschauhalten. Ab hier begleitet uns ein Bergbaurundweg, und stets finden wir Hinweise auf den Turm. Doch zunächst lenkt uns eine Tafel des Bergbauwegs ab: 10 m links der Strecke kennzeichnet sie eine tiefe Spalte, in der bereits zur späten La-Tène-Zeit nach Eisenerz geschürft wurde. Nur wenige Meter später rückt die Kunst mit Bild sechs, einem Fachwerkhaus, in den Vordergrund.

Doch jetzt werden wir ungeduldig und wollen endlich über die Wipfel der hohen Bäume schauen. Wir absolvieren die nächsten Schlenker, meistern die letzen Höhenmeter und stehen nach **10.1 km** am Fuß des Aussichtsturms auf dem Pfannenberg **(5)**. Nun sind noch einmal 20 Meter Turm zu erklimmen, bevor wir oben mit einem grandiosen Panoramablick belohnt werden.

Im Anschluß an das „Fernsehen" tut uns die folgende, ruhige Waldpassage gut. Nach einem Naturweg sind es breite Forstwege, die uns sachte abwärtsbringen. Bei **Kilometer**

10.7 bringt das bunte Bild Nummer sieben Farbe in den Nadelwald, und auch eine benachbarte uralte Buche ringt uns Bewunderung ab. Wir setzen den Abstieg fort, passieren ein Forsthaus und treffen nach **12 km** beim Waldhaus Schränke **(6)** an der L 531 ein. *Wer die Tour in 3 Etappen ablaufen möchte, kann vom Waldhaus Schränke aus mit der Buslinie R 22 nach Neunkirchen fahren (täglich im Stundentakt) und von dort per Zug zurück nach Struthütten.*

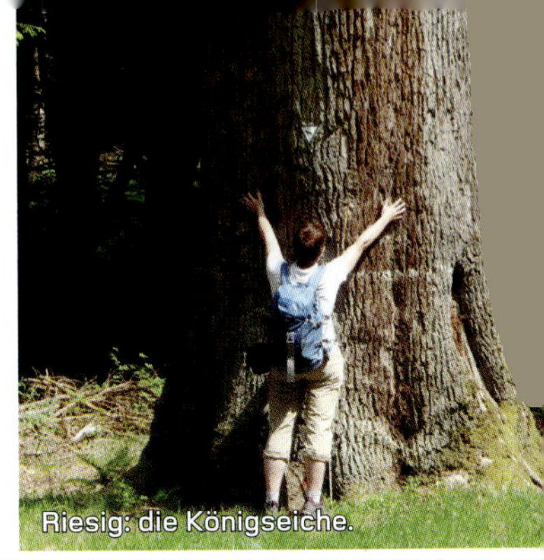
Riesig: die Königseiche.

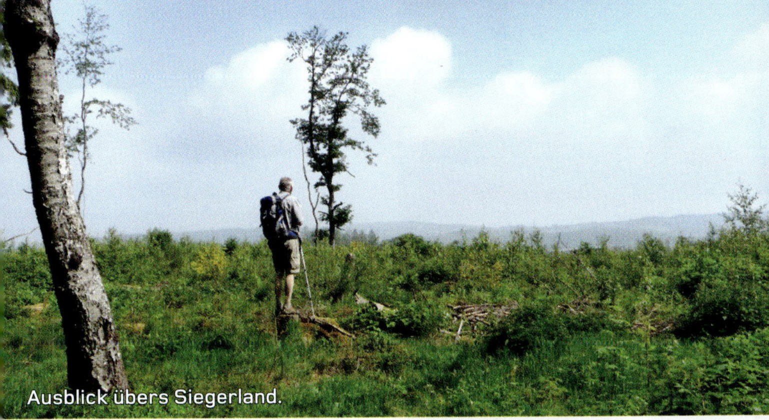
Ausblick übers Siegerland.

Da wir aber bis zum Familienbad möchten, queren wir die Straße und folgen dem breiten Forstweg zunächst ohne große Höhendifferenz. An einer Weggabelung im Lärchenmischwald biegen wir an einer Bank rechts auf einen Naturweg ab, der nun etwas an Höhe gewinnt. Als wir nach kurzem Anstieg links auf einen Pfad wechseln, erahnen wir bereits die Aussicht, die sich uns am Ende des Pfades bei **Kilometer 13.7** von der großen Rausche **(7)** aus eröffnet.

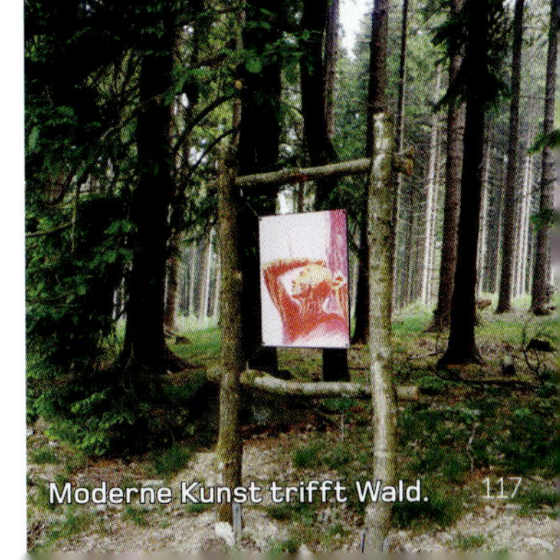
Moderne Kunst trifft Wald.

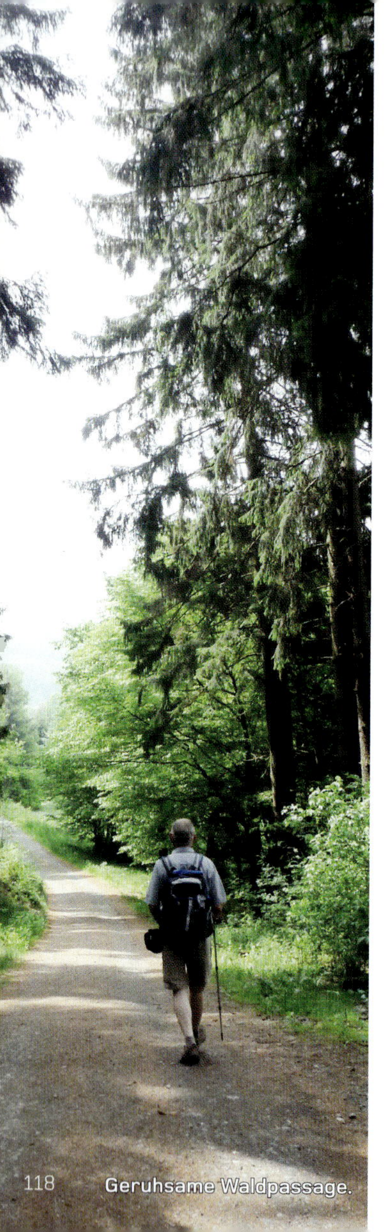
Geruhsame Waldpassage.

Anschließend tauchen wir wieder ins dichte Grün des Waldes und überstehen die rasch folgenden Richtungswechsel dank guter Markierung problemlos. Am Ende einer Passage durch hohen Nadelwald fordert an einer Kreuzung das nächste Kunstwerk unsere Aufmerksamkeit. Danach setzen wir die Tour auf dem WanderHöhepunkt geradeaus fort. Während sich rechts junger Fichtenwald erstreckt, ergibt sich links über einen von Ginstern und Birken in Beschlag genommener Windbruch wieder die Gelegenheit zum „Fernsehen".

Im Anschluss führt der breite Weg durch Nadelwald sanft abwärts und bringt uns nach **15.6 km** zu einer großen Waldkreuzung. Hier sind es erhabene, himmelhohe Solitärbuchen, die uns in ihren Bann schlagen. Von der bereitstehenden Bank aus haben wir die Bäume bestens im Blick, bevor wir uns links wieder den Logos des WanderHöhepunkts anvertrauen. Kunstwerk neun sorgt für Kurzweil, während wir mit etwas auf und ab durch den abwechslungsreichen Wald wandern.

Nach kurzem Aufstieg ist es aber wieder die Natur, die uns nach **16.1 km** mit der uralten Königseiche **(8)** beeindruckt. Wir biegen hier rechts ab und gelangen über meist breite, bequem zu laufende Forstwege langsam abwärts. Als sich vor uns eine Wiese öffnet, laden dort gleich fünf Bänke zur gemütlichen Rast im Grünen ein.

Wir queren die Wiese, treffen auf einen Forstweg, biegen erst rechts

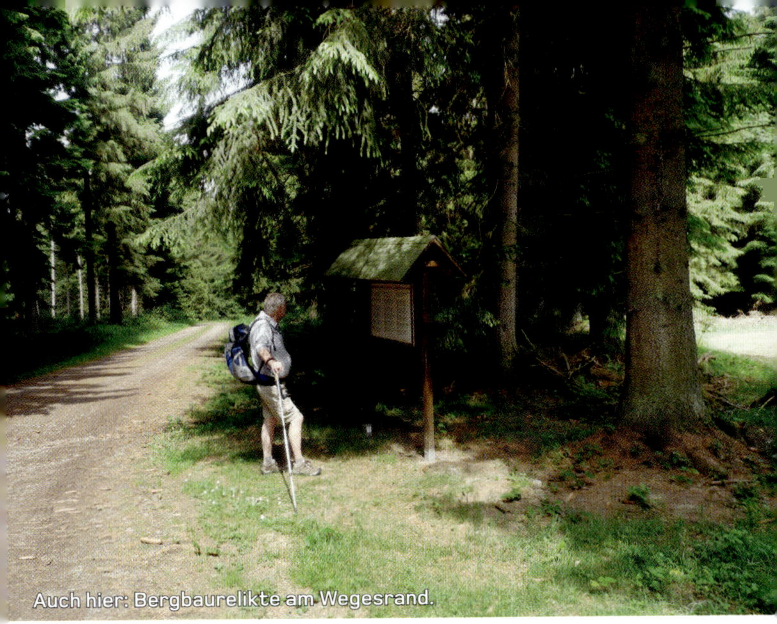
Auch hier: Bergbaurelikte am Wegesrand.

und an der folgenden Kreuzung links ab und kommen wenig später an der Querung des Gutenbachs zu einer weiteren Kreuzung. Links verbirgt sich im Wald eine Hütte, voraus sehen wir die Metalltüren eines im Berghang befindlichen Wasserbehälters.

Nun müssen wir aufpassen, denn die Markierung ist nicht immer sichtbar. Wir biegen gleich nach dem Bach scharf rechts auf einen Waldweg, der sich schnell zum idyllischen Pfad verengt. Diesem folgen wir stetig abwärts, bis wir nach **16.9 km** an einem umzäunten Areal mit Teich auf einen befestigten Forstweg stoßen. Hier empfängt uns wieder die Markierung, der wir uns nach links anvertrauen.

Im Schatten der hohen Nadelbäume wandern wir das Gutenbachtal abwärts, verweilen am zehnten Kunstwerk des Weges und treffen schließlich an den ersten Häusern von Salchendorf ein. Die Gutenbachstraße bringt uns zur Wildener Straße (L 722), die wir queren. Jetzt geht es links zu den nahen Parkplätzen des Familienbads **(9)**, wo nach **18.3 km** die Nordschleife auf dem WanderHöhepunkt „Ansichten – Aussichten" zu Ende geht.

Mit Bus R 15 kann man ins Zentrum fahren, der nächste Bahnhaltepunkt liegt etwa 30 Minuten zu Fuß entfernt.

Touristikverband Siegerland Wittgenstein e.V., Koblenzer Straße 73, 57072 Siegen ✆ 0271/3331020 ⓘ www.siegerland-wittgenstein-tourismus.de ■ *Gemeinde Neunkirchen, Bahnhofstr. 3 57290 Neunkirchen ✆ 02735/767409 ⓘ www.neunkirchen-siegerland.de*

Ausflugslokal „Zum Steimel", Steimelweg 99, 57290 Neunkirchen ⓘ www.steimel-neunkirchen.de ✆ 02735/600679 ⏲ Mo. Ruhetag ■ *Balkan-Restaurant Waldhaus Schränke, Waldhaus Schränke 1, 57080 Siegen ✆ 0271/399461 ⏲ Di. Ruhetag ⓘ www.waldhaus-schraenke.de*

Hotel Hellertal, Bonifatiusweg 20, 57290 Neunkirchen ✆ 02735/7842 ⓘ www.hotel-hellertal.de ■ *Hotel Freiengrunder Hof, Ludwigseck 11, 57290 Neunkirchen ✆ 02735/2996*

Die Bahnhöfe Struthütten und Neunkirchen liegen an der Strecke der Hellertalbahn (RB 95) nach Dillenburg bzw. Betzdorf.

Buslinie R 15 verbindet das Familienbad mit dem Bahnhof Neunkirchen. ⓘ www.zws-online.de

Taxi Klaas ✆ 02735/3179 ■ *Taxi Weiss ✆ 02735/656365*

Museum des Freien Grundes

Mitten in Neunkirchen lädt an jedem 2. Sonntag im Monat eines der größten Heimatmuseen des Siegerlands zum informativen Rundgang ein. Das „Museum des Freien Grundes" zeigt eine umfassende Ausstellung zur Region und hebt sich von anderen Museen dieser Art durch eine erstaunlich umfangreiche und geschlossene Exponatensammlung ab. Weitere Informationen: Museum des Freien Grundes, Leyhof 2, 57290 Neunkirchen ✆ 02736/3242 ⓘ www.neunkirchen-siegerland.de

Familienbad

Das Familienbad „Freier Grund" bietet jede Menge Spaß rund ums Wasser. Im Hallenbad warten Riesen- und Steilrutsche, Wassergrotte und Strömungskanal auf Gäste. Im Kinderbecken gibt es einen Schiffchenkanal. Zusätzlich lockt von Mai bis September noch das große Freibadareal. Infos: Familienbad Freier Grund, Jung-Stilling-Str. 30, 57290 Neunkirchen ✆ 02735/2397 ⓘ www.neunkirchen-siegerland.de

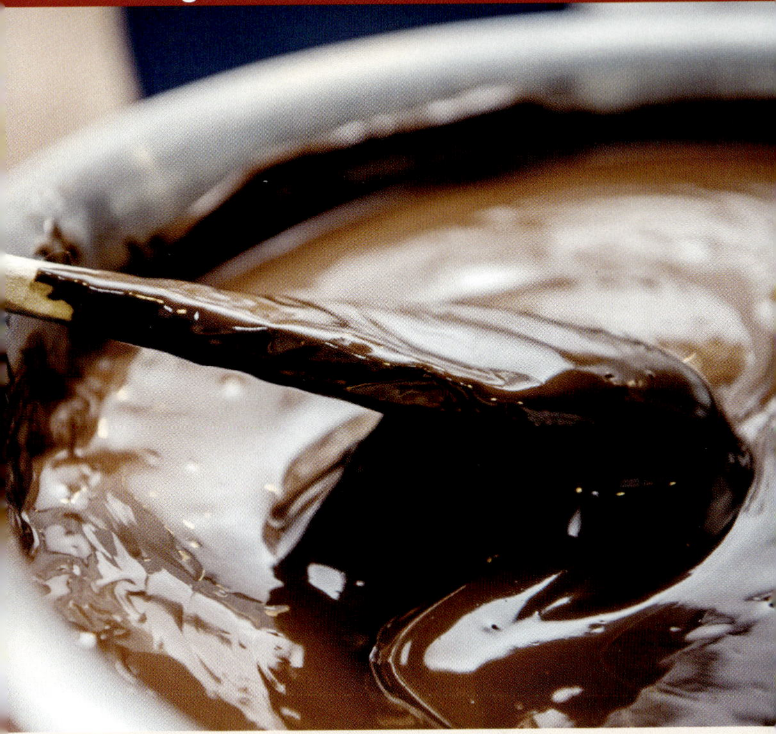

Kunst für Genießer

Das Siegerland bietet nicht nur Wandergenuss, sondern auch kulinarische Köstlichkeiten. In Neunkirchen gibt es beispielsweise ein Eldorado für alle Freunde süßer Verlockungen. Denn hier hat die Confiserie Heimann ihren Stammsitz. In der gleichnamigen Konditorei kann jedermann die leckeren Erzeugnisse des mehrfach ausgezeichneten Vater-Sohn-Gespanns, Albert und Markus Podzimek, genießen.

In der Welt der Patisserie begegnen sich Kunst und Genuss. Insofern rundet ein Besuch der Confiserie in Neunkirchen eine Tour auf dem WanderHöhepunkt „Ansichten – Aussichten" in perfekter Weise ab. Spezialprodukte des Hauses sind die „Rubenskugeln" und die „Rubenstorten", für die man allerdings schon einige Kilometer gewandert sein sollte, um den Kalorienhaushalt ausgeglichen zu halten. Weitere Informationen: Konditorei Heimann, Bahnhofstr. 4, 57290 Neunkirchen ✆ 02735/2332 ⓘ www.dasnaschwerk.de

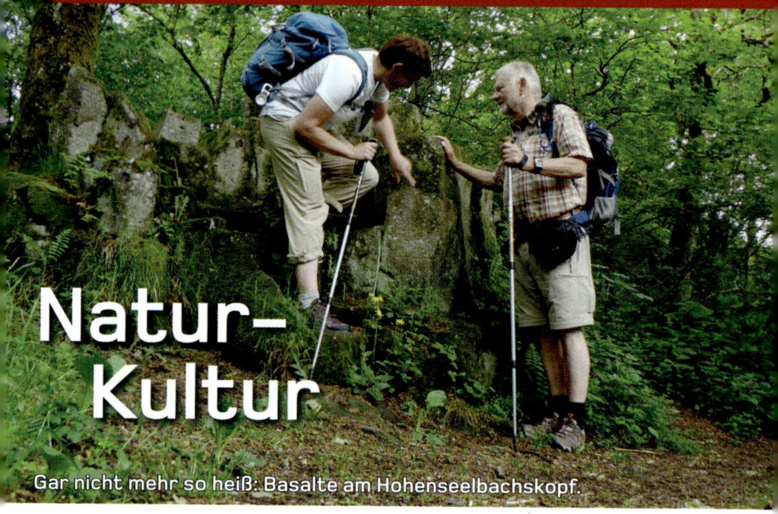

Natur-Kultur

Gar nicht mehr so heiß: Basalte am Hohenseelbachskopf.

- **Start:** Familienbad Neunkirchen
- **Ziel:** Bahnhof Struthütten
- **Gesamtlänge:** 19.8 km
- **Gesamtzeit:** 6 Std. 30 Min.
- **Anspruch:** 4 von 4
- **Kalorien:** ♀ 1413 ♂ 1659
- **Tour Download**: WH13RX4

- **Anfahrt:** Man verlässt die A 45 an der Abfahrt Wilnsdorf und folgt der L 722 nach Neunkirchen bis zum Familienbad.

- **Wegformat:**

Verbunddecke:	17.0 %
Befestigt:	64.9 %
Naturwege:	18.1 %

scan to go

QR-Code mit dem internetfähigen Smartphone einscannen und Startpunkt direkt anzeigen lassen.

- **Parken:**
- Familienbad Neunkirchen
  N50° 47' 42.6'' • E8° 01' 40.0''
- Wanderparkplatz Hochseelbachskopf
  N50° 45' 53.1'' • E7° 58' 52.1''
- Neuer Friedhof Struthütten
  N50° 46' 50.5'' • E7° 58' 30.1''

- **Wegpunkte:**
  - **P1:** Familienbad 32 U 431481 5627497
  - **P2:** Schulgarten 32 U 433646 5625961
  - **P3:** Wiederstein 32 U 432470 5625890
  - **P4:** Jubiläumskreuz 32 U 431072 5625358
  - **P5:** Steinchens Schläfe 32 U 429613 5624081
  - **P6:** Hohenseelbachskopf 32 U 428514 5623747
  - **P7:** Ausblick Silbersee 32 U 427922 5624666
  - **P8:** Ausblick ins Hellertal 32 U 427796 5625720
  - **P9:** Bahnhof Struthütten 32 U 427672 5625016

■ Höchster Punkt: 508 m ■ Steigung: 509 m ■ Gefälle: 518 m

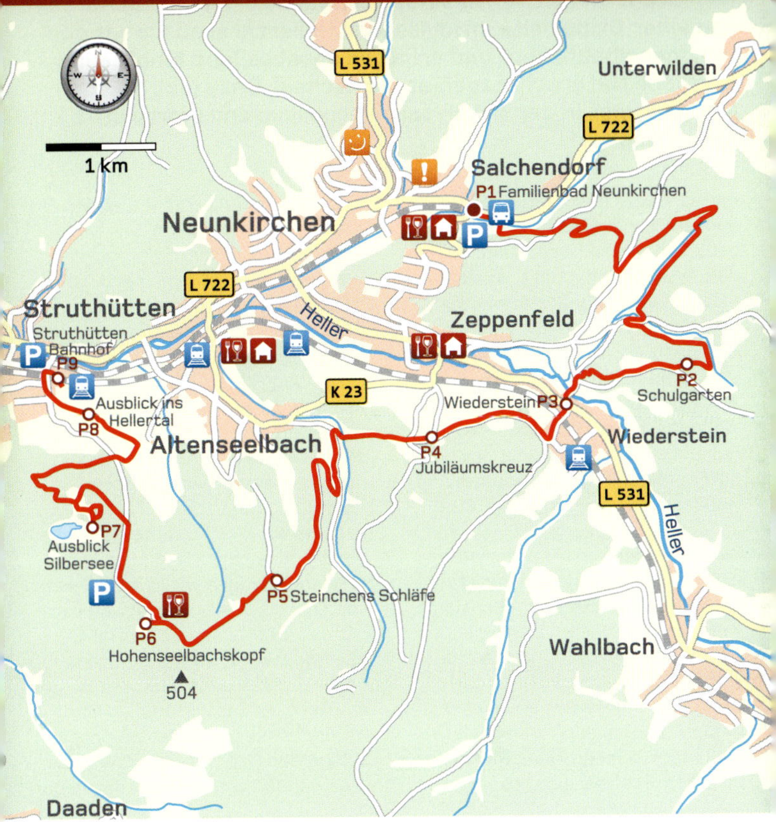

L 531
Unterwilden
L 722
1 km
Salchendorf
P1 Familienbad Neunkirchen
Neunkirchen
L 722
Struthütten
Struthütten Bahnhof
P9
Heller
Zeppenfeld
P2 Schulgarten
Ausblick ins Hellertal
P8
K 23
Wiederstein P3
Altenseelbach
Wiederstein
P4 Jubiläumskreuz
L 531
P7 Ausblick Silbersee
Heller
P5 Steinchens Schläfe
P6 Hohenseelbachskopf
504
Wahlbach
Daaden

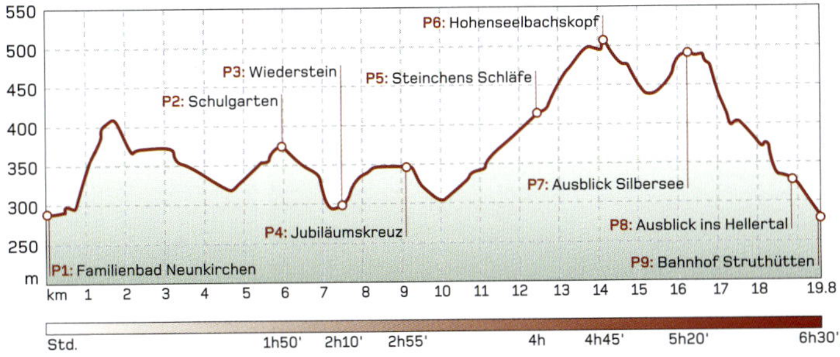

550
500
450
400
350
300
250
m

P1: Familienbad Neunkirchen
P2: Schulgarten
P3: Wiederstein
P4: Jubiläumskreuz
P5: Steinchens Schläfe
P6: Hohenseelbachskopf
P7: Ausblick Silbersee
P8: Ausblick ins Hellertal
P9: Bahnhof Struthütten

km 1 2 3 4 5 6 7 8 9 10 11 12 13 14 15 16 17 18 19.8

Std. 1h50' 2h10' 2h55' 4h 4h45' 5h20' 6h30'

Die Südschleife des WanderHöhepunkts „Ansichten – Aussichten" steht im Zeichen des Basalts! Nach kurzweiligem Auftakt und einer Stippvisite im idyllischen Hellertal erobern wir den Hohenseelbachskopf und erhalten anschließend Einblick ins herrliche Naturschutzgebiet Mahlscheid. Dazu gibt es jede Menge Kunst in der Natur, tolle Fernblicke und sehr viel Abwechslung!

Am Parkplatz des Familienbads „Freier Grund" Neunkirchen **(1)** beginnen wir die Südschleife auf dem WanderHöhepunkt „Ansichten – Aussichten". Zunächst müssen wir dem Gehweg neben der Wildener Straße (L 722) nach rechts folgen. Doch bald dürfen wir auf die Zufahrt zum Sportplatz abbiegen und den Wildenbach per Brücke überwinden. Auf Höhe des Sportheims Salchendorf verlassen wir den Asphalt und wandern links bergan in den Wald.

Lange bleiben wir nicht auf dem breiten Forstweg, denn inmitten eines Windbruchareals wechseln wir rechts auf einen ansteigenden Naturweg. Der führt uns bald durch jung aufstrebende Fichten und Birken die Flanke des Leyenkopfs empor. Die Steigung bleibt uns auch nach Queren eines Radwegs erhalten. Erst als sich links eine Aussicht ins Tal eröffnet, endet das Steilstück nach **1.3 km**. Wir wechseln rechts auf einen befestigten Waldweg, der uns nun in großen Schleifen weiter bergan bringt. Pfosten sorgen dafür, dass wir an den Weggabelungen stets den richtigen Weg finden, und so treffen wir nach **1.7 km** auf dem unspektakulären Leyenkopf ein. Sogleich senkt sich der WanderHöhepunkt nach rechts ab. Wir ignorieren Abzweigungen nach rechts, und erst als wir in Sichtweite des nahen Waldrandes einen Weg nach links erreichen, biegen wir in diese Richtung ab. Ein breiter Forstweg führt uns jetzt entlang der Südflanke des Rassbergs. Durch die Stämme hoher Fichten erhaschen wir ab und an Blicke ins Tal. Wir queren eine Stromtrasse und erreichen nach **3.3 km** den Scheitelpunkt des Tals. Hier wenden wir uns mit einigen gut

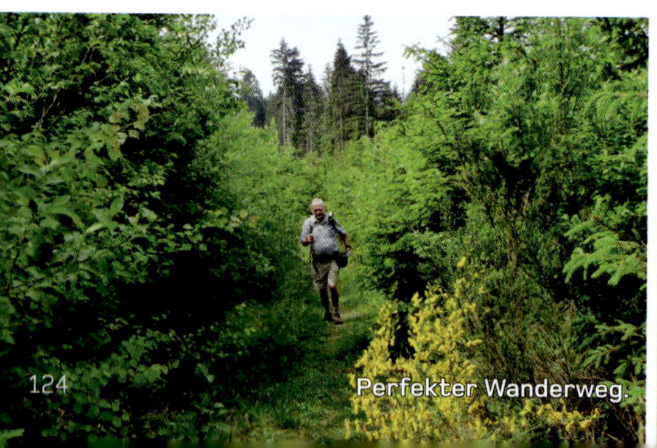
Perfekter Wanderweg.

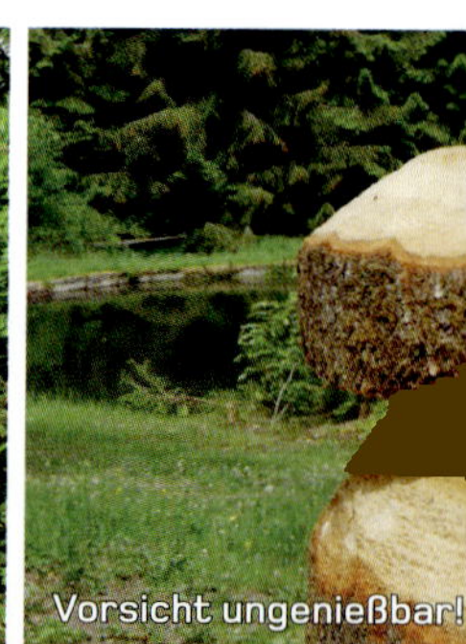
Vorsicht ungenießbar!

markierten Schlenkern talwärts und dürfen bald unter den Wedeln hoher Nadelbäume Richtung Bahlenbachtal wandern. Dort treffen wir nach **4.5 km** ein, und Kunststation 11 sorgt für Abwechslung. Direkt neben der Tafel befindet sich eine umzäunte Privathütte. Wir wenden uns an dieser Stelle rechts auf die Asphaltstraße, dürfen aber bereits 150 m später mit scharfer Spitzkehre nach links wieder auf einen befestigten Weg wechseln. Der breite, frisch befestigte Forstweg führt uns ansteigend ins Bahlenbachtal. Nach einem dichten Nadelwald erfreut uns linker Hand ein kleiner Teich nebst Bank. Dann wird es noch einmal steiler, und mit enger Rechtskurve schlägt der Weg den Bogen zurück Richtung Hellertal. Noch immer gewinnen wir Höhe. Erst als sich rechts eine Waldwiese öffnet und links der Zaun des Schulgartens beginnt, ist der Berg bezwungen. Nach **5.9 km** lädt der Schulgarten **(2)** zu einem botanischen Exkurs ein.

Danach folgen wir dem Wander-Höhepunkt abwärts, verlassen den Wald und können von einer Bank nahe der Stromtrasse das Hellertal in Augenschein nehmen. Jetzt biegen wir rechts auf einen Naturweg ab, und bald sorgen Buchen und Eichen für eine herrlich grüne Umgebung. Abzweigende Wege ignorieren wir und bleiben stets auf dem Pfad. An einer Bank beginnt der Abstieg ins Hellertal. In Serpentinen bewältigen wir den steilen Hang, passieren mitten im Wald einen kleinen Pavillon und treffen nach **7.1 km** am Ehrenmal von Wiederstein ein. Vorbei an schroffen Felsklippen geht es vollends hinab ins Tal, wo wir „Am Köppel" die Kunststation 13 erreichen. Nun biegen wir auf die Talstraße ab, queren die Heller und treffen an der Frankfurter Straße in Wiederstein **(3)** ein. Nach der Querung geht es geradeaus mit der Langenholzstraße bergan. Erst am Waldrand biegen wir rechts ab, lassen die letzten Häuser hinter uns und halten uns am Eintritt in den Wald an einer Verzweigung links. Der Asphalt endet, und wir wandern auf dem befestigten Waldweg fast eben durch hochgewachsenen Mischwald. Abzweigende Wege ignorieren wir und freuen uns, als sich nach **8.3 km** der Wald öffnet und uns ins Wiesenmeer entlässt. Der Weg führt nun mitten durch wogende

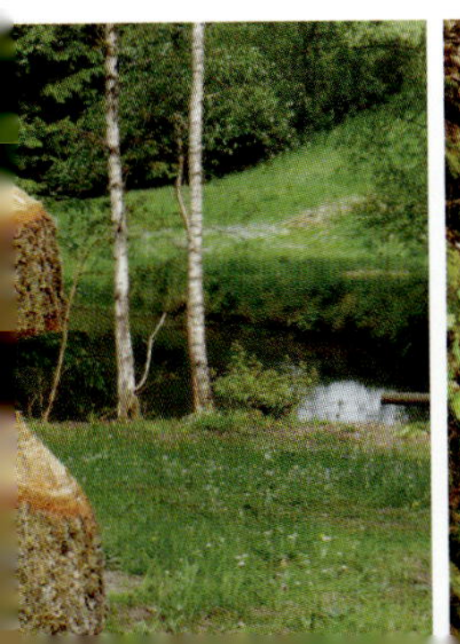

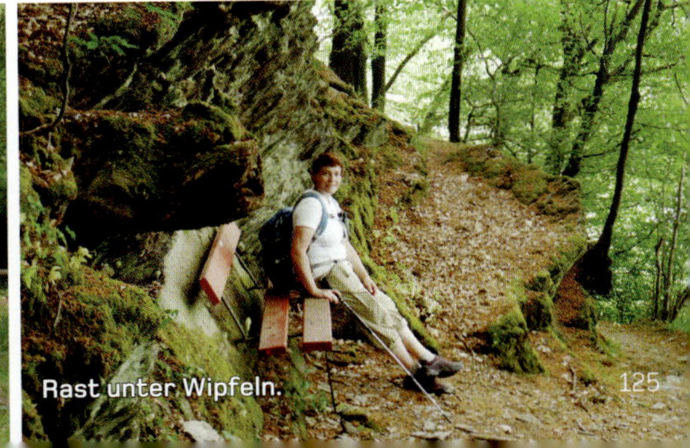

Rast unter Wipfeln.

Wiesen, die v.a. im Frühsommer eine tolle Farbenpracht entfalten. Klasse ist aber auch der weite Ausblick, den wir nun vom Weg aus über das Hellertal haben. Und wie bestellt stehen am Wegesrand auch Bänke zum Genießen von Natur und Fernblick parat. Den Höhepunkt erreicht diese herrliche Passage dann am Jubiläumskreuz **(4)**, das an das 1200-jährige Bestehen des Bistums Paderborn erinnert. Vom Kreuz aus verläuft der WanderHöhepunkt noch ein kleines Stück am Waldrand entlang und bringt uns dabei auch zum Kunstwerk 14: aus Keramik gefertigte Eichelkappen.

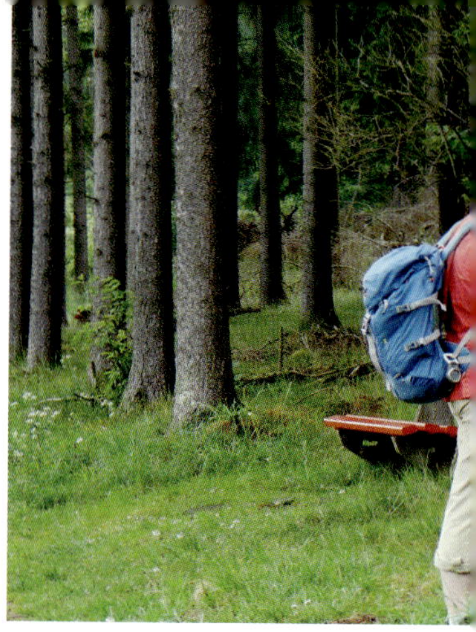

An der folgenden Multikreuzung halten wir uns halb links und wandern auf breitem Waldweg zurück in den Schatten des Waldes. Der Weg senkt sich zu einem Seitenbach des Seelbachs ab. Den dürfen wir nach Schwenk auf einen Naturpfad queren und kurz weichen Grund unter den Füßen genießen. Doch schon bald treffen wir wieder auf einen Wirtschaftsweg, der uns an umzäunten Wiesen vorbei zum Areal des Tennisvereins Altenseelbach bringt. Dort beginnt nach **10 km** die nächste Asphaltstrecke mit Aufstieg Richtung Hohenseelbachskopf. Dazu folgen wir den Logos per Spitzkehre links bergan auf einen weiteren Asphaltweg. Nun wandern wir eine Etage höher in das idyllische Tal des Seelbachs und genießen das abwechslungsreiche Grün aus Wiesen, Hecken und Wald. Am Waldrand folgt der nächste Richtungswechsel, den wir auf einem geschotterten Weg absolvieren. Wieder haben wir das Seelbachtal im Blick, als wir erneut auf Altenseelbach zulaufen. Am Rand des Modellflugareals biegt der Weg links ab und bringt uns nach **11.2 km** zu einer großen Kreuzung. Hier biegen wir wiederum links ab und folgen dem stetig ansteigenden Forstweg in den Wald. Lärchen, Fichten, Buchen, Birken und Eichen säumen den Wegesrand und bieten vielen Vogelarten Unterschlupf. So kommen wir in den Genuss eines vielstimmigen Konzerts, während wir weiter an Höhe gewinnen.

Schließlich beschreibt unser Weg eine Rechtskurve, und vor uns öffnet sich eine große Waldwiese mit vielen Bänken: Wir haben „Steinchens Schläfe" **(5)** erreicht, wie dieses Wiesenareal nebst Quelle genannt wird.

Ausgeruht setzen wir nun endgültig zur Eroberung des Hohenseelbachskopfs an. Dazu wenden wir

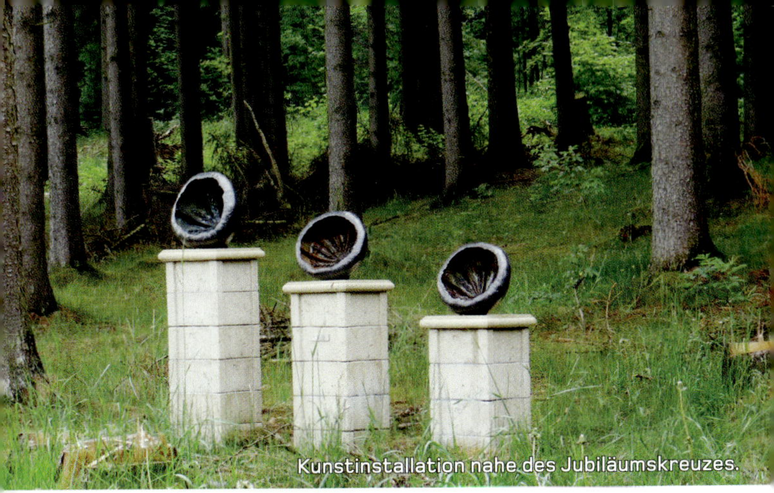

Kunstinstallation nahe des Jubiläumskreuzes.

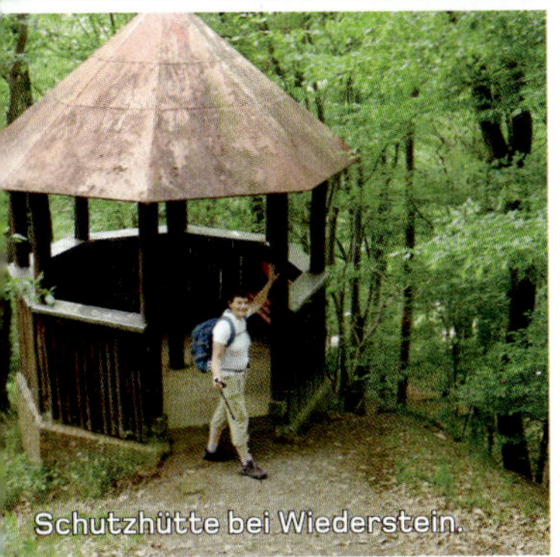
Schutzhütte bei Wiederstein.

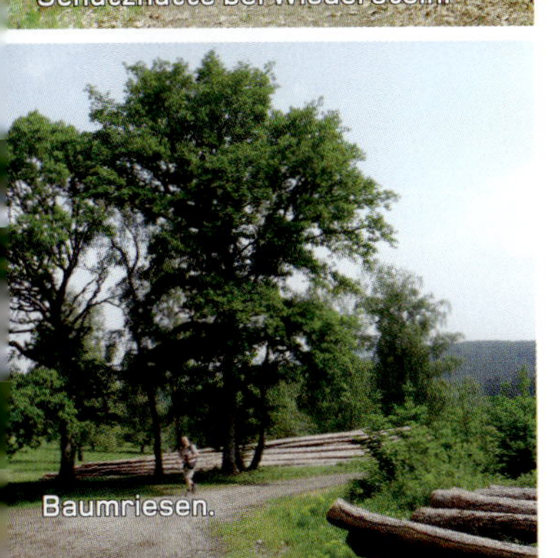
Baumriesen.

uns an der folgenden Kreuzung nach links bergan und überstehen auch die folgenden Wegverzweigungen dank der Markierung problemlos. Auf befestigtem Forstweg gewinnen wir weitere Höhenmeter dazu, passieren eine Schranke und halten uns an der nächsten Weggabelung rechts. Ein Schild weist bereits auf die Gaststätte am Berg hin. Wir wandern nun fast eben durch üppiges Unterholz, das von einzelnen hochgewachsenen Eichen und Birken überragt wird. Unvermittelt stehen wir dann nach **14.1 km** vor dem Waldgasthof Hohenseelbachskopf, die zur Rast mit leckerer Speis und Trank einlädt.

Solchermaßen gestärkt, nehmen wir uns Zeit für einen kurzen Abstecher: Von der Hütte wandern wir 50 m bergan und biegen an der geologischen Infotafel des Grubenwanderwegs links auf einen Pfad ab. Erste Basaltsäulen bereiten uns auf einen echten, geologischen Leckerbissen vor: Umwuchert von dichtem Grün, erhebt sich in einem alten Basaltsteinbruch der Kernbereich eines Vulkanschlots **(6)**. Markante Basaltsäulen offenbaren die feurige Vergangenheit des Hohenseelbachskopfs. Beeindruckt von solcher Naturschönheit kehren wir zur Gaststätte zurück und biegen dort links auf die Zufahrt ab.

Der breite, befestigte Weg senkt sich durch Mischwald ab, führt uns an einem Erlenbruch vorbei und biegt nach **14.7 km** am offiziellen Wanderparkplatz des Hohenseelbachskopfs nach rechts auf eine asphaltierte Straße. Der folgen wir nun talwärts zum Rand des Naturschutzgebiets Mahlscheid. Bei **Kilometer 15.3** verlassen wir den Asphalt nach links und laufen auf einem Waldweg durch den Mischwald bergan. Bald wird der Weg steiler und natürlicher. Nach einer Linkskurve passieren wir einen Pfosten mit dem Hinweis „Aussicht Silbersee". Hier beginnt ein absolut lohneswerter Abstecher zu eben diesem Ausblick. Danach werden wir zum Hinweispfosten zurückkehren und von hier rechts weiterlaufen.

Doch zunächst folgen wir den Logos weiter aufwärts und erreichen nach **16.3 km** die grandiose Aussicht auf den tief unten geheimnisvoll blitzenden Silbersee **(7)**. Winnetou ist zwar nicht vor Ort, dafür begeistert uns aber der tiefe Einblick in den ehemaligen Basaltsteinbruch, der heute ein Naturschutzgebiet ist.

Anschließend folgen wir dem Pfad zurück, der aber nun einen Bogen nach rechts schlägt und uns zu einer Bank mit kleiner Aussicht und zum Kunstwerk Nummer 16 führt. Erst danach treffen wir auf den bekannten Zuweg und laufen hinunter zum Abzweig am bereits erwähnten

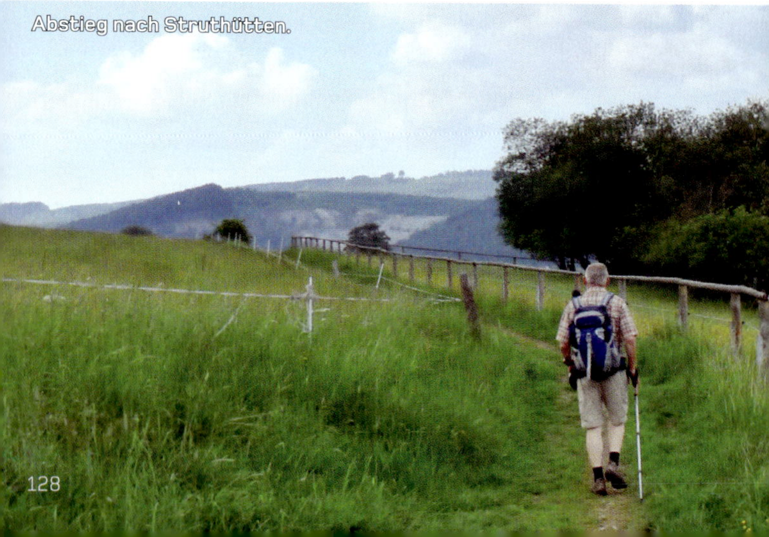
Abstieg nach Struthütten.

Pfosten. Hier biegen wir links ab und stehen wenige Meter später vor der Kunstinstallation 17.

Der WanderHöhepunkt verläuft nun deutlich abwärts. Anfangs schlängelt er sich pfadig bergab, nachdem wir auf Höhe eines Handymastes den Nadelwald erreichen, wird der Weg breiter. Nach einem besonders steilen Wegstück treffen wir auf einen Forstweg und wandern weiter stramm bergab. Erst als ein weiterer Querweg erreicht wird, biegen wir rechts auf diesen ab und laufen leicht bergan.

Nach **17.6 km** wird der Wald links von einem Windbruch unterbrochen, der uns einen Ausblick ins Hellertal ermöglicht. Es folgt eine ruhige Buchenwaldpassage, die an einer Straße endet. Hier müssen wir gut 100 m rechts bergan wandern, bevor wir per Stichpfad links zum Waldrand laufen können. Dort wechseln wir mit kleinem Versatz auf einen Wirtschaftsweg, der uns mitten durch Wiesen zum nahen Reiterhof führt. Unmittelbar vor dem Stall biegen wir aber links auf einen weichen Grasweg ab. Wir genießen das herrliche Panorama auf das Hellertal **(8)** und erreichen nach **18.9 km** das 18. Kunstwerk.

Etwa einen halben Kilometer später sind wir am Ortsrand von Struthütten und biegen rechts auf den Malscheider Weg ab. Der führt uns steil hinunter zum Bahnhof von Struthütten **(9)**, dem Startpunkt der Nordschleife. Hier endet nach **19.8 km** die abwechslungsreiche Tour auf der Südschleife des WanderHöhepunkts „Ansichten – Aussichten".

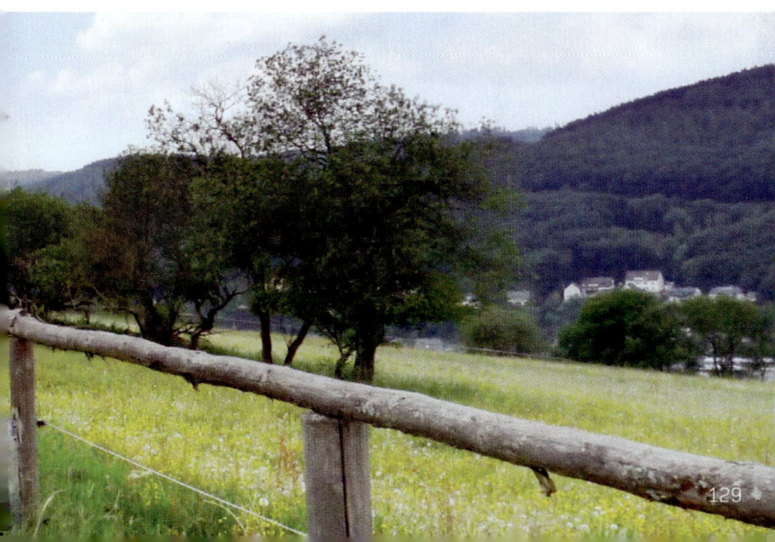

Touristikverband Siegerland Wittgenstein e.V., Koblenzer Straße 73, 57072 Siegen ✆ 0271/3331020 ⓘ www.siegerland-wittgenstein-tourismus.de
■ *Gemeinde Neunkirchen, Bahnhofstr. 3 57290 Neunkirchen ✆ 02735/767409 ⓘ www.neunkirchen-siegerland.de*

Waldgaststätte Hohenseelbachskopf, Hohenseelbachskopf 1, 57290 Neunkirchen ✆ 02735/2510 ⓘ www.gaststaettehohenseelbachskopf.de ⏲ Mo. Ruhetag
■ *Gaststätte Zur Dorfbach, Kölner Str. 160, 57290 Neunkirchen ✆ 02735/2422 ⓘ www.zur-dorfbach.de ⏲ So. Ruhetag*

Hotel Hellertal, Bonifatiusweg 20, 57290 Neunkirchen ✆ 02735/7842 ⓘ www.hotel-hellertal.de
■ *Hotel Freiengrunder Hof, Ludwigseck 11, 57290 Neunkirchen ✆ 02735/2996*
■ *Blockhütten Hohenseelbachskopf, Hohenseelbachskopf 3, 57290 Neunkirchen ✆ 02735/3339 ⓘ www.blockhuetten-hohenseelbachskopf.de*

Die Bahnhöfe Struthütten und Neunkirchen liegen an der Strecke der Hellertalbahn (RB 95) nach Dillenburg bzw. Betzdorf.

Buslinie R 15 verbindet das Familienbad mit dem Bahnhof Neunkirchen. ⓘ www.zws-online.de

Taxi Weiss ✆ 02735/656365 ■ *Taxi Dell ✆ 02744/5119*

Wodanstolln

Im Besucherbergwerk „Wodanstolln" kann man den rauen Alltag der Bergleute hautnah nachvollziehen. Die 1.5-stündige Führung durch die 1732 eröffnete Grube zeigt die Veränderungen der Abbautechniken im Zuge der Zeit. Eine Wanderung auf dem 8 km langen „Bergmannspfad" gibt Einblicke in Erzbergbau von der La-Tène-Zeit bis in die Moderne.
Weitere Informationen: Schaubergwerk Wodanstolln, Arbachshütte, 57290 Neunkirchen ✆ 02735/3264 ⓘ www.heimatverein-salchendorf.de

Dorfschmiede Salchendorf

Einmal einem Schmied bei der Arbeit zusehen! Zwischen April und November hat man an jedem 1. Samstag eines Monats im Schmiedemuseum „Droure Schmedde" in Salchendorf dazu Gelegenheit. Dann wird das Feuer angeschürt, und Hammer und Amboss kommen zum Einsatz.
Weitere Informationen: Schmiedemuseum Salchendorf, Zur Schmiede, 57290 Neunkirchen-Salchendorf ✆ 02735/6997 ⓘ www.heimatverein-salchendorf.de

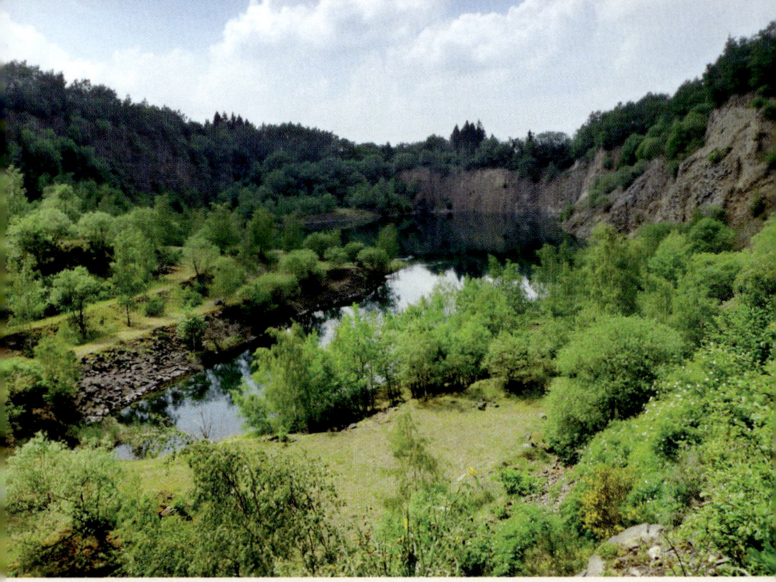

Der Schatz des Silbersees

Direkt am Weg der Südschleife des WanderHöhepunkts „Ansichten – Aussichten" liegt das Naturschutzgebiet (NSG) Mahlscheid. Der WanderHöhepunkt macht auch eine kleine Schleife zum grandiosen Aussichtspunkt auf den „Silbersee", was man sich keinesfalls entgehen lassen sollte. Zum Schutz der Flora und Fauna ist der Kernbereich des Naturschutzgebiets heute nicht mehr zugänglich. Der Silbersee befindet sich in einem ehemaligen Basaltsteinbruch. 1989 wurde zunächst auf der rheinland-pfälzischen Seite des Gebietes ein 17 ha großes Schutzgebiet eingerichtet, 1990 folgte die Ausweitung um weitere 26 ha in Nordrhein-Westfalen. Vor allem die durch den Basaltabbau entstandenen Steilwände und Halden bieten seltenen Tier- und Pflanzenarten ein einmaliges Refugium.

Auf den Talflächen dominiert karge Trockenrasenvegetation und bildet für Insekten wie den Feldsandlaufkäfer einen geschützten Lebensraum. Eidechsen nutzen Basalte gerne zum Sonnenbad. Im See beheimatet sind seltene Amphibien, wie die Gelbbauchunke und einige Krötenarten. Um die Pflanzen und Tiere zu schützen, besteht absolutes Badeverbot im See. Um die herrliche Natur aber auch den Menschen zugänglich zu machen, wurde 2001 ein Rundwanderweg eingerichtet. Wer mehr über den Artenschutz im NSG Mahlscheid erfahren möchte, der kann im Rahmen fachkundiger Führungen auch sonst unzugängliche Bereiche kennenlernen. ⓘ www.biologische-station-siegen-wittgenstein.de

14 Literatur in der Natur, Teil 1

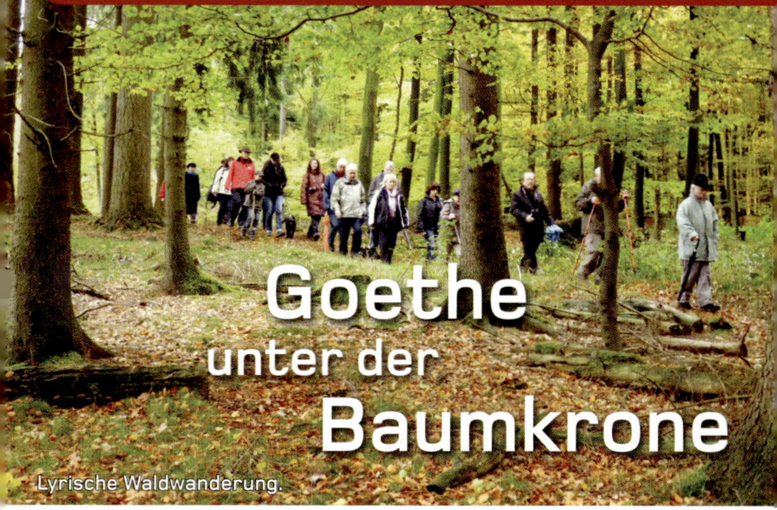

Goethe unter der Baumkrone

Lyrische Waldwanderung.

- **Start/Ziel:** Sportplatz Lützeln
- **Gesamtlänge:** 15.7 km
- **Gesamtzeit:** 5 Std.
- **Anspruch:** 3 von 4
- **Kalorien:** ♀ 1139 ♂ 1338
- **Tour Download**: WH14RX3

- **Anfahrt:** A 45 bis Abfahrt 24 Haiger/Burbach, auf der L 730 nach Holzhausen und weiter bis Lützeln. Dort kann man am Sportplatz parken.

- **Wegformat:**

Verbunddecke:	20.1 %
Befestigt:	45.3 %
Naturwege:	34.6 %

scan to go

QR-Code mit dem internetfähigen Smartphone einscannen und Startpunkt direkt anzeigen lassen.

- **Parken:**
- Sportplatz Lützeln
  N50° 43' 01.5'' • E8° 05' 57.3''
- Hickengrundhalle
  N50° 43' 00.0'' • E8° 08' 13.2''
- Wanderparkplatz Großer Stein
  N50° 44' 08.1'' • E8° 07' 39.0''

- **Wegpunkte:**

P1: Sportplatz 32 U 436412 5618751
P2: Aussicht 32 U 436264 5618746
P3: Wechsel auf Verbindungsweg 32 U 437285 5618257
P4: Hörstation 32 U 437872 5618922
P5: Hickengrundhalle 32 U 439076 5618673
P6: Treffen auf Hauptroute 32 U 439341 5618540
P7: Aussicht 32 U 439836 5619403
P8: Waldsofa 32 U 439738 5619602
P9: Hörstation 32 U 439669 5620058
P10: Vesperinsel 32 U 438350 5619921
P11: Parkplatz 32 U 438431 5620783
P12: Hörstation 32 U 437489 5620162

■ Höchster Punkt: 537 m ■ Steigung/Gefälle: 451 m

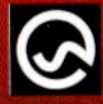

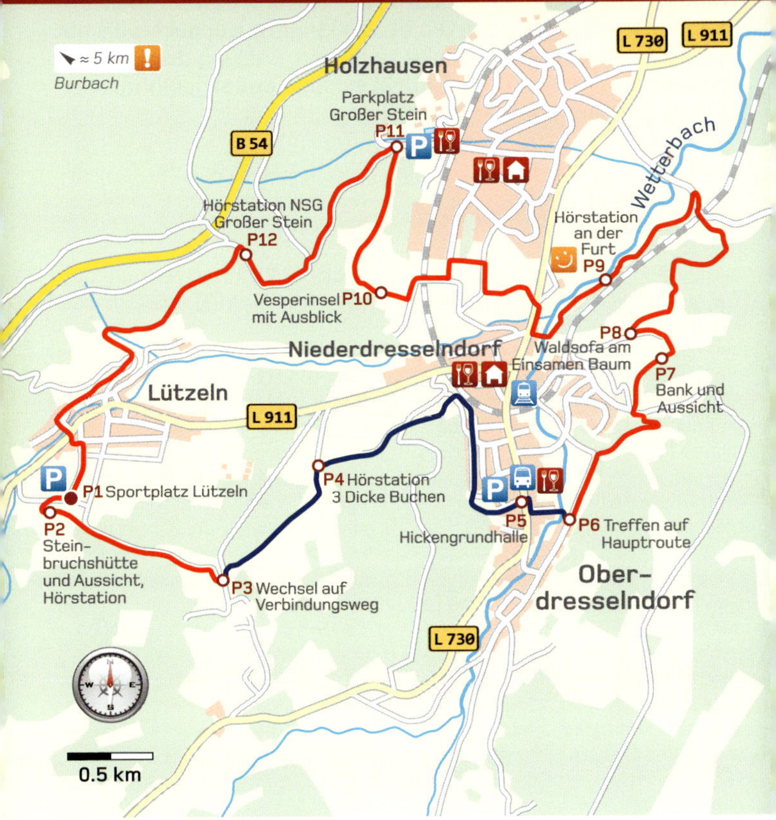

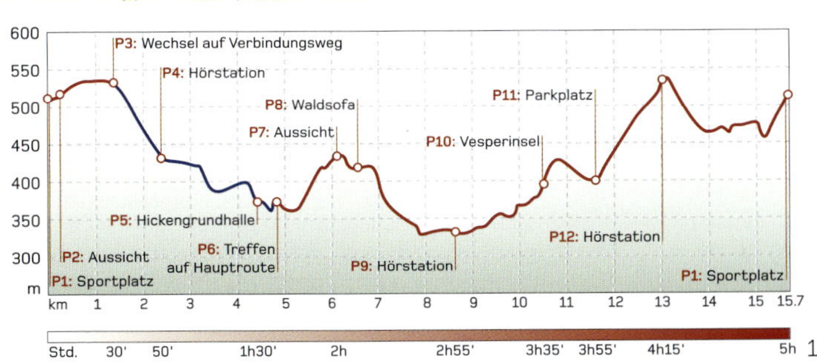

Mitten durch den romantischen Hickengrund verläuft der Wanderhöhepunkt „Literatur in der Natur", den wir in zwei Etappen erobern wollen. Die etwas längere Nordschleife hat mehr als grandiose Ausblicke zu bieten. Entlang der Strecke schlagen fünf unauffällige Hörstationen außergewöhnliche Brücken zwischen Poesie und Natur.

Schon gleich am Start, beim Sportplatz Lützeln **(1)**, verzögert sich der Aufbruch, denn der Ausblick über das Tal und die umgebenden bewaldeten Kuppen ist bei klarem Wetter faszinierend. Erst nachdem wir uns an der Aussicht sattgesehen haben, sind wir eingestimmt, die Nordschleife der Rundtour in Angriff zu nehmen. Wir vertrauen uns dem WanderHöhepunkt-Logo an und laufen gemeinsam mit dem Rothaarsteig (RHS) am Sportplatz vorbei zum Abzweig in den alten Steinbruch.

Dort erwartet uns nach **220 m** nicht nur die Steinbruchshütte **(2)**, sondern auch die ersten Sinnesbänke. Noch einmal genießen wir aus leicht veränderter Perspektive die grandiose Aussicht, dann geht es ab in den Wald. Und schon bleiben wir wieder stehen. Ein unscheinbarer Holzpfosten mit dem blaugrünen Eigenlogo der Tour macht uns neugierig. Was hat es nur mit dem kleinen Metallknopf auf sich? Kaum haben wir drauf gedrückt, kommt die Antwort aus den Wipfeln über uns: Hier an der ersten Hörstation „Unterm Kreuz" schärfen Novalis, Goethe und Hölderlin unsere Sinne für die einzigartige Flora und Fauna um uns herum. Mit offeneren Augen wandern wir anschließend durch Mischwald weiter, passieren die alte Brecheranlage des Steinbruchs, neben der heute die erste Vesperinsel der Tour zur Pause lädt.

Nach nur **1.4 km** trennen wir uns vom Hauptweg **(3)** und folgen nun links abwärts dem ebenfalls mit dem WanderHöhepunkt-Logo markierten Verbindungsweg. Wer aber große Touren mag, kann die „Literatur in der Natur" natürlich auch in einem großen Rund absolvieren. Allerdings verpasst man dann die auf dem Verbindungsweg befindlichen Hörstationen. Wir wollen die Literatur in der Natur komplett erleben und wandern daher in zwei Etappen, biegen also nun mit dem Verbindungsweg Richtung Niederdresselndorf ab. Nur 40 m nach der Kreuzung steht der nächste Richtungswechsel an: Es geht rechts auf einen weichen Naturweg. Der Abstieg gestaltet sich sehr abwechslungsreich, mal flankieren Nadelbäume den Weg, dann wogen hüfthohe Gräser im Wald oder es rauschen die Blätter der Birken und Buchen. Allmählich weicht der Wald aber zurück, und wir wandern durch ein altes Weideareal und das Naturschutzgebiet Hainswinkel bergab. Besonders die vereinzelten alten Solitärbäume begeistern uns. Nach **2.4 km** treffen wir an den „Drei dicken Buchen" **(4)** ein, Vesperstation und die nächste Hörstation am nahen Bach laden zum Verweilen, Zuhören und Träumen ein. Beschwingt ziehen wir weiter, genießen bald vom Waldrand aus den Blick hinab nach Niederdresselndorf und dürfen, kaum spüren wir Asphalt unter den Sohlen, rechts auf einen Waldpfad abbiegen. Der Exkurs unter die hohen Wedel ist nur kurz. Bald finden wir uns nach einem Schlenker wieder am Waldrand. Vor uns breiten sich weite Wiesen aus, die ab und an von Schafen beweidet werden. Wir laufen zum nahen Wasserhaus und biegen dort auf einen Grasweg ab, der uns den Hang hinab zum nächsten Wirtschaftsweg bringt. Auf diesem geht es gemütlich zu den ersten Häusern von Niederdresselndorf. Dort angelangt, dürfen wir den Wechsel auf einen unscheinbaren Pfad nicht verpassen. Der führt uns zwischen Wald und Gärten zur nächsten Hörstation, die dem Naturschutzgebiet Caan gewidmet ist.

Anschließend geht es endgültig in den Ort. Über die Feldstraße laufen wir hinab zur Westerwaldstraße. An der Kreuzung passieren wir nach **4.5 km** die Hickengrundhalle **(5)**, die der Einstiegspunkt für die Südschleife ist. Wir wenden uns an der Hauptstraße nach rechts und nutzen wenig später links die Hindenburgstraße, um hinunter zum Wetterbach zu laufen. Über einen Steg queren wir den Bach, und am Waldrand trifft unser Verbindungsweg wieder auf den Hauptweg **(6)**. Vorbei am Friedhof wandern wir zum nahen Wald, biegen dort rechts ab und erklimmen nach einem Abzweig durch urigen Eichenwald den Hang.

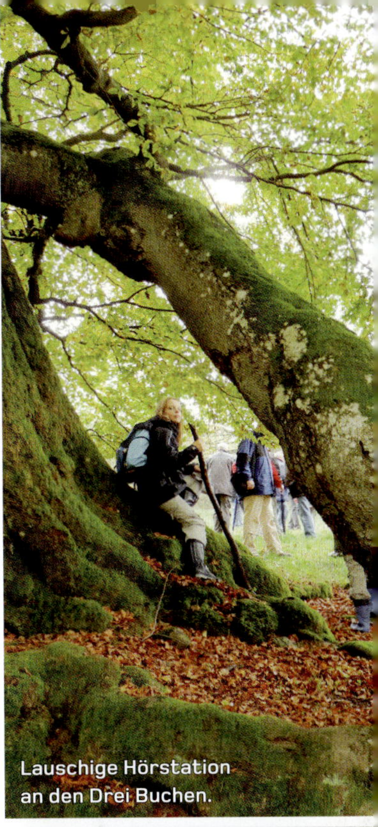

Lauschige Hörstation an den Drei Buchen.

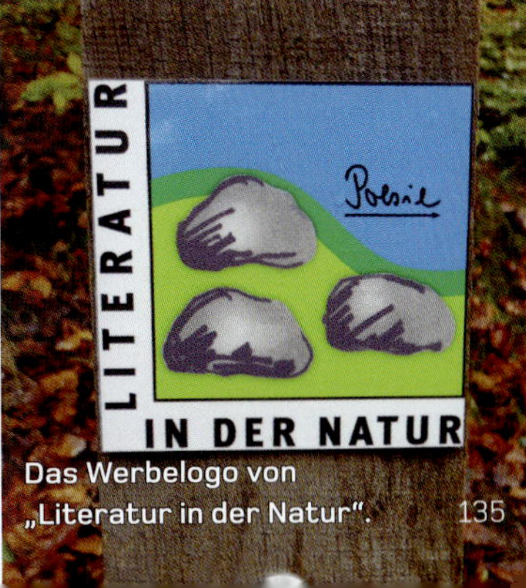

Das Werbelogo von „Literatur in der Natur".

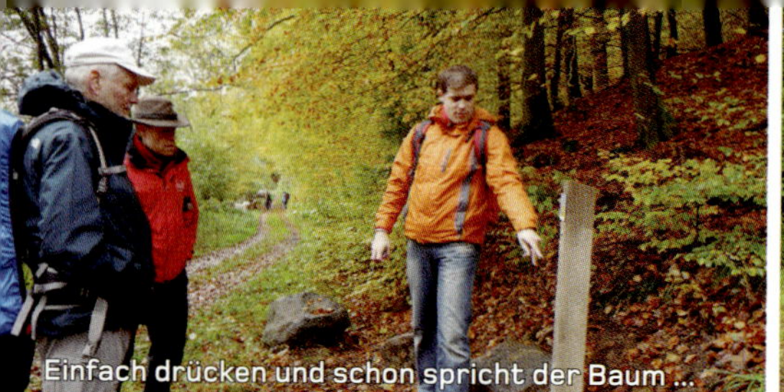

Einfach drücken und schon spricht der Baum ...

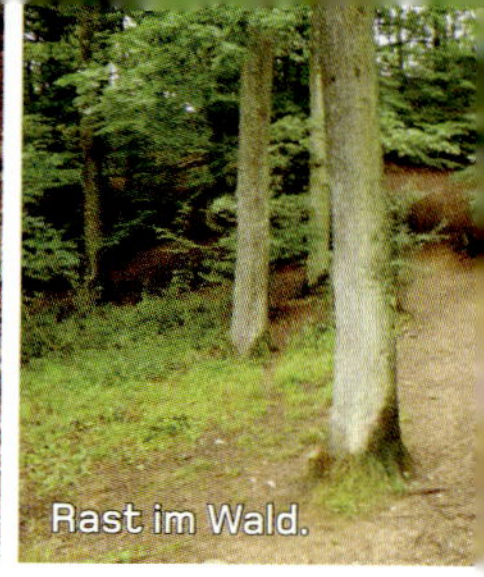

Rast im Wald.

Oben folgt ein kurzes Intermezzo über Wiesen zu einem Asphaltweg, den wir aber nur queren, um sogleich wieder weichen Grund unter die Füße zu nehmen. Der Weg führt durch ein Gehölz und bringt uns an einen idyllischen Waldrand. Eine Bank **(7)** steht bereit, von der aus wir den sagenhaft schönen Blick auf das Tal genießen können. Mit herrlichem Panoramablick geht es über offenes Terrain leicht abwärts zum „Einsamen Baum", wo uns nach **6.6 km** ein Waldsofa **(8)** zum Träumen verführt.

Wenig später nehmen wir Abschied von der offenen, luftigen Umgebung und wandern stetig abwärts unters schattige Blätterdach des Waldes. Anfangs geht es recht steil, bald aber gemächlicher bergab, bis wir im Laubmischwald auf einen breiten Forstweg stoßen. Dem folgen wir nach rechts und gelangen nach **7.7 km** zur Eisenbahnunterführung an der K 15. Auf der Straße geht es unter den Gleisen durch und noch weitere 150 m abwärts. Auf Höhe einer Hundepension dürfen wir die kaum befahrene Straße verlassen und scharf links auf einen Naturweg abbiegen. Der schlängelt sich mal am Waldrand, mal im lichten Mischwald ohne große Höhendifferenz durch den Talgrund. Bei **Kilometer 9.6** ist Aufmerksamkeit gefragt: Hier verlassen wir pfadig den Wald und wenden uns den Talwiesen zu. Bevor wir aber nun unmittelbar am Bach weiter nach Oberdresselndorf wandern, lockt auf der anderen Bachseite die nächste Hörstation. Damit wir diesen Ausflug trockenen Fußes absolvieren können, ist die Furt im Bach **(9)** mit großen Basaltsteinen ausgestattet. So steht dem Abstecher auf die andere Bachseite nichts entgegen. Inspiriert von Goethe, Herder, Droste-Hülshoff und Kollegen, kehren wir auf die angestammte Bachseite zurück und wandern mitten durch die Talwiese bis zum großen Festplatz am Rand des Ortes. Dort bringt uns eine breite Brücke sicher über den Bach und zur Hauptstraße. Wir queren die L 730 und laufen etwa 350 m nach rechts. Dann schicken uns die Logos auf Wirtschaftswegen durch das offene Wiesenland.

Mit wechselndem Belag, mal asphaltiert, mal befestigt, und zahlreichen Schlenkern, die aber alle bestens markiert sind, streben wir langsam bergan. Wir passieren den Sportplatz von Oberdresselndorf und queren ein zweites Mal die Bahn, diesmal per Brücke. Nur 100 m

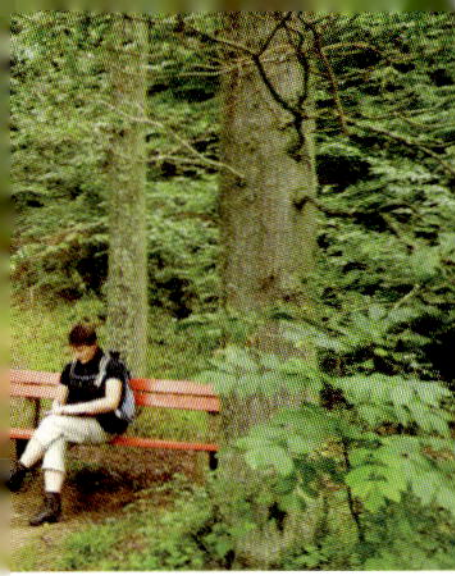

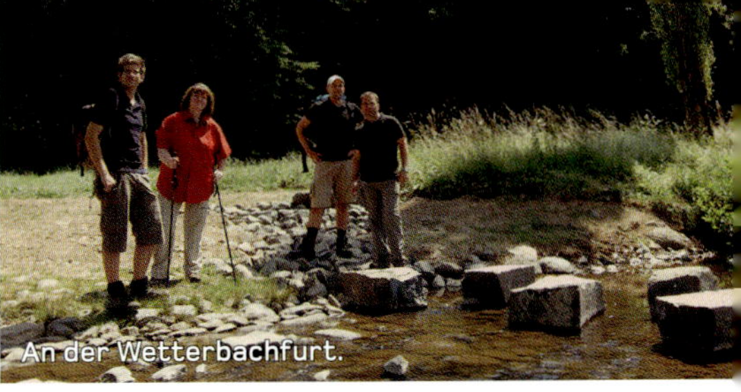

An der Wetterbachfurt.

später biegen wir scharf rechts auf einen Feldweg ab, der nun deutlich aufwärts führt. Doch schon sehen wir die eindrucksvolle Baumgruppe auf halber Höhe vor uns: Dort lädt nach **10.5 km** eine hoch willkommene Vesperinsel **(10)** zur Rast ein.

Erholt erobern wir die letzten Anstiegsmeter hinauf zum Waldrand, wo wir rechts auf einen fast eben verlaufenden Forstweg schwenken. Einige Weiden säumen den Weg, dann hüllt das üppige Grün des Waldes die Trasse ein. Von verborgenen Waldseen bekommen wir nicht viel mit und erreichen schließlich nach **11.6 km** den Wanderparkplatz „Großer Stein" **(11)**. Vom Stein ist freilich noch lange nichts zu sehen, denn bis wir dort eintreffen, sind noch einige Höhenmeter zu erklimmen. Begleitet vom Rothaarsteig-Zuweg, nehmen wir die Herausforderung an und wandern auf breiten, aber deutlich ansteigenden Forstwegen durch den herrlichen Mischwald. Mitten im erhabenen Buchenhallenwald erahnen wir rechter Hand die Felsen des „Großen Steins". Die zugehörige Hörstation **(12)** präsentiert nach **13 km** die passenden Texte. Die eigentlichen Felsen liegen abseits des Weges, denn sie stehen unter Naturschutz. So begnügen wir uns mit den Durchblicken zum Fels und biegen an der folgenden Kreuzung links abwärts Richtung Lützeln ab. Bald geht es steil abwärts, bis sich linker Hand eine Wiese öffnet. Wenig später dürfen wir auf einen Pfad wechseln und auf weichem Nadelteppich zu einem Bächlein absteigen. Nach Querung des quirligen Wassers ändert sich die Szenerie und wir erklimmen durch Wiesen eine Kuppe. Nach kurzer Asphaltpassage ist es dann so weit: Von der Hangkante aus haben wir Lützeln und den Startpunkt der Tour fest im Blick. Schlagartig wird uns klar, dass der Endspurt anstrengend wird, denn der Ort liegt tief unter uns, und da müssen wir durch.

Ein idyllischer Pfad bringt uns nach **14.8 km** zur tollen Aussicht am Kriegerdenkmal, dann führt der Weg sehr steil hinab nach Lützeln. Unten angelangt, biegen wir an der Hauptstraße nach rechts, um 120 m später links in den Hainhof abzubiegen. Nach **15.7 km** haben wir es dann geschafft und können als Belohnung am Ende der Runde vom Sportplatz Lützeln **(1)** aus noch einmal die grandiose Panoramaaussicht genießen.

Touristikverband Siegerland-Wittgenstein e.V., Koblenzer Str. 73, 57072 Siegen ✆ 0271/333-1020 ⓘ www.siegerland-wittgenstein-tourismus.de ▪ *Gemeinde Burbach, Eicher Weg 13, 57299 Burbach ✆ 02736/4522 ⓘ www.burbach-siegerland.de*

Pizzeria Da Mimmo, Zum Großen Stein 28, 57299 Burbach-Holzhausen ✆ 02736/299515 ▪ *Restaurant Hickengrundhalle, Westerwaldstr. 25, 57299 Burbach-Niederdresselndorf ✆ 02736/5093965* ▪ *Gasthof Schäfer, Oranienstr. 44, 57299 Burbach-Lützeln ✆ 02736/5094522*

Hotel Fiester Hannes, Flammersbacher Str. 7, 57299 Burbach-Holzhausen ✆ 02736/29590 ⓘ www.fiesterhannes.de

Mit überregionalen Zügen gelangt man bis Haiger oder Betzdorf. Von dort fährt die KbS 462 (Hellertal-Bahn) bis Niederdresselndorf oder Holzhausen. Infos: ⓘ www.zws-online.de ⓘ www.hellertalbahn.de

Taxi Mockenhaupt 02736-6637 ▪ *Taxi Meyer 02736-6042*

Nachtwächterführungen in Burbach
Eine nächtliche Stadtführung hat schon ganz besondere Reize, vor allem wenn sie unter der Führung eines stilechten Nachtwächters steht. In Burbach kann man in den Genuss dieses Erlebnisses kommen und bei Fackelschein Interessantes zur Geschichte erfahren.
Weitere Informationen & Anmeldung: Tourist Information Gemeinde Burbach, Eicher Weg 13, 57299 Burbach ✆ 02736/4522 oder 4579 ⓘ www.burbach-siegerland.de

Wiesenlehrpfad im Wetterbachtal
Wer mehr über das Leben in unseren Wiesen erfahren möchte, ist auf dem Wiesenlehrpfad bei Holzhausen genau richtig. An der „Alten Schule" in Holzhausen beginnt der 2 km lange Rundweg, der unterwegs mit anschaulichen Tafeln Wissenswertes zu Natur und Nutzung der Wiesen vermittelt.
Weitere Informationen: Tourist Information Gemeinde Burbach, Eicher Weg 13, 57299 Burbach ✆ 02736/4522 oder 4579 ⓘ www.burbach-siegerland.de

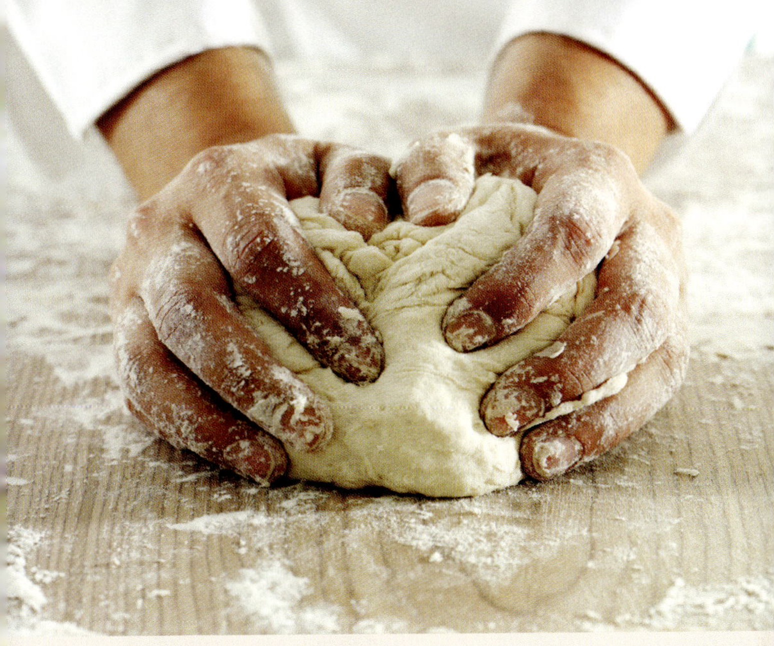

Die „Backes"-Tradition

In vielen Orten im Siegerland trifft man auch heute noch auf Gemeindebackhäuser, die sogenannten „Backes". Ihren Ursprung haben diese gemeinschaftlichen Brotbackhäuser bereits im Mittelalter. Denn im Jahre 1562 erließ Graf Johann von Nassau eine Anordnung, nach der möglichst in jedem Dorf ein Gemeinschaftsbackhaus errichtet werden sollte. Der Zweck dahinter war eine Sparmaßnahme: Durch den Bergbau wurde das Holz knapp, und daher sollte durch das koordinierte Brotbacken schlicht Holz gespart werden.

So schlossen sich mehrere Familien zusammen und buken ihr Brot gemeinsam zu vereinbarten Zeiten im „Backes". Schnell entwickelte sich das gemeinsame Backen zu einer regen Informationsbörse, denn während man auf das Brot wartete, blieb jede Menge Zeit zum Austausch der Dorfneuigkeiten. Heutzutage werden viele „Backeser" wiederbelebt, und es finden regelmäßige „Backtage & Kartoffelfeste" statt. Und noch immer kann man der Versuchung von noch warmem Schwarzbrot mit Butter nur sehr schwer widerstehen. Einen Flyer mit allen Backesfesten der Region gibt es beim Touristikverband Siegerland-Wittgenstein.

15 Literatur in der Natur, Teil 2

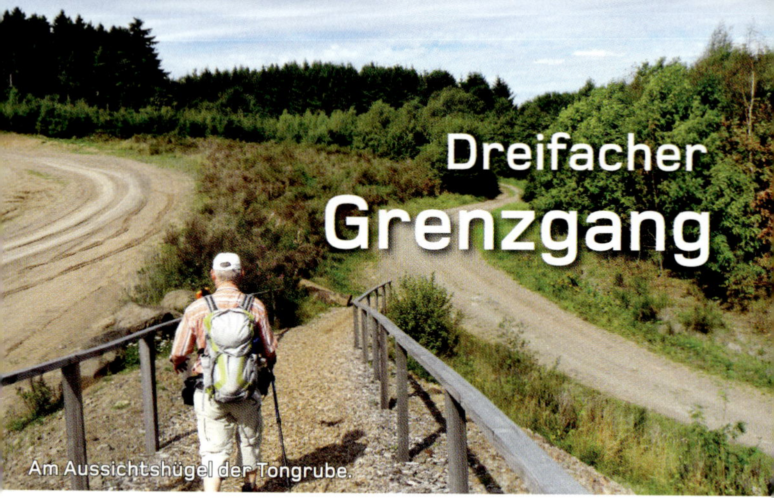

Am Aussichtshügel der Tongrube.

- **Start/Ziel:** Hickengrundhalle, Niederdresselndorf
- **Gesamtlänge:** 14.7 km
- **Gesamtzeit:** 4 Std. 45 Min.
- **Anspruch:**
- **Kalorien:** ♀ 1041 ♂ 1223
- **Tour Download**: WH15RX2

- **Anfahrt:** A 45 bis Haiger/Burbach. L 730 nach Holzhausen bis Niederdresseln-dorf. Parken an der Hickengrundhalle.

- **Wegformat:**

Verbunddecke:	22.9 %
Befestigt:	46.7 %
Naturwege:	30.4 %

scan to go

QR-Code mit dem internetfähigen Smartphone einscannen und Startpunkt direkt anzeigen lassen.

- **Parken:**
- Hickengrundhalle
  N50° 43' 00.0'' E8° 08' 13.2''
- Sportplatz Lützeln
  N50° 43' 01.5'' • E8° 05' 57.3''
- Bahnhof Niederdresselndorf
  N50° 43' 16.2'' • E8° 08' 10.6''

- **Wegpunkte:**

P1: Hickengrundhalle 32 U 439076 5618673
P2: Hörstation 32 U 438735 5618684
P3: Hörstation 32 U 437872 5618922
P4: Tripelpunkt mit Nordschleife 32 U 437285 5618257
P5: Aussichtspunkt Tongrube 32 U 437326 5618024
P6: Rastplatz Alter Steinbruch 32 U 437761 5616176
P7: Hörstation 32 U 438251 5615251
P8: Waldsofa 32 U 438797 5617239
P9: Hörstation 32 U 439446 5618103
P10: Wechsel auf Verbindungsweg 32 U 439341 5618540

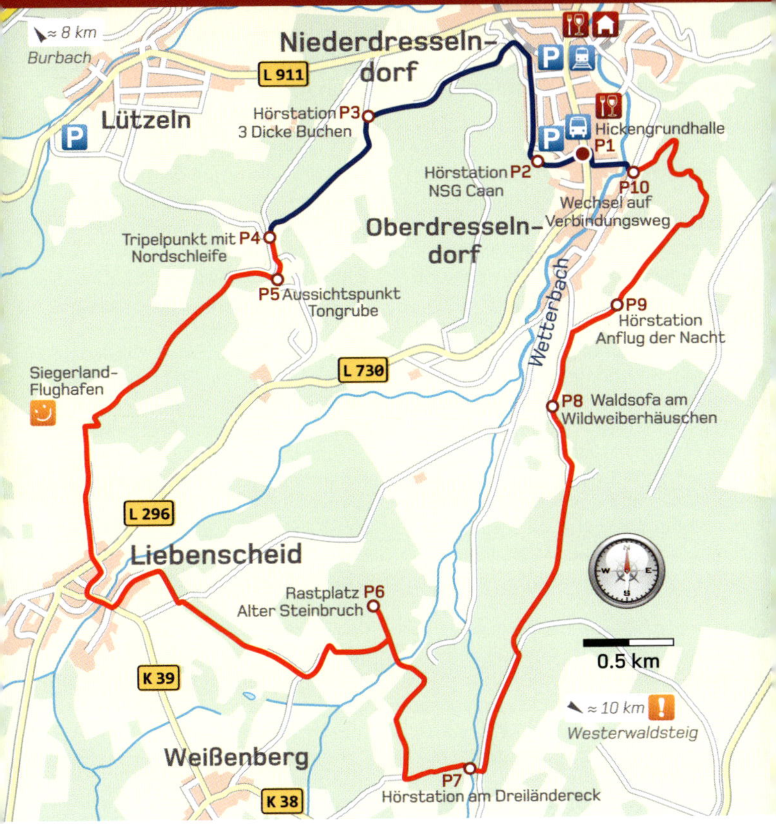

■ Höchster Punkt: 597 m ■ Steigung/Gefälle: 372 m

≈ 8 km
Burbach
Niederdresseln-dorf
L 911
Lützeln
Hörstation P3
3 Dicke Buchen
Hickengrundhalle
P1
Hörstation P2
NSG Caan
P10
Wechsel auf Verbindungsweg
Tripelpunkt mit P4
Nordschleife
Oberdresseln-dorf
P5 Aussichtspunkt Tongrube
Wetterbach
P9
Hörstation
Anflug der Nacht
Siegerland-Flughafen
L 730
P8 Waldsofa am Wildweiberhäuschen
L 296
Liebenscheid
Rastplatz P6
Alter Steinbruch
0.5 km
K 39
≈ 10 km
Westerwaldsteig
Weißenberg
P7
Hörstation am Dreiländereck
K 38

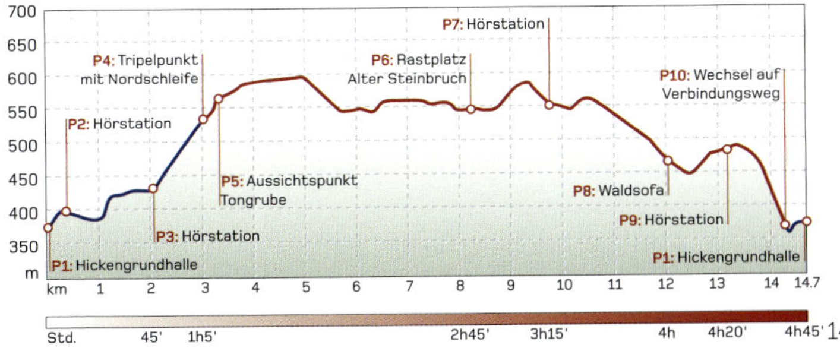

P1: Hickengrundhalle
P2: Hörstation
P3: Hörstation
P4: Tripelpunkt mit Nordschleife
P5: Aussichtspunkt Tongrube
P6: Rastplatz Alter Steinbruch
P7: Hörstation
P8: Waldsofa
P9: Hörstation
P10: Wechsel auf Verbindungsweg
P1: Hickengrundhalle

m 350 400 450 500 550 600 650 700
km 1 2 3 4 5 6 7 8 9 10 11 12 13 14 14.7
Std. 45' 1h5' 2h45' 3h15' 4h 4h20' 4h45'

Auch die Südschleife des WanderHöhepunkts „Literatur in der Natur" wartet wieder mit Hörstationen auf, die ein einmaliges Erlebnis von Dichtung und Natur ermöglichen. Zusätzlich werden wir auf der Tour zu wahren Grenzgängern, denn nicht weniger als drei Bundesländer haben Anteil an der Strecke.

Am Parkplatz der Hickengrundhalle in Niederdresselndorf (1) beginnen wir die Wanderung auf der Südschleife von „Literatur in der Natur". Zügig verlassen wir über die Feldstraße den Ort bergan und treffen, kaum am Waldrand angelangt, auf die erste Hörstation am Naturschutzgebiet Caan (2). Goethe, Mörike und Eichendorff geben uns Schwung mit, und so meistern wir den Anstieg über die offenen Wiesen hinauf zum kunstvoll verzierten Wasserhaus problemlos. Vom Waldrand aus haben wir einen herrlichen Blick zurück auf das Tal, das nun wie in einer Modelllandschaft unter uns liegt.

Kurzweilig führen uns die markanten Logos am Waldrand entlang und schicken uns an einem Querweg links hinauf in den Hochwald. Durch diesen dürfen wir wenig später über einen Pfad wieder zu einem Wirtschaftsweg am Rand der Wiesen absteigen. Die Wiesen werden im Sommer oft von Pfadfindern in Beschlag genommen. Wir wandern unbeirrt geradeaus weiter und treffen nach **2 km** an der zweiten Hörstation des Tages ein. Auch die benachbarte Vesperinsel an den „Drei dicken Buchen" (3) lädt zum Verweilen an diesem idyllischen Platz ein.

Nun werden unsere Kräfte wieder gefordert, denn auf weichem Naturweg steigen wir weiter bergan. Schließlich treffen wir auf einen Forstweg, biegen nach links und stehen nach **3 km** am Tripelpunkt (4): Hier trifft der Verbindungsweg auf die Hauptroute des WanderHöhepunkts. Für die Fortsetzung der Südschleifen-Tour wenden wir uns nach links, weiter vom vertrauten Logo geführt und vom Rothaarsteig (RHS) begleitet. Der nächste sprichwörtliche Hö-

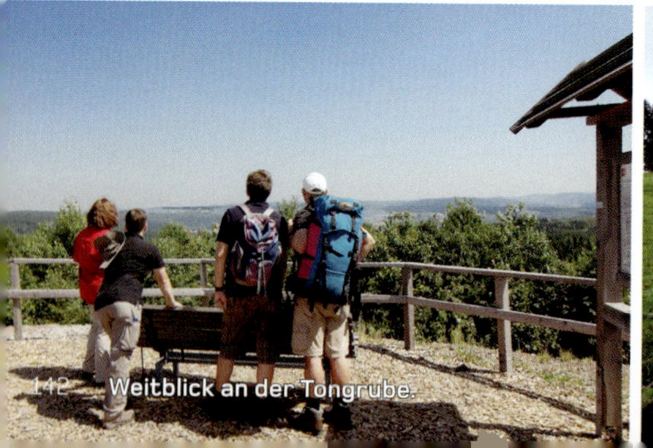

Weitblick an der Tongrube.

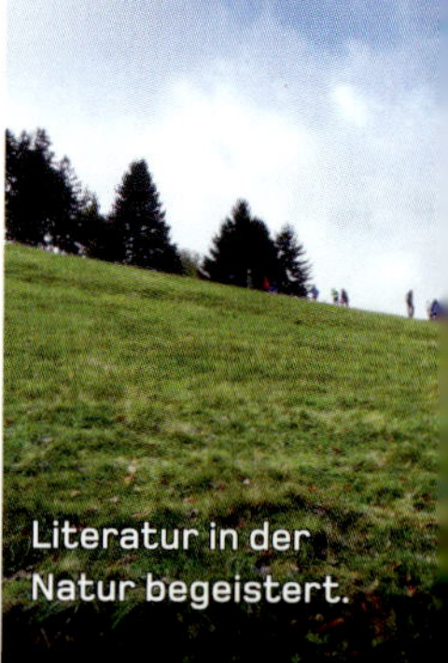
Literatur in der Natur begeistert.

hepunkt lässt nicht lange auf sich warten: Wir erreichen die Tongrube, wo nur 50 m neben dem Weg eine Aussichtsplattform **(5)** nebst Sinnesbänken zum Fern-Sehen und Ausruhen lockt. Besonders bei klarem Wetter ist der Blick in die Umgebung phänomenal schön. Und auch Informationen gibt es: Tafeln erläutern die Kaolin-Tongrube „Auf dem Kreuz", die sich uns zu Füßen auftut. So mit neuem Wissen versehen und mit herrlichen Eindrücken belohnt, setzen wir die Wanderung auf meist breiten Forstwegen fort. Der Anstieg ist fast geschafft, und so kommen wir am abwechslungsreichen Wald auf fast ebener Strecke munter voran.

Nach **4.8 km** knickt unser Weg an einem Zaun scharf nach links, um nur wenige Meter später der Umzäunung nach rechts zu folgen. Die Sache ist schnell geklärt: Der Zaun stellt die äußere Umgrenzung des Siegerland-Flughafens dar. 100 m später verlassen wir Zaun und Gehölz und laufen hinaus auf freies Wiesenumfeld. Eine Bank am Wiesenrand gibt Gelegenheit, die neue Aussicht in Ruhe zu genießen. Dann wandern wir gemächlich auf weichem Wiesenweg abwärts Richtung Liebenscheid, das wir bereits vor uns auftauchen sehen. Direkt unter der mit Signalbeleuchtung markierten Einflugschneise wechselt der Naturweg zum Asphaltweg. Auf diesem laufen wir nach Liebenscheid, wo wir nach **5.7 km** die L 296 queren und geradeaus in die Mühlstraße laufen. Dass wir uns mittlerweile in Rheinland-Pfalz befinden, bemerken wir spätestens an den Autokennzeichen, doch unser Grenzgang ist noch lange nicht vollendet, wie allein das nächste Zwischenziel, das Dreiländereck, belegt.

Wir wandern durch Liebenscheid und wenden uns schließlich links in die Gartenstraße, die uns rasch zum Ortsrand bringt. Dort endet der Asphalt, und auf grasigem Untergrund folgen wir dem Waldrand zu einem querenden Radweg. Mit kleinem Versatz (links, rechts) gelangen wir auf einen Wirtschaftsweg, der uns durch ein Spalier junger Laubbäume führt. Etwas später öffnet sich nach links wieder die Offenlandschaft und ermöglicht schier endlose Ausblicke nach

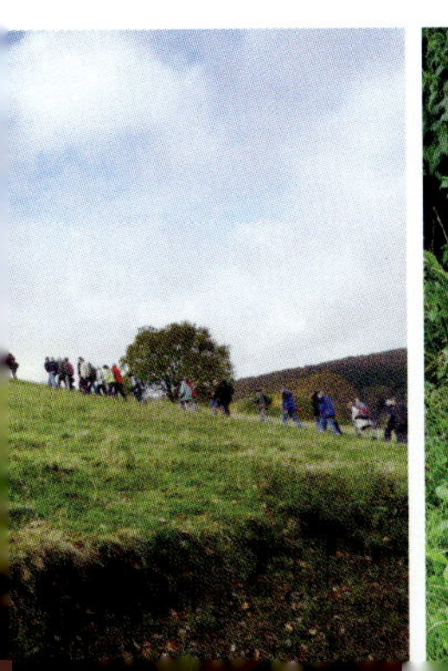

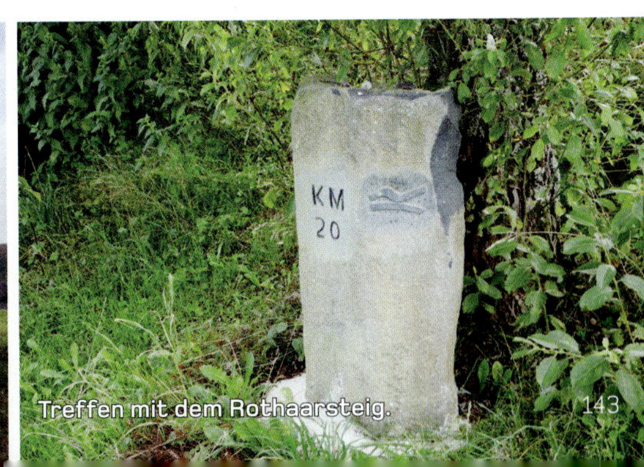

Treffen mit dem Rothaarsteig.

Nordosten. Nach **7.2 km** verlässt uns der RHS, der hier nach rechts abbiegt. Wir aber laufen geradeaus und biegen erst an der folgenden Kreuzung links ab. Einige Felder sind rasch passiert, dann tauchen wir auf urigem Pfad in den hochgewachsenen Mischwald ab.

Nach kurzem Abstieg treffen wir im Wald auf einen Forstweg und entschließen uns zu einem kurzen Abstecher: Eigentlich geht es rechts weiter, doch nur 150 m nach links befindet sich am Forstweg ein alter Steinbruch, in dem ein Rastplatz **(6)** eingerichtet ist. Von den Bänken aus können wir nach **8.2 km** einmal mehr eine sagenhaft schöne Aussicht genießen. Nach diesem Exkurs kehren wir zum eigentlichen WanderHöhepunkt zurück und folgen dem breiten Weg kurzweilig durch den Wald. Mittlerweile sind wir übrigens unbemerkt zurück in Nordrhein-Westfalen. Doch das wird sich bald wieder ändern, denn auf Höhe eines kleinen Waldteichs biegen wir rechts auf einen Naturweg ab.

Beim nächsten Richtungswechsel nach links finden wir dann auch tatsächlich uralte, bemooste Grenzsteine. Wir laufen leicht aufwärts und verlassen kurz den Wald. Doch lange bleiben wir der wogenden Wiese nicht treu, denn begleitet von einem Pilgerweg tauchen wir links mit einem engen Pfad zurück ins schummrige Grün dichten Waldes. Der verläuft nun auf der Landesgrenze zu Rheinland-Pfalz, und wir werden auf diesem Abschnitt zu sprichwörtlichen Grenzgängern.

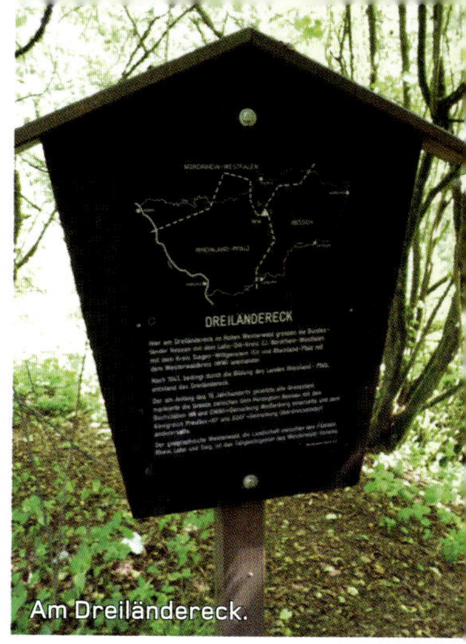

Am Dreiländereck.

Der Weg wird steiler und bringt uns nach **9.8 km** endgültig ins Tal und zum Dreiländereck **(7)**. Hier, wo Hessen, Nordrhein-Westfalen und Rheinland-Pfalz aufeinandertreffen, gibt es nicht nur einen plätschernden Bach, sondern auch wieder eine Hörstation, die mit Texten rund ums Wandern Poesie und Naturerlebnis zusammenführt.

Wir verabschieden uns von Rheinland-Pfalz und folgen dem Pfad zum nächsten Forstweg. Dort wenden wir uns auf hessischer Gemarkung nach links und frönen dem Genuss des erhabenen Laubmischwaldes. Unbemerkt lassen wir dann auch Hessen hinter uns und schließen den Reigen der Grenzgänge mit der Rückkehr nach Nordrhein-Westfalen. Dann unterbricht eine Wiese den Wald, und im Bogen verlieren wir etwas Höhe. Kaum schließt sich die Baumkulisse wieder um uns, ra-

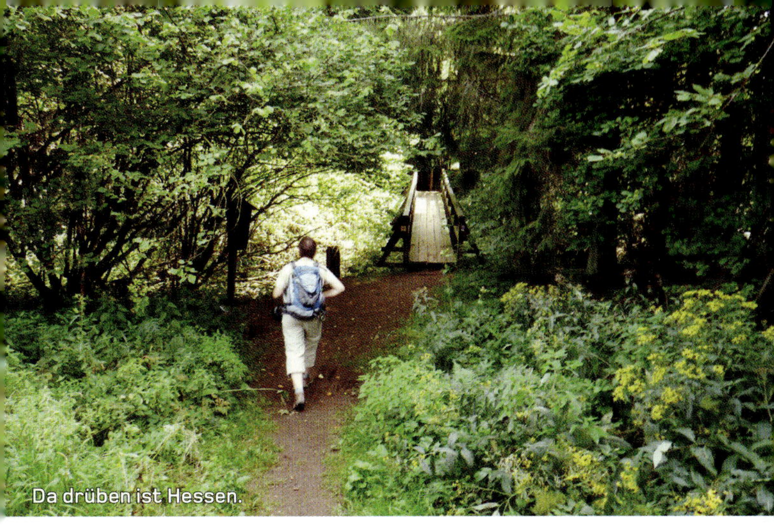
Da drüben ist Hessen.

gen rechter Hand mächtige Felsen auf. Kein Zweifel, nach **12 km** stehen wir am „Wildweiberhäuschen" **(8)**, wie dieses Areal des Naturschutzgebiets Steinnoch auch genannt wird. Ein Waldsofa lädt zum Verweilen in der idyllischen Umgebung ein.

Wenig später wird die Natur um uns offener, der Wald weicht zurück, und über Wiesen ergeben sich wieder tolle Blicke in den Hickengrund. Auf asphaltiertem Grund wandern wir abwärts, bis wir uns an einem Wasserpumpenhaus nach rechts bergan wenden. Nun jagt ein toller Ausblick den nächsten. Mit stetig wechselnder Perspektive können wir den Hickengrund aus der Sicht eines Vogels betrachten, was besonders von der letzten Hörstation aus, dem „Anflug der Nacht" **(9)**, ein tolles Erlebnis ist. Dann vollenden wir den Aufstieg und wechseln noch einmal in den Wald. Der zunächst breite Weg mausert sich bald zum engen Waldpfad, der uns durch urwüchsige Natur bergab führt. Dabei fasziniert uns die Vielfalt der Flora, die vom üppigen Jungmischwald bis zum knorrigen Eichenwald reicht. Diese Passage gibt uns noch einmal ausführlich Gelegenheit, die Natur in vollen Zügen zu genießen.

Doch unvermittelt endet das Idyll nach **14.3 km**, als der WanderHöhepunkt den Wald verlässt und uns am Wetterbach zum Tripelpunkt mit dem Verbindungsweg **(10)** bringt. Wir laufen auf diesem geradeaus zum Steg über den Bach und folgen dann der Hindenburgstraße durch Niederdresselndorf hinauf zur Westerwaldstraße. Dort biegen wir nach rechts und treffen nach ereignisreichen **14.6 km** wieder am Start bei der Hickengrundhalle **(1)** ein.

Info Tour 15

Touristikverband Siegerland-Wittgenstein e.V., Koblenzer Str. 73, 57072 Siegen ✆ 0271/333-1020 ⓘ www.siegerland-wittgenstein-tourismus.de ▪ Gemeinde Burbach, Eicher Weg 13, 57299 Burbach ✆ 02736/4522 ⓘ www.burbach-siegerland.de

Restaurant Hickengrundhalle, Westerwaldstr. 25, 57299 Burbach-Niederdresselndorf ✆ 02736/5093965

Hotel Fiester Hannes, Flammersbacher Str. 7, 57299 Burbach-Holzhausen ✆ 02736/29590 ⓘ www.fiesterhannes.de

Mit überregionalen Zügen gelangt man bis Haiger oder Betzdorf. Von dort fährt die KbS 462 (Hellertal-Bahn) bis Niederdresselndorf oder Holzhausen. Infos: ⓘ www.zws-online.de ⓘ www.hellertalbahn.de

Taxi Mockenhaupt ✆ 02736/6637 ▪ Taxi Meyer ✆ 02736/6042

Westerwald-Steig
Wer nach den WanderHöhepunkten und dem Rothaarsteig noch mehr Lust aufs Wandern in der Region hat, dem sei der Westerwald-Steig empfohlen. Dieser verläuft nur wenig südlich der Südschleife von „Literatur in der Natur". Er beginnt in Herborn im Westerwald und endet nach 235 km in Bad Hönningen am Rhein. ▪ Buchtipp: Westerwald-Steig Top-Set (Buch & Karte) ⓘ www.ideemediashop.de

Erlebnis Flughafen
Über den Wolken… An mehreren Terminen im Jahr öffnet der Siegerland-Flughafen für Luftfahrtenthusiasten die Türen. Drei Führungspackages sind geschnürt worden, die einen Blick hinter die Kulissen möglich machen. Die Besichtigungstour, in jedem Package enthalten, führt zur Feuerwehr, auf den Tower und in die Hangars. Und vielleicht heißt es ja am Schluss sogar „Ready for Take-Off", wenn Sie sich für das First-Class-Angebot entschieden haben. Informationen & Anmeldung: ⓘ www.burbach-siegerland.de oder ⓘ www.siegerland-airport.de ✆ 02736/45-79 oder -22. Gruppenführungen auf Anfrage unter ✆ 02736/414-0.

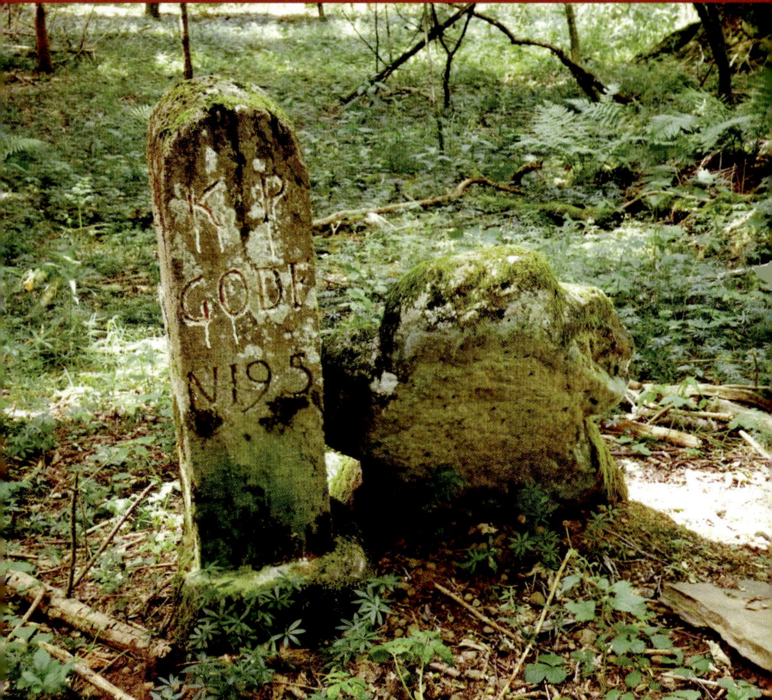

Feurige Vergangenheit

Im Süden des Siegerlands stößt man immer wieder auf die feurige Vergangenheit der Region. Zwar ist der angrenzende Westerwald für seine Basalte berühmt, doch auch um Neunkirchen und Burbach tritt das harte, aus Lava erstarrte Gestein zu Tage. Eigentlich wird der Untergrund von Westerwald und Südsiegerland vom etwa 400 Millionen Jahre alten (devonischen) Schiefergebirge gebildet. Allerdings kam es im Tertiär, vor allem vor etwa 25 Millionen Jahren, zu intensiver Vulkantätigkeit, in deren Folge nicht nur Basalte, sondern auch Tuffe abgelagert wurden.

Die Basalte waren für die Bauindustrie (besonders für den Straßenbau) ein sehr wertvoller Rohstoff. Darüber hinaus überdeckte der widerstandsfähige Basalt die Tonschichten des Westerwalds und schützte sie so vor der Erosion. Diese Tone bilden die Grundlage der Keramikindustrie in der Region, die wesentlich zur Wirtschaftskraft des „Kannenbäckerlandes" beigetragen hat.

16 Kyrillpfad

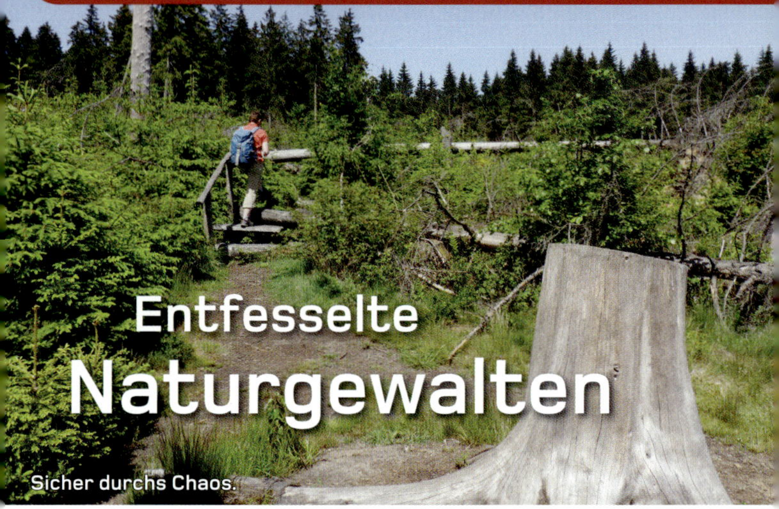

Entfesselte Naturgewalten

Sicher durchs Chaos.

- **Start/Ziel:** Wanderparkplatz Forsthaus Hohenroth
- **Gesamtlänge:** 2 km
- **Gesamtzeit:** 45 Min.
- **Anspruch:** 1 von 4
- **Kalorien:** ♀ 133 ♂ 157
- **Tour Download**: WH16RX1

- **Anfahrt:** Von Netphen über die B 62 bis Abzweig Eisenstr. (L 722). Von Erndtebrück nutzt man die L 720 nach Benfe.

- **Wegformat:**
- Verbunddecke: 0.0 %
- Befestigt: 52.0 %
- Naturwege: 48.0 %

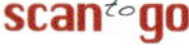

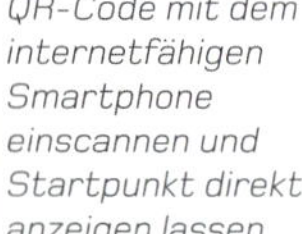

QR-Code mit dem internetfähigen Smartphone einscannen und Startpunkt direkt anzeigen lassen.

- **Parken:**
- Ederquelle an der Eisenstraße N50° 55' 51.7'' • E8 11' 52.6''

- **Wegpunkte:**

P1: Parkplatz Ederquelle 32 U 443638 5642462

P2: Portal & Beginn Kyrillpfad 32 U 444318 5642498

P3: Aussichtspodest 32 U 444093 5642447

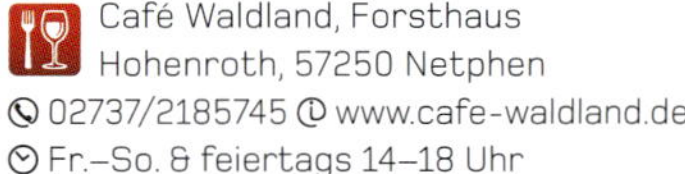

Café Waldland, Forsthaus Hohenroth, 57250 Netphen
✆ 02737/2185745 ⓘ www.cafe-waldland.de
⏲ Fr.–So. & feiertags 14–18 Uhr

Hotel-Restaurant-Café Forsthaus Lahnquelle, Lahnhof 1, 57250 Netphen-Lahnhof ✆ 02737/241
ⓘ www.forsthaus-lahnquelle.de

■ Höchster Punkt: 665 m ■ Steigung/Gefälle: 26 m

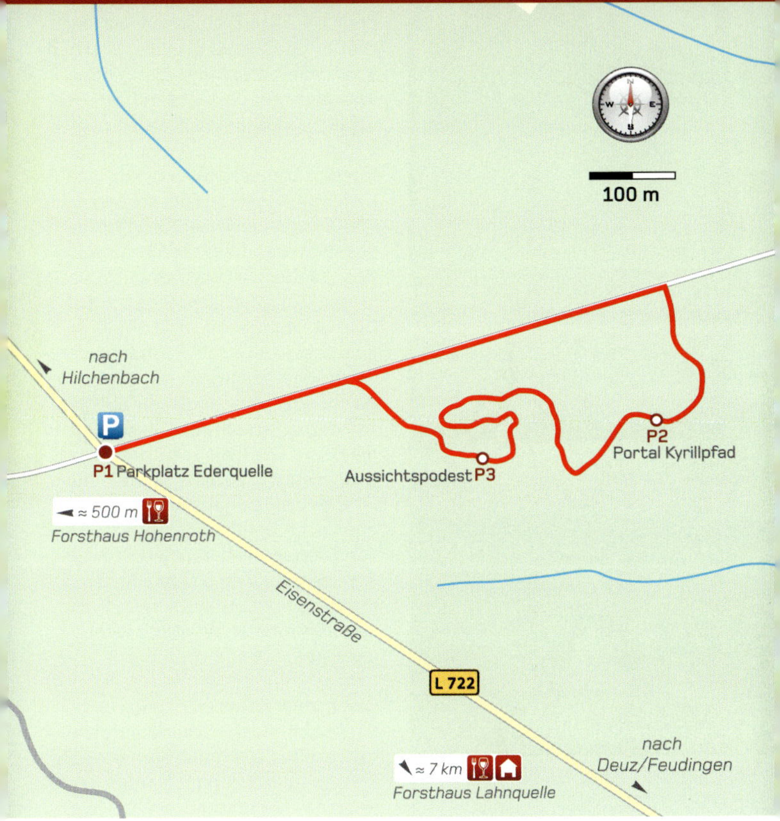

100 m

nach Hilchenbach

P1 Parkplatz Ederquelle

≈ 500 m

Forsthaus Hohenroth

Aussichtspodest P3

P2 Portal Kyrillpfad

Eisenstraße

L 722

≈ 7 km

Forsthaus Lahnquelle

nach Deuz/Feudingen

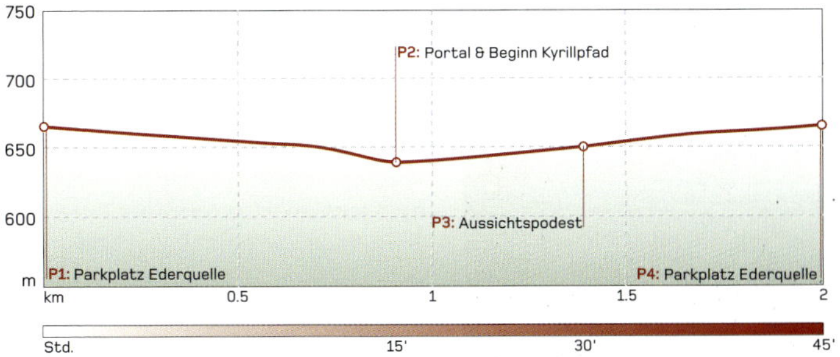

750
700
650
600
m

P2: Portal & Beginn Kyrillpfad

P3: Aussichtspodest

P1: Parkplatz Ederquelle

P4: Parkplatz Ederquelle

km 0.5 1 1.5 2

Std. 15' 30' 45'

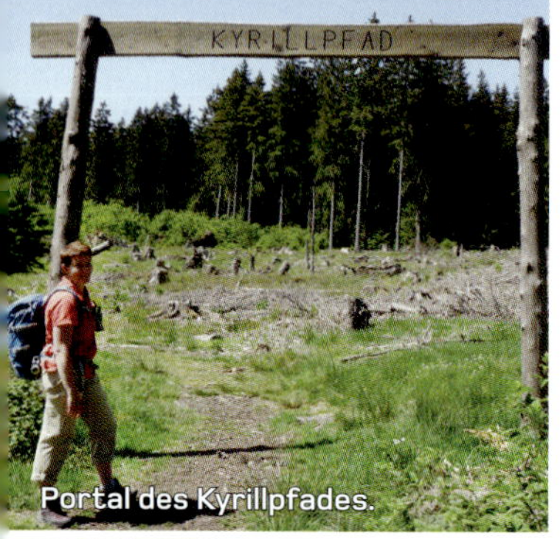

Portal des Kyrillpfades.

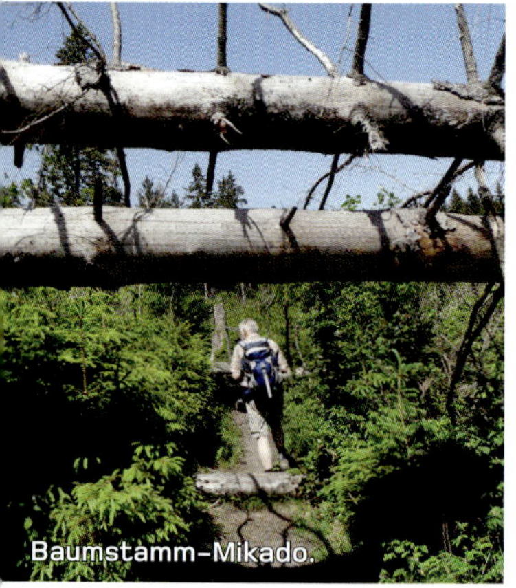
Baumstamm-Mikado.

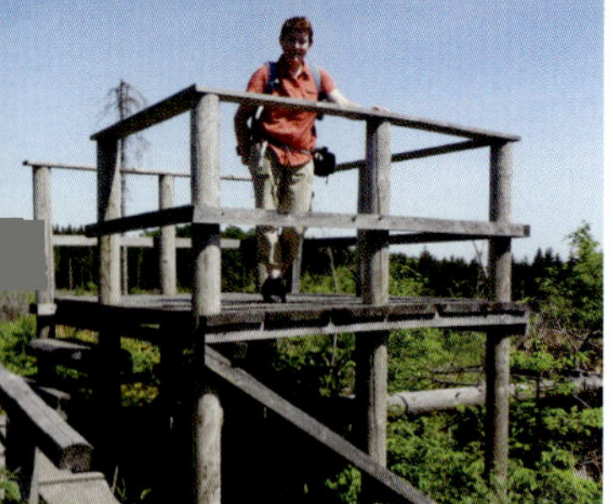
Aussichtspodest im Windwurf.

In der Nacht vom 18. auf den 19. Januar 2007 fegte der Orkan „Kyrill" über Deutschland. Besonders hart traf er das Siegerland und Wittgenstein. Allein das Forstamt Siegen-Wittgenstein beklagte den Verlust von 2.2 Millionen Festmetern.

Um den Menschen auch Jahre nach Kyrill vor Augen zu führen, welche Kraft Naturgewalten besitzen, entstand an der Eisenstraße, unweit des Wanderparkplatzes Ederquelle, der Kyrillpfad. Das Forstamt Siegen-Wittgenstein überließ eine drei Hektar große Fläche der natürlichen Entwicklung, ohne das geworfene Sturmholz aufzuarbeiten und zu entfernen. So können die Besucher hautnah erleben, was Sturmwurf in einem fast reinen Fichtenwald bedeutet. Man kann aber auch beobachten, wie sich der Wald regeneriert, welche Pflanzen die Chance einer solchen Katastrophe zu nutzen wissen und wie dadurch eine artenreiche Insel entsteht.

Den Kyrillpfad erreicht man vom Parkplatz, indem man dem Rothaarsteig-Zuweg auf dem breiten Forstweg Richtung Ederquelle folgt. Nach ca. 700 m weist ein Hinweisschild dann rechts zum Portal des Kyrillpfades. Infos zum Kyrillpfad:
Ⓘ www.wald-und-holz.nrw.de

Der Rundgang auf dem Kyrillpfad lässt sich gut mit einem Besuch im Waldinformationszentrum Hohenroth kombinieren. Infos auf S. 55
Ⓘ www.waldland-hohenroth.de

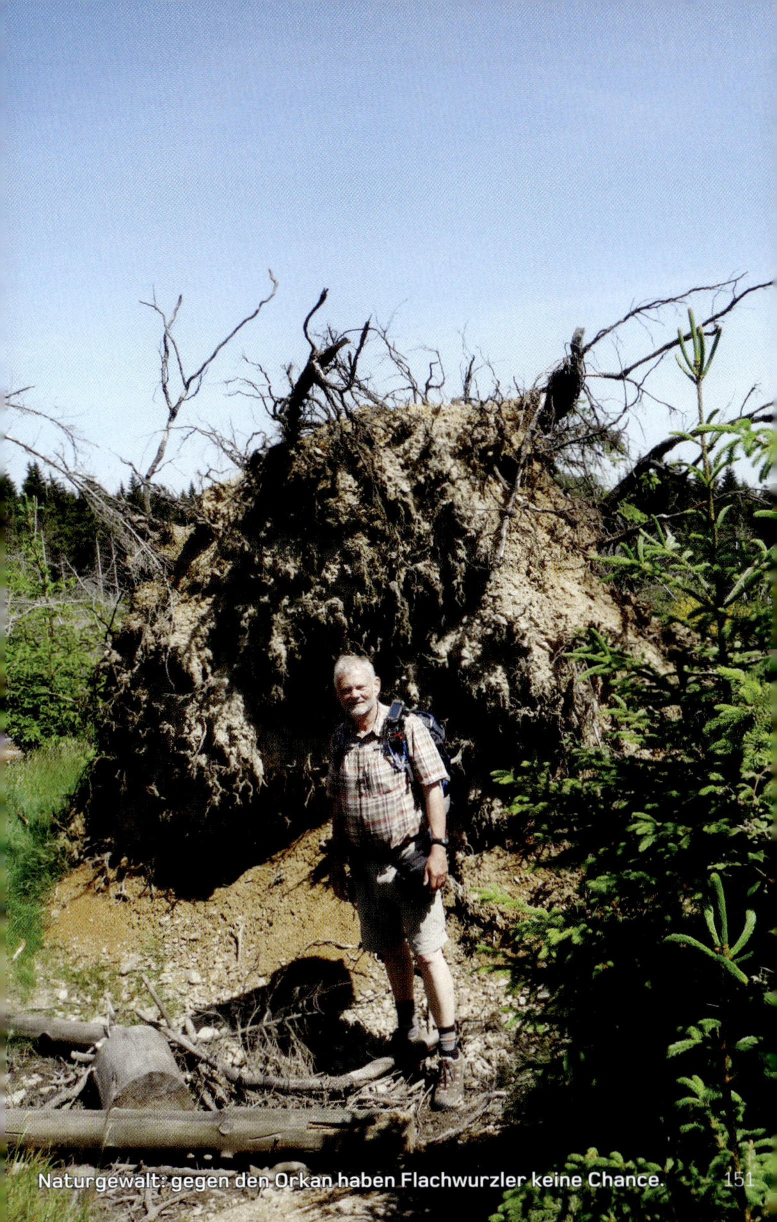

Naturgewalt: gegen den Orkan haben Flachwurzler keine Chance.

Register

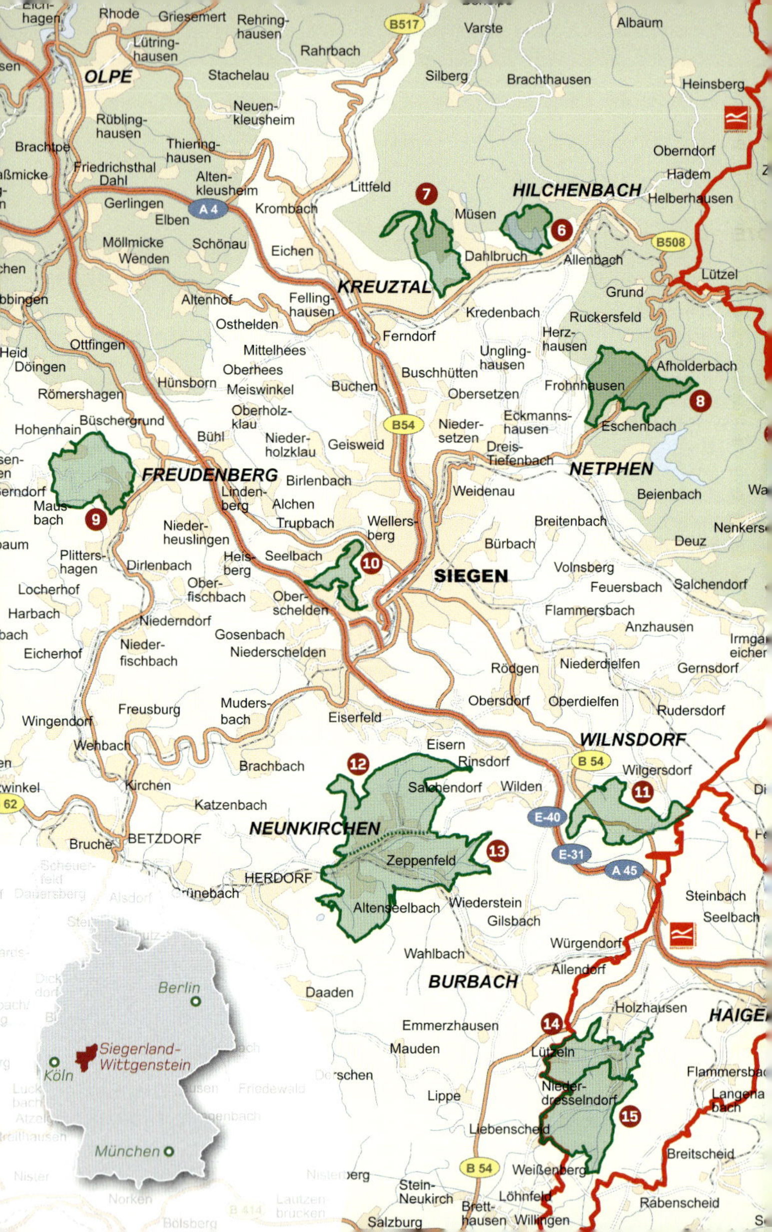

Rhode
Griesemert
Rehring-hausen
B517
Varste
Albaum
Lütring-hausen
Rahrbach
OLPE
Stachelau
Silberg
Brachthausen
Heinsberg
Neuen-kleusheim
Rübling-hausen
Brachtpe
Thieming-hausen
Oberndorf
Friedrichsthal
Dahl
Hadem
Alten-kleusheim
Littfeld
7
HILCHENBACH
Helberhausen
Gerlingen
A 4
Krombach
Elben
Müsen
6
Möllmicke
Wenden
Schönau
Eichen
B508
Dahlbruch
Allenbach
Lützel
KREUZTAL
Grund
Altenhof
Felling-hausen
Kredenbach
Ruckersfeld
Osthelden
Ferndorf
Herz-hausen
Ottfingen
Mittelhees
Ungling-hausen
Afholderbach
Heid
Döingen
Oberhees
Buschhütten
Hünsborn
Frohnhausen
Römershagen
Meiswinkel
Buchen
Obersetzen
8
Oberholz-klau
Hohenhain
Büschergrund
B54
Nieder-setzen
Eckmanns-hausen
Eschenbach
Bühl
Nieder-holzklau
Geisweid
Dreis-Tiefenbach
NETPHEN
FREUDENBERG
Birlenbach
Weidenau
Beienbach
Linden-berg
Alchen
Maus-bach
9
Breitenbach
Nieder-heuslingen
Trupbach
Wellers-berg
Nenkersdorf
Deuz
Bürbach
Plitters-hagen
Seelbach
Heis-berg
10
Dirlenbach
SIEGEN
Volnsberg
Salchendorf
Ober-fischbach
Feuersbach
Locherhof
Ober-schelden
Flammersbach
Harbach
Niederndorf
Anzhausen
Gosenbach
Eicherhof
Nieder-fischbach
Niederschelden
Rödgen
Niederdielfen
Gernsdorf
Freusburg
Muders-bach
Obersdorf
Oberdielfen
Rudersdorf
Wingendorf
Eiserfeld
WILNSDORF
Eisern
Wehbach
12
Rinsdorf
B 54
Brachbach
Wilgersdorf
Kirchen
Salchendorf
Wilden
11
62
Katzenbach
E-40
NEUNKIRCHEN
13
Bruche
BETZDORF
Zeppenfeld
E-31
HERDORF
A 45
Grünebach
Steinbach
Wiederstein
Altenseelbach
Gilsbach
Seelbach
Würgendorf
Wahlbach
Berlin
Allendorf
BURBACH
Daaden
Holzhausen
14
Emmerzhausen
Siegerland-Wittgenstein
Mauden
Lützeln
Köln
Derschen
Flammersbach
Nieder-dresselndorf
Lippe
Langenaubach
15
Liebenscheid
München
Breitscheid
B 54
Weißenberg
Stein-Neukirch
Löhnfeld
Brett-hausen
Willingen
Rabenscheid
Salzburg

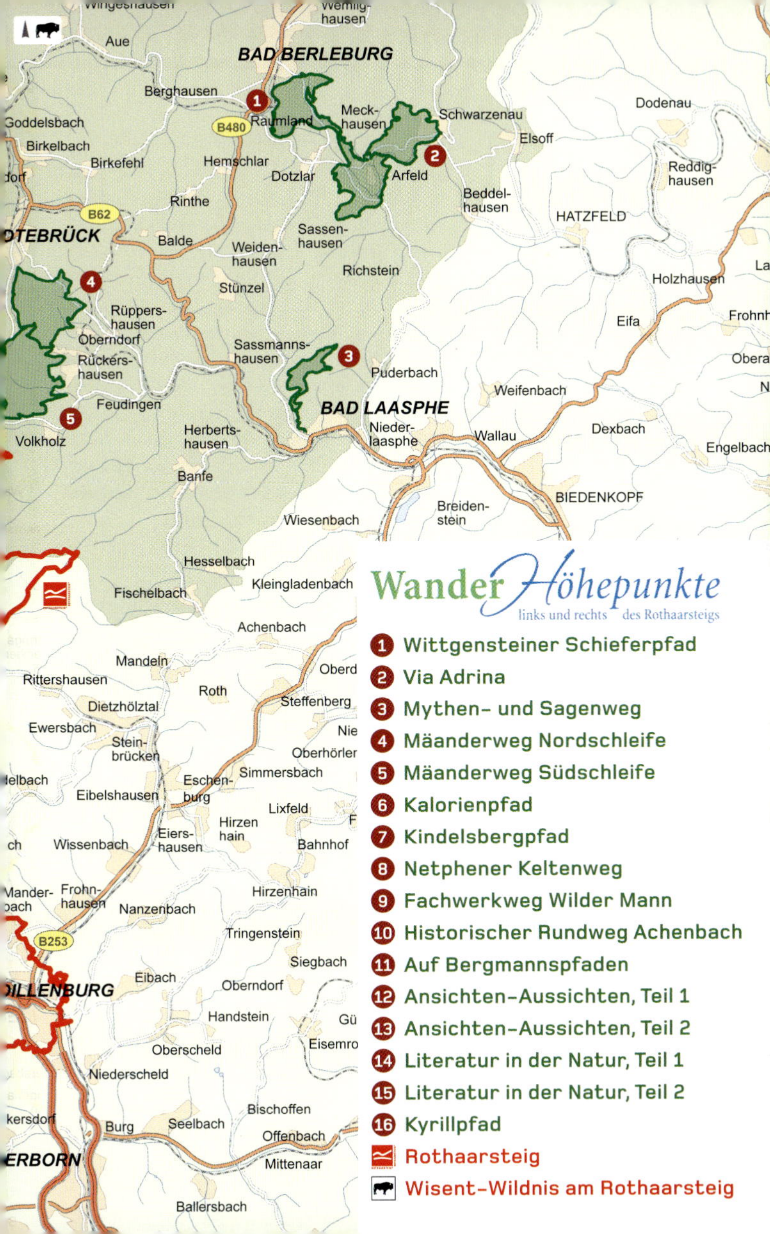

BAD BERLEBURG
Aue
Berghausen
Goddelsbach
Birkelbach
Birkefehl
Raumland
B480
Meck-
hausen
Schwarzenau
Elsoff
Dodenau
Hemschlar
Dotzlar
Arfeld
Reddig-
hausen
Rinthe
B62
Beddel-
hausen
HATZFELD
Balde
Weiden-
hausen
Sassen-
hausen
Richstein
Holzhausen
Stünzel
Eifa
Rüppers-
hausen
Oberndorf
Sassmanns-
hausen
Rückers-
hausen
Puderbach
Weifenbach
Feudingen
BAD LAASPHE
Volkholz
Herberts-
hausen
Nieder-
laasphe
Wallau
Dexbach
Engelbach
Banfe
BIEDENKOPF
Breiden-
stein
Wiesenbach
Hesselbach
Fischelbach
Kleingladenbach
Achenbach
Mandeln
Rittershausen
Roth
Steffenberg
Dietzhölztal
Ewersbach
Stein-
brücken
Oberhörlen
Simmersbach
Eschen-
burg
Eibelshausen
Lixfeld
Hirzen
hain
Wissenbach
Eiers-
hausen
Bahnhof
Frohn-
hausen
Nanzenbach
Hirzenhain
B253
Tringenstein
Siegbach
Eibach
Oberndorf
Handstein
Eisemroth
Oberscheld
Niederscheld
Bischoffen
Burg
Seelbach
Offenbach
Mittenaar
Ballersbach
Wander Höhepunkte
links und rechts des Rothaarsteigs
1 Wittgensteiner Schieferpfad
2 Via Adrina
3 Mythen- und Sagenweg
4 Mäanderweg Nordschleife
5 Mäanderweg Südschleife
6 Kalorienpfad
7 Kindelsbergpfad
8 Netphener Keltenweg
9 Fachwerkweg Wilder Mann
10 Historischer Rundweg Achenbach
11 Auf Bergmannspfaden
12 Ansichten-Aussichten, Teil 1
13 Ansichten-Aussichten, Teil 2
14 Literatur in der Natur, Teil 1
15 Literatur in der Natur, Teil 2
16 Kyrillpfad
Rothaarsteig
Wisent-Wildnis am Rothaarsteig

Einfach Himmlisch Geführt

Alle Routen zum Download für GPS, PC, Pocket PC und zum Einbinden in Google Earth©: Als Buchkäufer können Sie alle beschriebenen Touren als Navigationsdatei für moderne GPS-Empfänger und Pocket-Navigationsgeräte über unsere Internetseite www.wander-touren.com gratis herunterladen. Sie müssen sich dazu persönlich anmelden und mit einer prüfbaren Adressangabe legitimieren. Die Nutzung der urheberrechtlich geschützten Daten und Karten ist ausschließlich Buchbesitzern gestattet. Zur Legitimation werden bei der Erstanmeldung personenbezogene Daten erhoben. Diese Daten werden nicht ohne ausdrückliche Zustimmung an Dritte weitergegeben oder zu Werbezwecken genutzt. Sie dienen lediglich der Nachvollziehbarkeit der Download-Berechtigung. Auf Wunsch können Sie einen Newsletter bestellen, der über Neuigkeiten, Updates und Streckenänderungen informiert. Beachten Sie dazu bitte auch die Hinweise unter FAQ, bzw. GPS-Hilfe, auf der Internetseite sowie die Allgemeinen Geschäfts- und Nutzungsbedingungen der ideemedia GmbH, www.ideemediashop.de

▶ NEU

Download der Übersichtskarten als PDF-Datei zum Ausdrucken für unterwegs. Sie benötigen dazu Adobe Reader© auf Ihrem PC sowie eine Anmeldung wie beschrieben. Die Tour-Codes am Kapitelanfang führen auch zum Karten-Download.

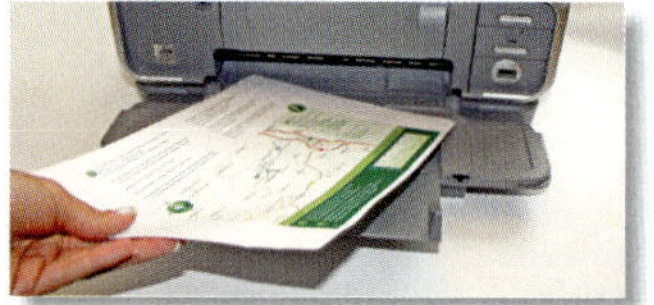

▶ SCHRITT 1

Als Buchkäufer auf unserer Internetseite www.wander-touren.com registrieren. Sie erhalten Ihre Freischaltung per Mail, die Sie rückbestätigen müssen. Danach können Sie mit dem Download beginnen. Beachten Sie: Die Freischaltung ist nur bei Angabe einer vollständigen und nachvollziehbaren E-Mail-Adresse möglich. Sollten Sie keine E-Mail von uns erhalten, schauen Sie bitte in Ihrem Spam-Filter nach bzw. überprüfen Sie nochmals Ihre eingegebene E-Mail-Adresse auf Vollständigkeit.

▶ SCHRITT 2

Tour-Code eingeben. Die Tour-Codes finden Sie auf der Anfangsseite jeder Etappe. Sie haben die Wahl zwischen dem .ovl-Format (für die digitalen Karten der Landesämter) oder dem .gpx-Format (für gängige PC-Kartenprogramme und GPS-Empfänger, GPS-Handgeräte wie Garmin oder Pocket PC) sowie dem .kml-Format (für Google Earth©).

Beachten Sie die Bedienungsanleitung Ihres Gerätes bzw. von Google Earth©. Speichern Sie die Daten auf einer Festplatte zwischen.

▶ SCHRITT 3

Tour auf Ihr Navigationssystem/auf Ihr Kartenprogramm übertragen und los geht's. Beachten Sie zum Übertragen die Hinweise in der Gebrauchsanleitung Ihres GPS-Empfängers bzw. fragen Sie bei technischen Problemen die Hotline Ihres Gerätelieferanten.

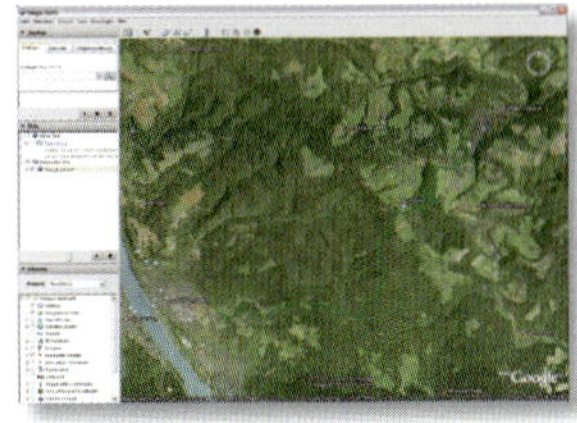

Routen einfach eintragen:
www.earth.google.de

▶ AKTUELLE INFOS

Wichtige Informationen finden Sie auf unserer Internetseite www.wander-touren.com. Die Routen können mit der Zusatzsoftware GPS-Trans (wird mit PC-Karten wie Top 50 ausgeliefert) bzw. Easy-GPS (www.easygps.com) oder Routeconverter (www.routeconverter.de) auf viele verfügbare Empfänger geladen werden. Hinweis: Nicht alle GPS-Empfänger unterstützen die neuen Formate. Bitte fragen Sie in diesem Fall Ihren Hersteller, ob es Konvertierungsprogramme gibt. Alternativ können die Zielpunkte in viele Navigationsgeräte über die angegebenen Koordinaten eingegeben werden.

▶ ALLGEMEINE HINWEISE

Bei der ersten Anmeldung können Sie ein Passwort frei wählen. Bitte merken Sie sich exakt die Schreibweise (Groß- und Kleinschreibung sowie Leertasten beachten!). Ihr Passwort kann nach der Anmeldung nicht rekonstruiert werden. Bei einer Fehleingabe haben Sie keinen System-Zugang mehr. Sollten Sie Ihr Passwort vergessen haben, können Sie unter www.wander-touren.com selbst ein neues Passwort anfordern. Ihren **Benutzernamen** entnehmen Sie bitte der Rückmail, die zur Freischaltung führt.

Alle Daten wurden auf Fehlerfreiheit geprüft und werden bei Änderungen der Wegführung nach Verfügbarkeit aktualisiert. ideemedia übernimmt keine Haftung für mögliche Abweichungen, Vollständigkeit, Verfügbarkeit und Einsatz auf allen verfügbaren Navigations-Modellen. Sollte ein Gerät das Laden von Zusatzdaten nicht ermöglichen, wenden Sie sich auch in diesem Fall bitte an den Hersteller. Beachten Sie bitte: Zur Anzeige der Routen benötigen Sie eine digitale Kartengrundlage, die mit Navigationsgeräten geliefert wird oder ggf. getrennt erworben werden muss.

GPS für Smartphones

GPS Daten auf ein Smartphone zu laden ist nicht ganz einfach. Aber mit Hilfe von Google Maps© App kann es so funktionieren:

▶ SCHRITT 1

Google Maps Konto erstellen und wenn noch nicht vorhanden die Google Maps© App auf dem Smartphone installieren. Das eingerichtete Google Konto muss auch auf dem Smartphone unter Einstellungen > Konten eingerichtet sein.

▶ SCHRITT 2

Tracks in Google Maps© am PC importieren. Nachdem man mit einem Konto angemeldet ist, kann man am PC unter http://maps.google.de > Meine Orte eine oder mehrere Karten erstellen. Die Karten dienen als Ordner für die darin enthaltenen GPS-Daten. Geben Sie dem ganzen einen Namen und achten darauf, dass die Inhalte, falls gewünscht, auf „nicht gelistet/nicht öffentlich" stehen.

▶ SCHRITT 3

Jetzt wählen Sie die erstellte Karte aus und gehen auf Bearbeiten > Importieren. Sie suchen auf dem PC nach den gewünschten Tracks oder auch Wegpunkten (.kml oder .gpx Format), beide Formate können Sie mit dem im Buch angegebenen Code herunterladen. Die gewählten GPS-Daten müssten nun gelistet und auf der Karte zu sehen sein. Ab sofort sind alle Tracks und Wegpunkte auch auf dem Smartphone über die Google Maps© App zu nutzen.

▶ SCHRITT 4

Falls Sie Tracks mit dem Smartphone nachfahren/nachlaufen wollen: Hierzu benötigen Sie GPS zur Standortabfrage sowie Mobilfunk/UMTS-Empfang zwecks Kartendownload. (Achtung: Datenvolumen kann hohe Gebühren erzeugen!)

▶ Starten Sie Google Maps©.

▶ Ebenen-Symbol
> Meine Karten > Karte auswählen

▶ Die GPS-Daten sollten jetzt auf der Karte zu sehen sein.

Noch einfacher ist es mit unseren QR-Codes zu den Etappen

scan to go

QR-Codes mit dem internetfähigen Smartphone einscannen und Startpunkt direkt anzeigen lassen. Dazu benötigen Sie eine entsprechende App, die auch kostenlos verfügbar ist.

* Alle Hinweise ohne Gewähr, dass es auf allen verfügbaren Smartphones funktioniert. Sollte es nicht klappen, kontaktieren Sie bitte den Hersteller Ihres Gerätes, ob ggf. spezielle Einstellungen nötig sind.

AhrSteig

Das Start-Set

Buch & Karte 1:25 000

232 Kilometer Wanderspaß

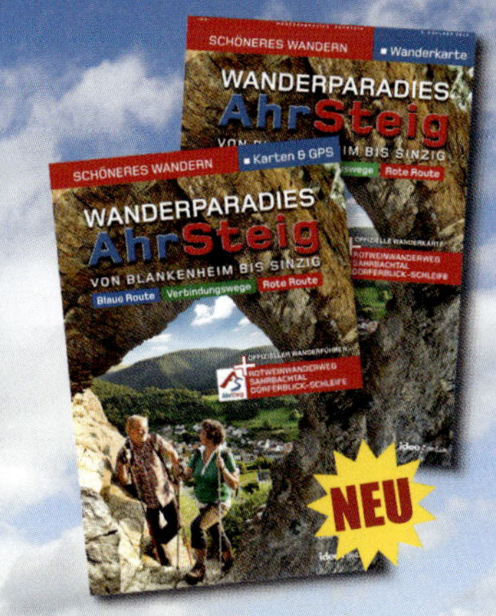

Sonderpreis 18,95 € ISBN 978-3-934342-64-4

Impressum

Herausgeber: Uwe Schöllkopf (ideemedia GmbH)
in Kooperation mit Touristikverband Siegerland-Wittgenstein e.V.

Autoren: Ulrike Poller und Wolfgang Todt
Redaktion: Uwe Schöllkopf
Redaktionelle Mitarbeit: Anna Ley, Janina Kroener, Thorsten Engels, Roswitha Still
Grafik / DTP / Produktion: Spiridon Giannakis
Karten & Höhenprofile: KGS Kartografie Schlaich/ideemedia

Verlag: ideemedia GmbH, Karbachstr. 22, D-56567 Neuwied
Telefon: 02631/9996-0 • Telefax: 02631/9996-55 • E-Mail: info@idee-media.de

Internet: www.ideemediashop.de

Alle Angaben wurden nach bestem Wissen recherchiert und sorgfältig überprüft. Sollten sich dennoch Fehler eingeschlichen haben, bitten wir um Entschuldigung und Benachrichtigung.
Für Fehler übernimmt der Verlag keine Haftung. Aktuelle Änderungen, Downloads und Updates zum Buch finden Sie unter **www.wander-touren.com**

Die Deutsche Bibliothek – CIP – Einheitsaufnahme: ISBN 978-3-942779-08-1

Titelbild: Ulrike Poller / Wolfgang Todt
Fotos: Ulrike Poller, Wolfgang Todt, ideemedia Archiv, iStockphoto, Touristikverband Siegerland-Wittgenstein e. V., Gemeinde Burbach, Torsten Manges, Gerhard Hofmann.

Die WanderHöhepunkte werden gefördert durch:

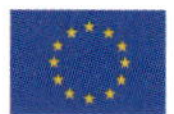

EUROPÄISCHE UNION
Investition in unsere Zukunft
Europäischer Fonds
für regionale Entwicklung

Ministerium für Wirtschaft, Energie, Industrie, Mittelstand und Handwerk des Landes Nordrhein-Westfalen

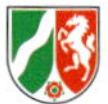

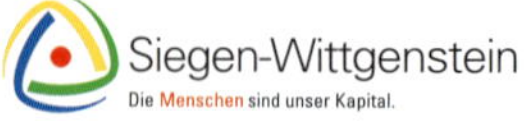